역사는 이상의 현실화 과정이다

강만길 저작집

14

역사는 이상의 현실화 과정이다

창비

저작집 간행에 부쳐

그럴 만한 조건이 되는가 하는 생각을 버리지 못하면서도 제자들의 준비와 출판사의 호의로 저작집이란 것을 간행하게 되었다. 잘했건 못했건 평생을 바친 학문생활의 결과를 한데 모아두는 것도 나름대로 의미가 있을 것 같기도 하고…… 한 인간의 평생 삶의 방향이 언제 정해지는가는 물론 사람에 따라 다르겠지만, 지금에 와서 뒤돌아보면 나의 경우는 아마도 세는 나이로 다섯 살 때 천자문을 제법 의욕적으로 배우기 시작하면서부터 어쩌면 학문의 길이 정해져버린 게 아닌가 생각해보기도 한다. 그리고 요즈음 이름으로 초등학교 6학년 때 겪은 민족해방과 6년제 중학교 5학년 때 겪은 6·25전쟁이 역사 공부, 그것도 우리 근현대사 공부의 길로 들어서게 한 것 같다고 말하기도 한다.

대학 3학년 때 과제물로 제출한 글이 활자화됨으로써 학문생활에 대한 의욕이 더 강해진 것 같은데, 이후 학사·석사·박사 논문은 모두 조선왕조시대의 상공업사 연구였으며, 특히 박사논문은 조선왕조 후기 자본주의 맹아론 연구였다. 문호개방 이전 조선사회가 여전히 고대사회와 같은 상태에 머물러 있었다고 주장한 일본인 연구자들의 연구에 대항한 것이었다고 하겠다. 역사학계 일부로부터 박정희정권하의 자본주의 성장을 뒷받침하는 연구라는 모함을 받기도 했지만……

자본주의 맹아론 연구 이후에는 학문적 관심이 분단문제로 옮겨지게 되었다. 대학 강의 과목이 주로 중세후기사와 근현대사였기 때문에 학문적 관심이 근현대사에 집중되었고 식민지시대와 분단시대를 연구하고 강의하게 된 것이다.『분단시대의 역사인식』을 통해 '분단시대'라는 용어가 정착되어가기도 했지만, '분단시대'의 극복을 위해 통일문제에 관심을 두게 되면서 연구논문보다 논설문을 많이 쓰게 되었다. 그래서 저작집도 논문집보다 시대사류와 논설문집이 더 많게 되어버렸다.

그런 상황에서도 일제시대의 민족해방운동사가 남녘은 우익 중심 운동사로, 북녘은 좌익 중심 운동사로 된 것을 극복하고 늦게나마 좌우합작 민족해방운동사였음을 밝힌 연구서를 생산할 수 있었다는 것을 자윗거리로 삼을 수 있지 않을까 한다. 사실 민족해방운동에는 좌익전선도 있고 우익전선도 있었지만, 해방과 함께 분단시대가 되리라고는 꿈에도 생각하지 않았기 때문에 민족해방운동의 좌우익전선은 해방이 전망되면 될수록 합작하게 된 것이다.

『고쳐 쓴 한국현대사』는 '한국'의 현대사니까 비록 부족하지만 남녘의 현대사만을 다루었다 해도『20세기 우리 역사』에서도 남녘 역사만을 쓰게 되었는데, 해제 필자가 그 점을 날카롭게 지적했음을 봤다. 아무 거리낌 없이 공정하게 남북의 역사를 모두 포함한 '20세기 우리 역사'를 쓸 수 있는 때가 빨리 오길 바란다.

2018년 11월 강만길

일러두기

1. 이 저작집은 '내일을 여는 역사재단'의 기획으로, 강만길의 저서 19권과 미출간 원고를 모아 전18권으로 구성하였다.
2. 제15권『우리 통일, 어떻게 할까요/역사는 변하고 만다』는 같은 해에 발간된 두 권의 단행본을 한 권으로 묶었다.
3. 제17권『내 인생의 역사 공부/되돌아보는 역사인식』은 단행본『강만길의 내 인생의 역사공부』와 미출간 원고들을 '되돌아보는 역사인식'으로 모아 한 권으로 묶었다.
4. 저작집 18권은 초판 발간연도 순서로 배열하되, 자서전임을 감안해『역사가의 시간』을 마지막 권으로 하였다.
5. 각 저작의 사학사적 의미를 짚는 해제를 새로이 집필하여 각권 말미에 수록하였다.
6. 문장은 가급적 원본대로 유지하는 것을 원칙으로 하였고, 명백한 오탈자와 그밖의 오류는 인용사료, 통계자료, 참고문헌 등을 재확인하여 바로잡았으며, 주석의 서지사항 등을 보완하였다.
7. 역사용어는 출간 당시 저자의 문제의식을 살리기 위해 그대로 따랐다.
8. 원저 간의 일부 중복 수록된 글도 출간 당시의 의도를 감안하여 원래 구성을 유지하였다.
9. 본서의 원저는『역사는 이상의 현실화 과정이다』(창비 2002)이다.

책을 내면서

1999년에 출판된 『21세기사의 서론을 어떻게 쓸 것인가』 이후에 쓴 글들을 모아서 다시 책을 만들게 되었다. 이같은 사론적인 글을 쓰고 그것을 모아 책으로 엮는 것은 현실적 문제를 역사적 관점에서 조명함으로써 독자들이 현실을 보는 눈과 역사를 보는 눈을 높이는 데 도움을 주기 위해서지만, 책을 만들 때마다 얼마나 그 목적에 부응할 수 있을까 하는 걱정이 앞선다.

이 책에서는 역사학 전공자의 영원한 숙제인 역사를, 우리 역사를 어떻게 봐야 하는가 하는 문제를 비롯해서, 6·15남북공동선언을 전후해서 본 남북문제·민족문제·통일문제와 한반도를 둘러싼 동아시아 전체의 문제 등을 다룬 글들이 중심을 이루고 있다. 그리고 청탁을 받고 쓴 것이지만, 우리 근·현대사 위에서 특히 주목해야 하거나 우리의 현실을 정확하게 이해하기 위해 다시 해석해야 하는 문제들을 다룬 글들, 그리고 역사적으로 조명하거나 다시 평가해야 하는 몇몇 인물의 행적을 다룬 글들이 포함되어 있다.

사론적인 글이건, 민족문제를 다룬 글이건, 또 역사적 사건이나 인물을 다룬 글이건, 되도록 부담없이 쉽게 또 재미있게 읽을 수 있는 글이 되었으면 하는 바람은 언제나 마찬가지다.

지난번 사론집은 본래 '세기의 갈림길에서'라고 이름지으려 했는데, 출판사의 요청으로 그처럼 길고도 마음에 덜 드는 이름이 되어버렸다. 책이름 붙이기가 어려움을 실감한다. 이번 책의 이름을 '역사는 이상의 현실화 과정이다'로 한 것은 책 속에 들어 있는 한 글의 제목을 그대로 따온 것이지만, 그렇게 단순한 이유에서만은 아니다.

대학에 들어가서 역사학을 전공한 지 올해로 꼭 50년이 되었다. 반백 년을 바쳐 공부한 역사라는 것이 무엇이냐고 묻는다면 어떻게 대답할 수 있을까 생각하지 않을 수 없었고, 그래서 이 책에 실린 것과 같은 짧은 글로나마 생각을 정리해본 일이 있다. 역사학자는 역사철학자처럼 자기가 생각하는 '역사란 무엇인가'라는 문제를 철학적으로, 이론적으로 설명하기에는 벅차다. 그 점에서 E.H. 카(E.H. Carr)는 뛰어난 역사학자요 역사철학자라고 생각한다.

역사란 현재와 과거의 대화, 즉 현재의 시점에 서서 과거 사실과 끊임없이 대화하는 것이다. 이것이 카의 유명한 명제다. 그러나 그것은 반세기 전의 명제일 수밖에 없으며, 지금은 왜, 무엇을 위해서 하는 대화인지도 반드시 밝혀야 한다고 생각한다. 개개인이 지향하는 이상이 있는 것처럼 전체 인류사회가 지향하는 이상 또한 있으므로, "역사는 인류사회가 지향하는 이상을 하나하나씩 현실화하는 과정"인 것이다. 이 책에 실린 글들도 근본적으로는 그런 생각을 바탕으로 쓰여졌다.

역사는 결코 저절로 성립되는 것이 아닐 뿐만 아니라, 낱낱의 사건을 쌓아둔 창고도 물론 아니다. 그리고 가치성과 방향성을 잃은 채 궤도 없이 흘러가는 것은 더욱 아니다. 역사에는 각 시대를 사는 인간들이 자기가 사는 세상을 한층 더 나은 것으로 만들려는 강한 의지와 이상이 담겨 있다. 그래서 인간들이 만들어놓은 단순한 사건들과 역사는 엄연히 구분되는 것이다.

나치가 저지른 반인간주의적·반평화주의적 사실들을 엮어놓은 것은 역사라기보다 사건의 집적이다. 그 사건들이 인류사회가 지향하는 이상에 어떻게 반하는가를 말하고 바로잡거나 청산하려는 의지와 행동이 작용할 때 비로소 그 사건들이 사실로서의 역사, 또 기록으로서의 역사가 될 수 있다. 인간의 이상과 의지에서 나오는 행동이 쌓여 역사가 되고, 그렇기 때문에 역사는 인간이, 인류사회가 가진 이상의 현실화 과정이라 할 수 있다. 인류사회가 지향하는 보편적 이상이 무어냐 하는 문제는 이미 여러 곳에서 다뤘으며 이 책에서도 담고 있다.

인류역사의 백 년이 넘어가고 또 천 년이 넘어가는 서기 2000년을 겪게 된 역사학 전공자로서 할 말이 많기도 했고, 그래서 청탁을 받으면 거절 못하게 마련이었다. 논문과는 달리 사론이니 논설이니 하는 글에는 세상사람들의 역사 보는 눈을 조금이라도 높여야 한다는 의무감과 사회봉사 차원의 뜻도 들어 있다. 그래서 내용이 다소 중복되어도 독자가 다르다고 생각되면 쓸 수밖에 없었다. 책으로 만들면서 될 수 있으면 중복되는 부분은 뺐지만, 육사 이활과 석정 윤세주 이야기와 같이 그냥 둘 수밖에 없는 경우도 있었다. 독자들의 양해를 바란다.

출판을 맡아준 창작과비평사, 그리고 잡다한 글들을 간추려서 책이 되게 해준 창비 인문사회팀에 감사를 전한다.

2002년 7월 16일
강만길

차례

1

역사는 이상의 현실화 과정이라 본다
20세기는 우리에게 무엇이었는가
20세기 우리 역사를 어떻게 볼 것인가
통일사관의 수립을 위하여
『분단시대의 역사인식』 이후의 역사인식

역사는 이상의 현실화 과정이라 본다

1. 인류사회가 지향하는 이상이 있는가

많은 사람들은 역사란 무엇인가라는 물음에 대해 "역사는 과거와 현재와의 대화다"라는 유명한 명제를 비롯해서 적절하게 대답하려고 노력해왔다. 역사를 배우는 기초적인 목적은 물론 과거에 무엇이 어떻게 되었는가를 아는 데 있지만 그것으로 끝나서는 안 된다. 과거에 있었던 역사적 사실들을 알되 그것들이 현재에는 어떤 의미가 있는가를 아는 데까지 나아가야 하며, 그럴 때 비로소 '역사란 무엇인가'라는 물음에 대한 대답에 근접할 수 있다고 생각한다. 역사는 무엇인가, 그것은 인류사회의 이상을 현실화하는 과정이라 생각한다.

이 지구상에는 지금 60억이 넘는 인간들이 각자의 국가에 소속되어 보호를 받는 한편 국방·납세 등의 의무를 지면서 살고 있다. 그들에게는 국가발전에 이바지할 의무가 있는 한편 각자가 평생 무엇을 위해 어떻게 살 것인가 하는 개인적인 목적의식도 있다. 학문에 정진해서 세계적인 학자가 되겠다든가, 돈을 많이 벌어 위대한 사회사업가가 되겠다든가, 역사에 영원히 남을 예술가가 되겠다든가 등 큰 목적을 가진 사람들이 있는가 하면, 그저 평생 조용히 등 따뜻하고 배부르게 살고 싶다는 정도의 소박한 목적을 가진 사람도 있을 수 있다. 다만 일정한 목적 없이 사는 경우를 우리는 흔히 취생몽사(醉生夢死)한다 하여 바람직하지 않은 삶의 태도라고 말하고 있다.

지구상에 사는 모든 사람들이 취생몽사하는 것이 아니라 각자 크고 작은 목적을 가지고 살아가고 있다면, 그 사람들로 이루어진 인류사회 전체도 일정한 목적을 가지고 나아가고 있는가 하는 문제를 생각해볼 만하다. 개개인에게 삶의 목적이 있는 것처럼 그 사람들이 모여서 이룬 작은 공동체인 가정에도 그것을 꾸려가는 목적 같은 것이 있어서 흔히 가훈으로 나타나고 있다. 가정보다는 좀더 큰 공동체라 할 학교에도 전체 학생이 지향해야 할 덕목 같은 것이 교훈 등으로 정해져 있고, 더 큰 공동체인 국가에도 근대화다 산업화다 혹은 복지국가 건설이다 하고 일정한 목적을 설정한 시정방침 같은 것이 있게 마련이다.

그렇게 보면 전체 인간이 모여사는 가장 큰 공동체로서의 인류사회에도 그것이 어디를 향해 나아가는 것이 바람직하다는 지향점 같은 것이 있다고 생각할 수 있다. 전체 인류사회는 무엇을 지향하면서 어디로 가고 있는가, 어느 개인이나 국가가 나아가는 길이 다른 개인이나 국가의 길과 부딪쳐서 분쟁과 전쟁이 일어나곤 하는데 그래도 인류사회 전체가 함께 나아갈 길이 있을 수 있겠는가, 지구상에 살고 있는 모든 개인과 그곳에 성립된 모든 국가의 나아갈 길을 서로 부딪침 없이 잘 조화시킨, 그래서 어느 개인도 또 개별 국가도 다른 개인 및 국가의 이해관계와 상충됨 없이 다 함께 나아갈 수 있는 그런 큰 길이 있을 수 있겠는가 하고 생각해볼 만하다.

만약 인류사회 전체가 다 함께 나아가는 길, 나아가야 할 길이 있을 수 없다면, 인류사회 전체가 역사적으로 더 높은 단계로 발전하면서 인류평화공동체 같은 것을 이루어내는 일은 결코 불가능하단 말인가, 그렇다면 인류사회는 공동의 목적이나 이상도 없이 개인과 개별 국가의 이익만이 추구되고 그래서 국가끼리 또 개인끼리 충돌하고 싸우기만 하는 그런 곳일 뿐인가, 그 때문에 '인류의 역사는 전쟁의 역사'라는 말이 있을 만큼 전체 역사시대를 통해 많은 전쟁이 있을 뿐이며 아무리 역사가 흘러도 전쟁은 없어질 수 없는가, 인간들에게 전체 인류사회를 다 함께 평화롭게 사는 곳으로 만들어가려는 의지 같은 것은 아예 기대할 수 없단 말인가 등등 여러가지 의문이 있을 수 있다. 인류사회 전체가 공동으로 지향하는 이상 같은 것이 없다면, 인류가 겪어온 과정을 엮어놓은 역사라는 것을 무엇 때문에 알 필요가 있는가 하는 의문도 있을 수 있다.

2. 역사를 왜 쓰고 가르치는가

사람들은 왜 이미 지나간 일들을 기억하고 그것들을 엮어서 역사라는 것을 만들며 또 가르치고 배우는가 하고 묻는다면, 한마디로 말해서 지나간 일들 중에는 사람들이 앞으로 살아가는 데 참고가 될 만한 일들이 있기 때문이라고 소박하게 대답할 수 있다. 현재를 사는 사람이 왜 과거 일을 참고할 필요가 있는가 하고 물으면, 과거보다는 현재와 미래의 삶을 좀더 낫게 하기 위해서라고 대답할 수 있다. 흔히 하는 말이지만 역사를 알려고 하는 것은 과거를 아는 일에만 만족하지 않고, 다시 말하면 과거에 무엇이 어떻게 되었는가를 아는 데만 한정하지 않고, 과거보다는 현재를 그리고 현재보다는 미래를 더 낫게 만들기 위해 과거,

즉 역사를 알려는 것이라 말할 수 있다.

사람들이 과거를 앎으로써 나아지게 하려는 현재와 미래는 한 개인의 현재와 미래일 뿐만 아니라 한 국가사회의 현재와 미래이기도 한데, 한 걸음 더 나아가서 인류사회 전체의 현재와 미래일 수는 없는가라고 생각해볼 수 있다. 개인은 물론 인류가 근대로 오면서 누구나 소속되지 않을 수 없게 된 국가의 현재와 미래를 한층 더 낫게 만들기 위해 그 국가사회의 과거로서 역사를 알아야 한다는 데까지는 쉽게 동의할 수 있다 해도, 그것과 같이 인류사회 전체의 현재와 미래를 더 낫게 만들기 위해 그 역사를 제대로 알아야 한다는 데까지 사람들의 생각이 미치기는 쉽지 않을 것 같다.

인류사는 근대로 오면서 개인주의를 바탕으로 하는 자본주의가 발달하고 절대주의시대 이후 국민국가의 절대성이나 최고성이 극도로 고양되었지만, 또 근대 자본주의사회 이후 세계사적으로 민족주의가 강조되고 그것이 제국주의로 가버렸지만, 사실 인류는 그 역사시대의 대부분을 국가보다는 지역공동체·종교공동체 등을 더 중요하게 생각하면서 살아왔다고 할 수 있다. 그러나 근대 자본주의시대로 오면서 3, 4세기 이상 국가주의가 강조되던 시대에 살게 되었고, 그 때문에 온갖 고통을 맛보게 된 인류사회는 이제 20세기를 넘기면서 국가주의의 절대성이 주는 고통에서 벗어나야 할 때가 되었다고 생각하는 것 같다.

여러 차례 처절한 제국주의전쟁을 겪은 인류사회는 이제 그 평화 의지가 제법 커져가고 있다고 생각한다. 20세기 후반기 동안 많은 역사가들이 예상하고 우려했던 3차 세계대전은 일어나지 않았는데, 그 원인을 단순히 가공할 핵무기의 발달만이 아니라 전체 인류사회의 평화 의지의 제고에서도 구할 수 있을 것이다. 21세기에 들어서도 약해지지 않는 강력한 국가주의가 평화를 해친 요인이었음을 익히 알고 있는 인류사회는, 그것을 넘어서 지구 전체를 하나의 평화공동체로 만들어가는 것이 최고의 지향점이요 이상이며, 역사교육의 궁극적 목적이라는 것도 알게 될 것이다.

역사를 왜 쓰고 가르치는가. 과거를 알아서 현재를 과거보다 낫게 하고 또 미래를 현재보다 더 낫게 하는 데 그 목적이 있다. 사람들이 역사를 배우거나 연구해서 현재를 과거보다 그리고 미래를 현재보다 낫게 하려는 대상은 이제 한 개인이나 한 국가의 범위를 넘어서 전체 인류사회로 확대되어야 한다고 생각한다. 왜 그런가 하면 전체 인류사회를 떠나 한 개인이나 한 국가가 과거보다 현재를, 현재보다 미래를 더 낫게 하는 것은 대개의 경우 다른 개인이나 국가의 이익과 상충되게 마련이어서 세계평화를 위한 근본적인 해결책이 될 수 없기 때문이다.

제국주의시대에는 어느 개인이나 국가가 과거보다 현재를, 현재보다 미래를 더 낫게 만들기 위해 다른 개인이나 국가를 침략하거나 희생시키는 것은 예사로운 일이거나 오히려 당연한 일이기도 했다. 그 때문에 결국 인류사회 전체에 크고 작은 분쟁과 전쟁이 그칠 겨를이 없었다. 적어도 제국주의자가 아닌 평화주의자라면 역사를 쓰고 배우며 역사 운영에 직접 참여하는 최고의 목적은 결국 이 지구 전체를 하나의 평화공동체로 만드는 길밖에 없음을 알게 될 것이다. 역사교육의 궁극적 목적도 그 평화공동체를 만들어가는 데 목적을 두고 참여하는 인간을 길러내는 데 있다고 할 수 있다.

3. 인류역사의 이상향은 어디인가

지구 전체를 하나의 평화공동체로 만드는 것이 인류역사 전체가 향해 가야 할 목적점이라 했는데, 그렇다면 지구 전체가 하나의 평화공동체가 되는 길은 어떤 길인가를 생각해봐야 하지 않을까 한다. 그 하나는 우선 이 지구 위에 살고 있는 모든 인간들 개개인의 정치적 자유가 확대되는 길이다. 모든 인간이 권력의 속박에서 벗어나는 길, 즉 정치적 민주주의가 확대되는 길이다. 헤겔(George W.F. Hegel)은 "역사란 한 사람만이 자유로웠던 시대에서 전체 인간이 자유로워지는 시대로 발전해간다"라고 했지만 지구상에는 아직도 정치적으로 자유스럽지 못한, 즉 권력의 속박에서 벗어나지 못한 사람들이 많으며, 앞으로도 그들의 노력과 투쟁으로 계속 그 자유가 확대되어갈 것이다.

둘째는 경제적으로 생산력이 발전하면서도 재부(財富)가 고루 분배되는 경제적 민주주의가 발달하는 길이다. 현대 자본주의체제는 지금까지의 인류역사상 어느 체제보다도 생산력을 극대화한 체제임에는 틀림없다. 그러나 생산력 극대화를 통해 이루어진 재부가 극히 일부에게만 편중됨으로써 19세기와 20세기를 통해 사유재산제 철폐를 내세운 국가사회주의의 거센 도전을 받고 자본주의체제 자체가 위기에 빠졌다가, 그 해결책으로 사회보장제도를 확대하고 고용문제 등에서 양보하기도 했다.

반면 인류사회의 일부에서 성립된 국가사회주의체제는 자본주의체제와의 무기경쟁·우주경쟁 등에 치우쳐서, 그리고 국가사회주의체제 아래서도 교정되지 못한 인간의 이기주의 때문에 생산력 제고에 한계를 드러내고 결국 와해되고 말았다. 그런데도 생산력을 제고하되 그 결과 이루어진 재부를 개량적인 방법으로라도, 그것이 안 되면 또 다시 혁명적 방법으로라도 균분하려는 인류사회의 추구는 21세기 이후에도 계속될 것임이 틀림없다.

셋째는 무계급의 만민평등사회로 가는 사회적 민주주의가 계속 확대되는 길이다. 물론 근대사회로 오면서 중세적 신분제는 대부분 해소되었다. 우리 사회에서도 노비·하인 등은 이미 일제시대에 거의 없어졌고, 마지막까지 남았던 백정도 민족해방과 6·25전쟁 과정을 통해 완전히 소멸되었다. 그러나 아직도 권력과 경제력의 편중으로 사회적 불평등은 심하게 남아 있다. 따라서 정치적·경제적 민주주의와 함께 사회적 민주주의도 계속 확대 발전해가야 할 것이다.

넷째는 사상적·문화적 민주주의의 확대, 즉 인간의 고귀한 속성으로서 생각하고 말하는 자유가 확대되는 길이다. 다산 정약용(丁若鏞)은 200년 전에 이미 임금의 권력은 하늘이 주는 것이 아니라 백성 속에서 나오는 것이라 생각했고 그런 생각 때문에 갖은 고초를 겪었다. 그러나 지금 그의 이런 생각은 너무도 당연한 상식이 되었다. 시대에 앞선 생각이 온갖 탄압을 이기고 상식화되는 과정, 그리고 그 위에 또다른 시대에 앞선 생각이 상식화되는 과정이 곧 부단한 사상적·문화적 민주주의의 발전과정이다.

정치적으로 권력의 속박에서 해방되는 인간이 많아지게 하는 것, 경제적으로 생산력이 높아지고 재부가 증가하면서도 그것이 고루 분배되게 하는 것, 사회적으로 신분제 따위를 없애는 것은 말할 것 없고 권력과 재력 앞에서도 만민평등이 되게 하는 것, 문화적으로 생각하고 말하는 자유가 계속 확대되게 하는 것, 이 모든 것이 역사의 길이라고 생각한다. 그리고 그 길을 최고도로 발전시키는 것이 인류사회의 이상이라 할 수 있다.

이 이상이 실현되려면 엄청난 시간이 필요하게 마련인데, 인류사회는 이를 실현하기 위해 역사시대 전체를 통해 부단히 투쟁해왔고 엄청난 희생을 바쳐왔다. 그러면서도 때로는 더디게 때로는 조금 빠르게 한 걸음 한 걸음 줄기차게 그 길을 확대 발전시켜온 것은 부인하지 못한다.

인류사회가 의식하면서 걸어온 길, 즉 역사의 길은 곧 이같은 이상을 한 단계 한 단계 현실화하는 과정이었다고 할 수 있다. (2000년 3월)

20세기는 우리에게 무엇이었는가

1. 동양 3국의 '근대'는 무엇이었는가

흔히 말하는 동양 3국, 즉 조선과 중국과 일본은 근대 이전까지는 하나의 문화권으로 간주되었다. 서구세력이 침입하기 이전 동양 3국의 문화를 좀더 세밀히 들여다보면 조선의 경우 14세기까지는 불교문화가 지배적이었으나 15세기부터 유교 그것도 성리학 중심체제로 되었고, 중국은 대체로 유교와 불교가 공존한 문화체제였다고 할 수 있으며, 일본은 불교 중심사회였다고 할 수 있다. 그러나 이같은 차이도 서양의 자본주의문화 앞에 내놓고 보면, 그것이 침입하기 이전의 동양 3국은 모두 유교 및 불교를 바탕으로 같은 문화권에 있었다고 해도 좋을 것이다.

그런데 이 동양 3국의 역사가 서구세력의 침략을 받은 이후 각기 상당히 다른 양상으로 나아가게 되었다. 20세기를 넘기는 지금의 시점에서 보면 중국은 국가사회주의체제로 간 후 지금 시장경제체제를 도입하고 있으며, 일본은 열심히 서구를 배워서 제국주의시대를 거쳐 선진 자본주의국가가 되었고, 한반도의 경우 그 남반부는 자본주의체제가 정착해가는 것 같고 그 북반부는 국가사회주의체제를 유지하려 애쓰고 있다.

중세시대까지 같은 문화권에 있었던 동양 3국의 역사가 19세기에 서양세력의 침략을 받고 근대로 진입했다가 20세기를 거치는 과정에서 이렇게 크게 차이가 나버린 것이다. 동양의 근대가 반드시 서구의 근대와 같아야 한다는 것은 아니지만, 동양 3국의 근대는 각각 너무도 다르게 전개되었다고 할 수 있겠다. 이제 동양 3국의 역사학이 이같은 차이가 왜 났는가를 생각해보고 설득력 있는 설명을 해야 할 때가 된 것이 아닌가 한다.

물론 지금까지도 어느정도의 설명은 있었다. 예를 들면 일본이 서구 열강의 식민지가 되지 않고 서구식 근대화에 '성공'하여 제국주의로 갔다가 선진자본주의국이 된 원인에 대해 서양세력의 침략을 받기 이전의 사회경제적 조건이 중국이나 조선보다 앞서 있었다거나, 중국보다 서구 자본주의 시장으로서의 매력이 덜해서 외압을 덜 받았기 때문이라거나, 덜 받은 외압을 이겨내고 내부를 개혁할 만한 사회세력이 형성되어갔다거나, 극동지역에서 영·미 제국주의의 '헌병' 노릇을 할 수 있었기 때문이라는 설명들과, 반면에 중국은 자본주의 시장으로서의 매력이 너무 커서 서구 자본주의의 외압이 강한데다 그 위에 내부 개혁세력의 성장이 늦었기 때문에 결국 반식민지가 되었고, 조선은 서구세력의 직접적인 외압보다 그 외압을 받은 일본이나 중국으로부터 이른바 이중 외압을 받아서 내부 개혁세력의 성장도 늦었으며, 그것이 동양 3국 중 유일하게 완전식민지로 전락하게 된 원인이었다는 식의 설명 등이 그것이다.

동양 3국이 서구세력의 침략을 받고 근대로 오면서 한반도는 완전 식민지가, 중국은 반식민지가 되었으며 일본은 식민지화를 면하게 된 역사적 조건에 대해서는 불충분하지만 그렇게 설명할 수 있다 해도, 제2차 세계대전 후 식민지배에서 벗어나면서 한반도는 왜 분단되어 그 북반부는 사회주의체제가 되었고 남반부는 자본주의체제가 되었는가, 반식민지 상태에서 벗어난 중국은 왜 혁명을 거쳐 사회주의체제가 되었고 다른 국가사회주의체제가 대부분 무너졌는데도 시장경제를 도입하여 그 국가사회주의체제를 유지하고 있는가, 자본주의를 배워 제국주의로 갔다가 패전한 일본은 어떻게 선진자본주의 대열에 들게 되었는가 하는 등의 문제를 역사학이 아직 제대로 설명하지 못하는 것이 아닌가 한다.

특히 한반도의 경우 일제강점시기까지 남북이 함께 조선총독부의 통치체제 아래 있어서 정치·경제·사회·문화적 조건이 크게 다르지 않았는데, 해방 후 남북이 각각 자본주의와 사회주의라는 전혀 다른 두 체제로 가게 된 것은 무엇 때문인가. 그렇게 된 주요 원인을 그 사회·경제적 조건보다 국제관계나 정치적 조건에서 구해도 좋을 것인가 하는 문제들이 있다.

또한 국가사회주의체제 위에 시장경제를 도입하고 있는 중국이 앞으로 자본주의권에서 흔히 '기대'하는 것처럼 이른바 자유민주주의체제로 바뀌어갈 것인가, 아니면 시장경제 도입이 오히려 자본주의가 덜 발달한 조건에서 성립된 사회주의체제를 정착시키고 유지시키는 물적 기반을 마련하는 수단이 될 것인가, 그리고 한반도 북반부도 중국식을 뒤따를 수 있을 것인가 하는 문제들이 있다.

이렇게 보면 동양 3국의 근대가 서구식과 같아야 한다거나, 당장에는 동양 3국 사이의 근대체제에 차이가 있다 해도 결국 정치·경제·사회·문화 등 모든 부문에서 일본이 그러했던 것처럼 서구식 근대를 뒤따를 수밖에 없을 것이라 단정하는 것은 아직도 쉬운 일이 아니며, 21세기에 형성될 세계체제 문제와 연관시킬 수밖에 없는 것이 아닌가 하고 생각할 수 있다.

동양 3국이 추구한 근대는 각기 다른 것이었는가, 그 다른 것이 어디에서 하나로 만날 수 있을 것인가. 아니면 동양 3국의 근대는 서로 다른 것일 수밖에 없는 것인가. 특히 20세기의 전반기에는 같은 역사적 조건 아래 있다가 후반기에 남북이 각기 전혀 다른 역사단계로 나아간 한반도지역에서 근대란 무엇이었는가 하는 어려운 문제들이 역사학의 과제로 남아 있다.

중국이 일단 시장경제체제를 받아들인 이상 한반도 북반부도 그렇게 되지 않을 수 없을 것이며, 따라서 모든 국가사회주의 지역이 결국 자본주의체제로 변해갈 수밖에 없을 것이라고 말해버리면 그만일 수도 있겠다. 그러나 앞에서 말한 것처럼 국가사회주의체제에 시장경제가 접목된 그 자체가 하나의 새로운 체제로 굳어질 수 있다고 볼 수도 있으며, 그렇지 않다 해도 국가사회주의의 도전을 받지 않게 된 자본주의체제는 사회복지나 고용문제 등에서 독선적 성격이 급격히 강화된 신자유주의체제로 되면서 미국의 사회학자 월러스틴(I. Wallerstein)의 전망대로 앞으로 50년도 더 지탱하지 못할 수도 있다.

우리 역사학에서는 시대구분을 할 때 대개 일제강점시기를 근대로 하고 해방 후의 시기를 동시대라는 의미에서 현대로 명명한다. 그러나 한반도지역의 근대가 국민국가 수립을 지향한 시대이되, 그 근대 국민국가란 것이 20세기 후반기에 분단시대를 겪은 한반도의 경우 곧 통일된 민족국가 수립을 말하는 것이라고 생각해보면, 한반도 역사의 근대는 아직 진행 중이며, 우리 역사의 20세기 전체가 근대였다고 할 수 있다. 이 글은 그런 생각을 바탕으로 하여 씌어진 것이다.

한반도 역사에서 이 근대가 언제 끝날 것인가 하는 문제는 통일이 어떤 과정으로 이루어질 것인가 하는 문제와도 연결된다고 하겠다. 무력통일이나 흡수통일처럼 일시에 이루어지는 것이 아니라 타협과 협상 과정을 통해 시일을 두고 점차적으로 이루어지는 통일이라 생각하면, 가령 1992년의 남북합의서 교환이 협상통일의 시발점이 될 수도 있을 것이며, 따라서 그것이 근대가 마무리되는 시대구분의 분기점이 될 수도 있을 것이다. 예를 들면 그렇다는 말이다.

2. 한반도의 20세기 전반기는 어떤 '근대'였는가

19세기부터 20세기에 걸치는 동양 3국의 근대화과정은 중국처럼 반식민지가 되었다가 국가사회주의체제가 되고, 일본처럼 제국주의 침략국으로 갔다가 선진자본주의국가가 되고, 조선처럼 완전식민지가 되었다가 자본주의국가와 국가사회주의국가로 양분되는 등 각기 달랐다. 그러나 3국의 근대가 같은 방향을 지향한 점도 없지 않다. 전체 세계사의 진행방향도 그러하지만 동양 3국이 모두 근대로 오면서 적어도 정치적으로 군주주권체제를 청산하고 인민주권주의를 지향했으며, 또 빠르고 늦은 차이는 있었지만 그것을 모두 달성했다.

일본은 메이지(明治)유신 이후 인민주권주의를 입헌군주제라는 제한적인 형식으로 이루어가다가 제2차 세계대전 후―사실 지금의 일본 국호는 일본제국도 일본공화국도 아닌 일본국일 뿐이지만―인민주권주의가 완성되었다고 할 수 있으며, 중국은 신해혁명(辛亥革命)을 통해 인민주권주의가 일단 이루어졌다고 할 수 있다. 조선은 20세기 전반기 일제강점 시기에는 그것을 이루지 못하고 일본군주의 대행자인 조선총독에 의해 입헌군주제도 아닌 전제주의적 지배체제가 계속되었다. 그러나 제2차 세계대전 종식과 함께, 즉 20세기 후반기로 오면서 남북 분단 상황에서도 일단 인민주권주의는 이루어졌다고 하겠다.

동양 3국의 경우도 일단 서구와 같이 근대에는 정치적 인민주권주의를 기저로 하는 국민국가를 형성하는 일이 요긴했다고 하겠다. 서구식 자본주의체제를 따라간 일본은 바꾸후(幕府)체제를 청산하고 입헌군주제를 바탕으로 하는 근대 국민국가를 수립했다. 중국도 자본주의 지향의 국민당정부와 사회주의 지향의 공산당정부를 막론하여 청나라 때까지의 전제주의체제를 청산하고 신해혁명으로 근대 국민국가 수립에 성공한 역사를 뿌리로 삼고 있다.

일본과 중국의 경우 인민주권주의를 기반으로 수립한 근대 국민국가에서 그 국민과 민족의 범위가 정치·경제·사회·문화적으로 일치했기 때문에 근대 국민국가의 성립이 곧 근대 민족국가의 성립이었다고 할 수 있다. 중국은 다민족 국가여서 민족과 국민의 범위가 반드시 일치하는 것은 아니지만, 유럽에서도 여러 민족을 한데 묶어서 별 지장 없이 근대 국민국가로 만든 경우가 많았다.

한반도의 경우는 사정이 조금 달랐다. 20세기 전반기에는 불행하게도 완전식민지가 됨으로써 인민주권주의를 근저로 하는 근대 국민국가 수립에 실패했고, 후반기에는 비록 근대가 되는 역사적 요건으로서 인민주권주의는 이루었다 해도 한 민족이 두 개의 다른 국가·국민으로 되어버린 분단국가체제가 되어 이들 분단국가 국민들이 강력히 희원(希願)하는 통일민족국가는 아직 수립하지 못하고 있다.

이해를 돕기 위해 용어상으로만 근대 국민국가와 근대 민족국가를 구분해서 한반도지역의 근대를 말한다면, 조선총독의 전제주의 지배체제가 8·15해방으로 청산되고 남북 모두에 각기 인민주권주의 국민국가를 이루었지만 민족국가 수립에는 실패했으며, 그것은 앞으로 남북통일로 이루어지는 것이라 할 수 있다. 국민과 민족이 일치하는, 혹은 서로 다른 민족들을 한데 묶어 하나의 국민국가를 성립하는 것이 세계사와 함께 한반도 역사가 근대로 가는 중요한 요건이라면, 한반도의 경우 남북이 단일민족이면서도 단일민족국가 수립은 아직 미완상태인 것이다.

이렇게 보면 한반도 역사의 근대가 성공적으로 이루어지기 위해서는, 대한제국의 전제주의체제를 청산하여 인민주권주의에 의한 근대 국민국가를 수립하고, 또한 일본제국주의의 전제주의 지배체제를 청산하여 인민주권주의에 의한 통일민족국가를 수립하는 두 가지 과정을 완성했어야 한다. 이런 생각을 바탕에 두고 우선 첫째 단계의 경우를 좀 더 살펴보자.

동양 3국의 경우 19세기 말엽과 20세기 초엽에 일본에서는 메이지유신으로, 중국에서는 신해혁명으로 인민주권주의에 의한 근대 국민국가를 이루었다. 다민족국가인 중국은 조금 다르게 말할 수도 있겠지만, 그것은 우리가 지금도 지향하고 있는 근대 민족국가와 일치했다고 할 수 있다. 3국 중 유독 한반도지역만 국민과 민족이 일치하는 근대국가를 수립하는 근대화에 실패하고 일본강점하에 들어가게 된 원인이 무엇인가를 생각해봐야 한다.

한마디로 말해서 한반도의 역사는 메이지유신과 같은 개혁에도 신해혁명과 같은 혁명에도 실패했기 때문이라 할 수 있으며, 그 원인은 개혁과 혁명을 할 수 있는 사회계급의 성장이 늦었기 때문이라 하겠다. 그리고 그것은 중세적 성리학체제가 너무 강인하게 남아 있었던 것이 그 원인이었다고 할 수 있다.

근대 국민국가 수립에 실패하여 일본의 강제지배 아래 들어가게 된 20세기 전반기 한반도 주민들의 근대는 일제의 지배를 벗고 인민주권주의에 의한 국민국가와 일치하는 민족국가를 수립하는 과정이었다고 하겠다. 문제는 이 근대를 누가 담당하는가였다.

메이지유신과 신해혁명을 이룬 사회계급을 유럽식 개념을 빌려서 시민계급이라 한다면, 한반도에서는 성리학체제가 너무 오랫동안 강인하게 남아 있어서 시민계급이 개혁이나 혁명을 성공할 수 있을 만큼 성장할 수 없었다. 그런 한반도의 시민계급이 일제시기에 강제지배를 벗어나 국민국가 내지 민족국가를 이루어야 하는 한반도의 근대를 독자적으로 감당할 수는 없었다.

유럽식 개념으로 말해서 시민계급의 성장이 부실했다는 것은 또 자본주의 발달이 그만큼 뒤졌음을 말하며, 자본주의 발달이 뒤졌다는 것은 노농(勞農)계급의 정치적 성장이 뒤질 수밖에 없었음을 말한다. 그리고 노농계급이 식민지배에서 탈피하기 위한 근대적 정치운동으로서 민족해방운동을 독자적으로 담당하기 어려웠음을 말한다.

여기에 시민계급과 노농계급이 함께 통일전선을 이루어 식민지배에서 벗어나기 위한 투쟁으로써 한반도지역의 근대를 담당해야 했고, 실제로 여러 번 시도되기도 했다. 그럼에도 결과적으로는 한반도 전체 주민의 근대적 과제인 자력에 의한 민족해방은 현실적으로 불가능했고 결국 외세의 힘을 빌려 달성할 수밖에 없었다.

19세기 말 이후 한반도지역 주민들이 정치적으로 추구한 근대가 인민주권주의 달성이라면, 경제적으로 추구한 근대는 역시 자본주의 경제체제 수립이라고 할 수 있다. 그러나 그것을 주체적으로 이루지 못하고 결국 식민지로 전락했다. 20세기 전반기 식민지시기로 들어서서 추진된 근대 국민국가 수립운동이었던 민족해방운동은 경제적인 면에서 반드시 자본주의체제 수립운동에만 한정된 것은 아니었다. 사회주의 경제체제의 국민국가를 수립하려는 운동도 같이 추진된 것이다.

한반도지역의 근대사로서 일제시기 민족해방운동 과정에서는 해방 후 국토와 민족이 분단되어 자본주의국가와 사회주의국가가 따로 성립되리라고 전혀 예상하지 않았다. 좌익전선도 있고 우익전선도 있었기 때문에 결국 민족해방운동 과정에서 지향한 경제체제는 좌우익 전선을 막론하고 자본주의체제와 사회주의체제를 혼합한 단일체제일 수 있었다. 그러나 한반도지역의 해방이 어떤 상태에서 오느냐에 따라 다를 수 있었다. 좌우익을 막론하고 민족해방운동세력이 독자적으로 한반도를 해방하기는 현실적으로 어려웠고, 결국 연합국에 의해 해방되거나 혹은 연합국과 함께 해방해야 할 상황이었으므로 어느 연합국에 의해 해방되느냐 하는 문제가 중요했다.

한반도지역의 근대 전반기로서 일제강점시기에는 정치적으로는 당파적 차이에 따라 민주공화제 혹은 인민민주주의체제 등을 지향했지만, 그것은 결국 인민주권주의의 성립과 확대과정에 차이가 있기 때문이었다. 실제로 민족해방운동전선에서 민주공화제를 지향한 우익진영이나 인민민주주의체제를 지향한 좌익진영 모두 그 핵심은 근대적 지식인층 중심이었다고 할 수 있다.

민족해방운동전선의 경우 우익전선의 핵심세력은—계급적 속성으로 보아 해방 후 한민당과 같은 국내 지주층 중심 정치세력과 유착될 가능성은 있었지만—사실상 자산계급이라기보다 지식인들이었다고 할 수 있다. 좌익진영도 실제로 노농계급이 아니라 진보적 지식인이 중심이었다. 따라서 해방 후 한반도에 성립될 정권을 자산계급이 독점하느냐 노농계급이 독점하느냐 하는 문제보다, 좌우익 진영이 협력하여 정치·경제적 민주주의를 얼마나 적극적으로 확대해가느냐 하는 것이 현안 문제였다.

민족해방운동전선이 지향한 해방 후의 경제체제는 결국 자본주의체제와 사회주의체제의 혼합이냐, 아니면 자본주의체제나 사회주의체제

중 하나이냐 하는 문제였다고 할 수 있다. 가령 일제에 강점되지 않은 우리의 근대를 가정해본다면 정치적으로는 인민주권주의의 달성과 확대과정이었다고 할 수 있겠으나, 경제적으로 자본주의체제냐 사회주의체제냐 하는 문제는 단정하기 어렵다. 그것은 일제에 멸망하지 않았다면 대한제국이 언제쯤 어떤 성격의 국민혁명으로 무너졌을 것인가 하는 점과 연결된다고 할 수 있을 것이다.

이같이 20세기 전반기 한반도 주민들의 근대가 정치적으로 인민주권주의의 완성을 지향하고, 경제적으로 자본주의체제와 사회주의체제 혹은 두 체제의 혼합체제를 지향했다 해도, 그 지역이 현실적으로 일본제국주의의 식민지가 되었기 때문에 정치적으로는 전제주의체제, 경제적으로는 식민지 자본주의체제 아래 있었다.

정치적으로 전체 식민지 시기를 통해 자치제도나 정당제도 등 일체의 정치활동이 허용되지 않은 완전 전제주의 지배체제 아래 있었고, 경제적으로도 설령 자본주의체제가 일부 성립되었다 해도 한반도지역이 독자적 경제단위가 되지 못하고 그 주민들이 경제운영의 주체가 되지 못한 채 일본 자본주의경제의 부속지역이 될 수밖에 없었다.

한반도지역이 역사적으로 중세를 청산하고 근대로 가면서 이루어야 할 역사적 과제인 인민주권주의 달성과 자본주의나 사회주의 경제체제 혹은 두 경제체제의 혼합체제 수립, 그리고 전통문화의 주체적 근대화 문제는 모두 해방 후, 즉 20세기 후반기로 넘겨지게 되었다. 민족사회가 주권을 상실한 시대는 결국 그 시대가 이루어야 할 역사적 과제 자체를 모두 상실하는 것이라 할 수 있다.

3. 한반도의 20세기 후반기는 또 어떤 '근대'였는가

일본제국주의의 패망과 함께 한반도지역에서는 또다른 근대로서 20세기 후반기 역사가 사실상 열리게 되었다. 정치적으로는 늦게나마 인민주권주의에 의한 근대 국민국가 및 근대 민족국가를 수립해야 할 시점이 되었지만, 그 국민국가의 권력체제가 서구식 민주공화제가 될 것인가 아니면 동구식 인민민주주의체제가 될 것인가 하는 문제가 있었고, 경제적으로는 앞서 말한 것처럼 자본주의체제를 수립할 것인가 아니면 사회주의체제를 수립할 것인가, 혹은 자본주의와 사회주의의 혼합체제를 성립할 것인가 하는 문제들이 있었다.

식민지배에서 해방된 한반도지역에 정치적으로 또는 경제적으로 어떤 체제의 국민국가를 수립할 것인가 하는 문제는, 해방 전까지 한반도지역이 정치·경제적으로 어떤 발전단계에 있었는가 하는 문제라기보다 한반도지역이 어떤 상황에서 해방될 것인가, 다시 말하면 어떤 연합국세력에 의해 해방될 것인가 하는 문제에 달려 있었다. 자본주의 군사력으로 해방될 경우와 사회주의 군사력으로 해방될 경우가 다를 수 있기 때문이었다. 식민지시기를 경험한 민족사회가 겪을 수 있는 비역사적 의외성이요 '비극'이었다고 할 수 있겠다.

1945년 당시 한반도를 식민지배하고 있던 제국주의 일본과 전쟁을 한, 그래서 그 군사력이 한반도로 진격하여 일본군을 물리치고 그곳을 해방시킬 가능성이 있었던 국가는 3개국으로 압축될 수 있을 것이다. 그 하나는 중국이었다. 당시 중국에는 장 제스(蔣介石) 국부군과 마오쩌둥(毛澤東) 공산군이 있었는데, 장 제스 국부군이 한반도에 진격하여 전체를 해방시키고 자본주의국가를 수립하게 할 가능성은 희박했다.

마오 쩌둥 중공군이 한반도를 해방시켜 사회주의국가를 수립하게 할 가능성이 장 제스 국부군보다는 조금 더 컸으나 그렇게 되지 못했다.

다음은 미국이었다. 미국군은 싸이판·이오우시마·오끼나와를 점령하고 그해 11월에 일본 큐우슈우에 상륙할 태세였다. 미국이 독자적으로 한반도를 점령하면서 일본이 항복할 경우 한반도 전체의 20세기 후반기 근대는 자본주의체제가 될 가능성이 컸다. 미국의 원자탄 투하 후 소련이 참전하여 한반도 북부에서 진격해옴으로써 장차 전체 한반도를 독점적으로 점령할 가능성이 커졌는데, 그렇게 되었으면 한반도 전체의 20세기 후반기 근대는 사회주의체제가 될 가능성이 컸다.

소련의 한반도 진격에 다급해진 미국은 38도선을 제의했고 소련이 이를 수락했다. 소련이 수락한 38도선은 물론 일본군의 항복을 받을 경계선이었지 20세기 후반기 한반도의 근대가 자본주의체제와 사회주의체제로 갈라지는 경계선이 되게 하려는 것은 아니었다. 그러나 38도선의 획정은 결국 한반도의 근대로서의 20세기 후반기사가 통일된 근대민족국가 수립으로 가지 못하고 남북이 각기 분단국가를 세워 서로 다른 체제로 가게 되는 중요한 원인이 되었다.

20세기 전반기 한반도의 근대를 자본주의 식민지배 아래서 보냈으므로 해방 후 즉 20세기 후반기에 한반도지역이 그대로 자본주의체제로 가야 한다거나, 아니면 20세기 전반기를 모순이 심화된 식민지 자본주의체제에서 보냈기 때문에 그 후반기에는 사회주의체제로 가야 한다는 논의 등이 있을 수 있었으나 현실적으로는 무위로 되고 말았다.

다시 말하면 해방 후 20세기 후반기 한반도 전체의 근대가 식민지 자본주의체제에 이어서 그대로 자본주의체제로 가야 했는데 38도선 이북을 소련군이 점령함으로써 그 지역이 사회주의체제로 잘못 갔다거나, 반대로 식민지시기를 겪은 한반도지역 전체가 20세기 후반기에는 식민지체제와 함께 자본주의체제를 청산하고 노농계급 중심의 사회주의체제로 가야 했는데 38도선 이남을 미국군이 점령하고 친일적 지주 및 자산계급 중심의 국가를 세움으로써 그 지역이 잘못 자본주의체제로 갔다는 논리 등은 현실적으로 어느 쪽도 설득력을 얻지 못한 것이 아닌가 한다.

38도선은 6·25전쟁 후 휴전선으로 변했고, 20세기 후반기를 통해 이남에는 자본주의체제가, 그리고 이북에는 국가사회주의체제가 일단 정착되었다. 이제 한반도지역은 20세기 후반기 분단국가시대를 지나 21세기 통일민족국가시대로 들어가려 하지만, 그 통일방법이 어느 한쪽의 체제가 다른 쪽 체제를 일방적으로 병합하는 무력통일이나 혁명통일은 물론, 독일식 흡수통일을 표방하거나 지향하는 것은 아니다. 남북이 모두 그런 방법들을 부인하고 타협통일·협상통일·체제공존통일을 지향하고 있으며 그것이 역사적 정당성을 얻어가고 있다는 점이 중요하다.

20세기를 넘기는 시점에서, 전체 세계사를 통해 국가사회주의체제가 무너졌다 해서 그것이 자본주의체제 독주로 이어지는 것이 아니라 오히려 자본주의체제 붕괴로 연결됨으로써 21세기에는 새로운 세계체제가 성립되리라 전망하는 경우가 많다. 이같은 세계사적 추이에 따라 21세기 한반도에 성립될 통일민족국가의 체제가 규정될 것이라 봐도 좋을 것이다. 그런 시각에서 20세기 후반기 한반도에서 있었던 자본주의체제와 사회주의체제의 대립형태를 역사적으로 어떻게 봐야 할 것인가 하는 문제를 생각하지 않을 수 없다.

세계사적으로 20세기 전반기는 러시아혁명을 통해 역사상 처음으로 국가사회주의체제가 성립된 시기였다. 제2차 세계대전이 끝나고 20세기 후반기로 들어서면서 국가사회주의체제는 동구지역과 중국을 중심으로 하는 아시아지역 및 아프리카 일부 지역 등으로 확대되었다. 동서 냉전체제 혹은 양극체제 등으로 표현되면서 자본주의체제와 국가사회주의체제가 대립한 것으로만 인식되어왔지만, 사실상 두 체제가 공존한 시기였다고 할 수 있다. 두 체제가 대립한 시대로 보느냐 공존한 시대로 보느냐에 따라 20세기 세계사에 대한 인식과 21세기를 전망하는 시각은 달라질 수 있을 것이다.

20세기가 세계사에서 자본주의와 사회주의가 교체되는 시발점이 될 것이라는 역사인식을 가진 사람들이 많았지만, 그 말기로 오면서 국가사회주의체제가 거의 무너짐으로써 그런 역사인식이 가까운 시일 안에 다시 정당성을 가지리라 보기는 어렵게 되었다. 그러나 20세기 특히 그 후반기는 자본주의와 국가사회주의가 공존한 시대였으며, 그 공존상태 자체가 하나의 세계체제를 이루었다고 보는 견해들이 있다.

그리고 앞에서도 잠깐 말했지만 국가사회주의의 몰락이 신자유주의적 자본주의체제의 독주로 연결되는 것이 아니라, 앞으로 자본주의체제 자체도 무너지거나 크게 변질되면서 21세기에는 새로운 세계체제가 형성될 것으로 전망하는 경우가 많다. 20세기 후반기를 두 체제가 공존하는 시대로 보냈다는 사실이, 그리고 공존상태에서 국가사회주의가 붕괴했다는 사실이 자본주의를 극단적 신자유주의체제로 가게 하고 그것이 곧 자본주의체제를 무너지게 할 요인이 됨으로써 21세기에는 20세기적 자본주의도 국가사회주의도 아닌 새로운 세계체제가 도래한다는 것이다.

20세기 전반기를 식민지하에서 보낸 한반도지역은 식민지였다는 사실과 지정학적 위치 등이 중요한 원인이 되어 20세기 후반기로 오면서 자본주의와 국가사회주의 두 체제가 공존한 세계체제의 전초지대가 되었다. 따라서 21세기에 어떤 세계체제가 성립될 것인가에 상관없이 20

세기 후반기 한반도지역의 남북에 성립된 자본주의체제와 국가사회주의체제에는 모두 역사성이 있다고 볼 수 있다.

남북 두 분단국가의 어느 한쪽에, 혹은 두 체제 중 어느 한쪽에 정당성을 두는 식의 역사인식이 아니라, 두 체제의 공존 자체로 역사성이 있는 한반도지역의 근대로 인식될 수 있다는 말이다. 그 때문에 이 지역의 통일방안으로는 20세기적 자본주의체제나 국가사회주의체제 중 어느 한쪽이 일방적으로 통일하는 방법이 아니라 21세기에 전망되는 새로운 세계체제가 남북 전체 사회에 적용되는 통일방법이 모색되어야 할 것이다.

요컨대, 한반도의 20세기 후반기 근대는 경제적으로 자본주의체제가 되건 사회주의체제가 되건 두 체제의 혼합체제가 되건, 정치적으로 조선총독부 통치 시기의 전제주의체제를 청산하고 근대 국민국가 혹은 통일된 근대 민족국가를 성립시켜야 할 시대였다. 그러나 20세기 전반기를 식민지로 보낸 사실이 최대 원인이 되어 결국 남북에 분단국가가 성립되고 자본주의체제와 국가사회주의체제가 공존하는 근대가 되고 말았다.

4. 20세기적 '근대'의 마무리와 21세기 전망

한반도 역사에서 19세기 후반기부터 시작하여 20세기에 걸친다고 생각하는 근대는 국민국가 혹은 통일민족국가의 성립을 과제로 삼았다는 관점에서 이 글이 씌어졌고, 21세기에 들어가서 통일민족국가의 성립으로 한 역사시대로서의 근대가 끝나는 것이라 생각해왔다. 식민지 시기를 겪었기 때문에 근대 국민국가나 민족국가의 형성이 늦었고 분단국가체제로 나아감으로써 통일민족국가 수립은 20세기에 완성되지 못한 채 21세기의 과제로 남게 되었다.

그러나 세계사적으로 보면 서구를 비롯해서 근대 국민국가체제가 일찍 형성된 지역의 경우 지난 3, 4세기를 거치는 동안 그 이데올로기인 국민주의가 국가주의·민족주의 및 제국주의로 바뀌면서 전세계는 갈등과 대립과 전쟁의 소용돌이에 휩싸였다. 국민국가들 사이에 국경의 벽을 높이면서 한 치의 땅을 더 얻기 위해 명분 없는 전쟁을 함부로 도발하는가 하면, 국민국가의 최고성과 절대성을 강조하면서 그 소속 국민들에게 엄청난 희생을 요구해온 것이 사실이다.

그러나 인류사의 역사시대 5000년 위에서 보면 한 국가가 국경의 벽을 높이 쌓고 엄격한 법률로써 사람들의 출입을 막거나 제한해온 역사는 그다지 길지 않으며, 절대주의국가가 성립된 이후 3, 4세기에 지나지 않는다고 할 수 있다. 20세기 전반기 두 차례의 세계대전을 통해서 국민국가체제의 횡포와 폐단이 절정에 다다랐고, 이 때문에 그 후반기에는 인권의 발달, 인간의 평화의지 고양, 국가주의의 횡포에 대한 반성, 교통·통신의 발달 등이 원인이 되어 국민국가의 권한이 축소되어야 한다는 생각이 나타나기 시작했으며, 또 실제로 오랫동안 쌓아온 국민국가의 국경이 조금씩 낮아지기 시작했다.

전체 세계사 위에서 20세기 전반기에 비해 그 후반기에는 자신이 태어난 국가에서 살지 않고 다른 국가로 옮겨가서 사는 사람들 수가 급증했다. 입국허가 없이 갈 수 있는 나라들이 점점 많아지고 있으며, 지구 곳곳에서 국민국가의 영역을 넘어 지역공동체가 발달해가고 있기도 하다. 지구 단위에서 거주이동의 자유가 확대되고 있는 것이다.

인류사회의, 그리고 그 역사발전의 궁극적 목적이 지구 전체를 하나의 평화공동체로 만들어가는 데 있다면, 국민국가의 권한을 축소하고 그 국경을 낮추는 일이야말로 인류역사의 옳은 방향을 잡은 것이라 할 수 있다. 21세기에 들어가서도 물론 국민국가의 권한이 갑자기 약해지거나 그 국경의 벽이 하루아침에 무너지지는 않겠지만, 역사발전에 따라 그 큰길은 국민국가의 권한과 횡포가 줄어드는 쪽으로 나아가는 것이라 전망할 수 있다.

21세기 세계사가 국민국가의 권한을 약화하고 국경을 낮추어가는 문제와 한반도의 21세기사가 근대 국민국가 형성의 완성단계로서 통일민족국가를 수립하는 문제는 별개로 볼 수 있지 않을까 한다. 왜냐하면 한반도에서는 두 개의 분단국가가 하나의 통일민족국가로 되는 일이 근대 국민국가의 부정적 속성을 드러내기보다, 오히려 전쟁의 위험을 없앰으로써 좁게는 동아시아의 평화에, 넓게는 세계평화에 이바지하는 일이 되기 때문이라 할 수 있다. 가령 동아시아공동체 성립을 전망할 때 한반도의 평화적 통일이 전제조건이 되기 때문이다.

요컨대, 21세기에 이루어질 통일민족국가 수립 방향이 20세기를 넘기기 전에 이미 잡혔다는 점에서 한반도에서 근대인 20세기를 사는 큰 의미가 있다. 20세기 후반기를 통해 자본주의체제와 국가사회주의체제가 각기 역사성을 가지고 공존했음을 인정하게 되었다는 사실에, 그리고 한 체제가 다른 체제를 정복하거나 병합하거나 흡수하지 않는 통일 방안이 마련되었다는 점에 20세기 후반기 분단시대사의 결론이 들어 있다고 할 수 있다. 그리고 이 결론을 바탕으로 하여 통일민족국가를 완성할 한반도 21세기사의 향방을 가늠할 수 있을 것이다. (1999년 11월)

20세기 우리 역사를 어떻게 볼 것인가

1. 20세기는 세계사적으로 어떤 시대였는가

20세기의 우리 역사를 말하기 전에 먼저 세계사에서 20세기가 어떤 세기였는가를 생각해볼 필요가 있다. 20세기의 세계사에서 일어난 가장 역사적인 사건은 역시 러시아혁명의 성공과 소련의 붕괴였다고 할 수 있다. 러시아혁명이 성공한 후 반드시 유물사관적 입장에 있지 않은 역사가들도 20세기가 세계사에서 자본주의시대와 사회주의시대가 교체하는 시발점이 되리라 전망하는 경우가 많았다. 제2차 세계대전 이전까지 소연방 하나밖에 없었던 사회주의국가가 전쟁이 끝나면서 동유럽지역과 중국·베트남·북한지역, 자본주의 종주국인 미국의 코밑에 있는 꾸바까지 사회주의혁명을 성공하게 되자 20세기는 자본주의시대와 사회주의시대가 교체하는 출발점이 되리라는 관점이 더 굳어져갔다.

그러나 20세기가 다 가기 전에 국가사회주의체제의 대부분이 무너졌고, 중국처럼 일부 남아 있다 해도 시장경제제도를 도입함으로써 그 성격이 크게 변해가고 있다. 국가사회주의체제가 무너진 것은 20세기적 현상이라기보다 21세기 세계사의 전주곡(前奏曲)이라 할 수 있어서 국가사회주의체제가 와해된 후 21세기 세계사에서 자본주의체제가 독주하리라는 관점들이 한때 있었다. 그러나 지금은 자본주의 세계체제가 독주하는 역사가 오래 계속되기보다 국가사회주의체제의 와해가 남아 있는 자본주의체제의 와해로 이어지리라는 견해들이 차차 많아져가는 것 같다. 20세기는 자본주의체제와 사회주의체제가 공존한 시대였으나 그중 사회주의체제가 와해함으로써 21세기에는 지금의 신자유주의적 자본주의체제가 독존하는 것이 아니라 그것도 와해되어 새로운 세계체제가 성립되리라는 관점이 커져가고 있다.

20세기는 또 인류역사가 제국주의 세계대전을 두 번이나 겪은 세기이기도 했다. 절대주의 이후 성립된 국민국가의 이데올로기였던 국민주의·민족주의가 제국주의로 되면서 갖은 횡포를 부리다가 결국 20세기에 와서 두 번의 세계대전을 치르게 되었다. 2차대전 후에도 3차대전을 예고하는 경우가 많았고 실제로 크고 작은 지역전쟁은 계속되었지만 정작 3차대전은 일어나지 않았다. 대량으로 만들어진 가공할 원자무기가 3차대전을 막은 주된 원인이라 볼 수도 있지만, 한편 20세기 전반기에 비해 후반기에는 인류사회 전체의 평화 의지가 그만큼 높아진 것이라 할 수도 있다.

20세기 전반기까지 그 많던 제국주의 열강의 직접 식민지가 제2차 세계대전 이후에는 독일·일본·이딸리아 등 패전국의 식민지는 말할 것 없고 영국·프랑스·네덜란드 등 전승국의 식민지까지 모두 없어졌다. 아시아·아프리카 식민지들이 모두 독립하여 국제사회의 당당한 일원이 된 것이다. 특히 20세기를 넘기지 않고 홍콩과 마카오가 중국으로 반환된 것은 실질적이면서도 상징성이 높은 제국주의·식민주의 청산의 역사 바로 그것을 보여준 것이었다.

2. 한반도는 왜 일본에게 강제지배되었는가

20세기의 한반도 역사를 말하려면 무엇보다도 왜 일본에게 강제지배되었는가 하는 문제부터 다루지 않을 수 없다. 20세기로 들어와서 한반도가 일본의 식민지로 전락하게 된 중요한 원인은 물론 군사력을 앞세운 일본의 침략주의에 있었다. 그러나 한편 한반도의 정치권력은 왜 그 군사적 침략을 방어하지 못할 만큼 부국강병책이 뒤처졌는가 하는 문제가 함께 해명되어야 한다. 크게 두 가지를 말할 수 있지 않을까 한다. 그 하나는 중세 성리학체제가 너무 강하게 남아 있어 근대로 가는 발목을 잡은 탓이요, 또 하나는 한반도의 지정학적 위치가 중국이나 일본보다 외부세계와 접하기에 불리했다는 점이다.

중세 성리학체제란 정치적으로 전제군주제를, 경제적으로 지주(地主)·전호(佃戶)제를, 사회적으로 양반·상민의 신분제를, 사상적으로 성리학 유일체제를 유지하는 것이었다. 그 체제가 강하게 남아 있는 한 인민주권주의도 자본주의 경제체제도 근대적 사상체제도 성립되기 어려웠다. 따라서 성리학체제가 버티고 있는 한 신해혁명 같은 공화주의체제는 말할 것 없고 메이지유신 같은 입헌군주제도 이루기 어려웠다. 그 때문에 일본에 패망할 때까지 대한제국은 전제군주제에 머물러 있었다.

다음으로 지정학적인 면에서 한반도는 동아시아 3국 중 중국과 일본보다는 외부세력, 특히 아시아지역으로 진출해오던 서유럽인들이 적극적으로 접근하기에 좀 궁벽한 지역이었다. 따라서 외부세계의 자극을 받고 그것에 대비할 수 있는 조건에서 중국이나 일본보다 불리했다. 그 때문에 한반도를 자본주의 세계체제 앞에 처음으로 개방한 것은 서구 열강이 아니라 그들에 의해 한걸음 앞서 개방된 일본이었다. 한반도는 이른바 이중 외압으로 자본주의 세계체제에 편입되었고, 그것이 완전 식민지로 전락하게 된 중요한 원인이라 지적되고 있다.

일본이 한반도를 식민지배하게 된 것은 영국이 인도를 식민지배하거나 프랑스가 베트남지역을 식민지배한 것과는, 즉 서구문화권 국가가 이질적인 동양문화권 지역을 식민지배한 것과는 크게 달랐다. 한반도지역과 일본은 같은 인종에 속했고 같은 문화권 안에 있었을 뿐만 아니라 한반도지역은 중세시대까지도 일본보다 문화적으로 앞섰다고 생각되었다. 그렇기 때문에 일본은 한반도를 식민지배하면서 우선 그 주민의 문화적 우월감을 잠재우기 위해 민족적·문화적 자존심을 철저히 훼손하는 한편 여러 가지 가혹한 통치방법을 쓰지 않을 수 없었다.

인종적으로 같은 지역이며 같은 문화권 안에 있는 한반도를 영구적으로 식민지배하기 위해 일본은 한민족을 '2등 일본인'으로 만들려는 민족말살정책을 썼다. 고유의 말과 문자 사용을 금지하고 민족문화를 절멸시킴으로써 한반도를 영원히 일본의 부속지역으로 만들려 한 것이다. 한반도 주민들은 문화적으로 상당한 수준에 있었으면서도 근대사회로 들어오는 길목인 20세기 전반기 동안 역사운영권을 완전히 박탈당했다. 이 질곡을 어떻게 벗어날 것인가가 20세기 전반기 한반도 주민들에게 최대의 역사적 과제였다.

3. 왜 통일민족국가 건설에 실패했는가

문화민족으로서 남의 식민지로 전락한 지역의 주민들이 해야 할 최고의 역사적 과제는 물론 민족해방운동이었다. 민족해방운동의 최선의 방법은 피압박민족 스스로 어디서건 민족해방운동군을 양성하여 모국을 점령하고 있는 적군과 싸워 이겨서 항복을 받는 일이었다. 사실 어느 피압박민족이라도 자력으로 제국주의 침략세력과 싸워 해방하기는 어렵다. 한민족의 경우도 그것이 가능했더라면 해방 후 국토분단이나 신탁통치 등이 없었을 것임은 더 말할 나위가 없다. 그러나 완전 식민지가 되어 한반도에서는 민족해방운동군을 양성할 해방공간이 없었고, 더욱이 3·1운동 이후에는 민족해방운동세력이 좌우익으로 분리되어 어느 쪽도 독자적으로 민족해방운동을 수행할 수 있는 처지에 있지 못했다.

일본에 강제지배된 한반도를 해방하는 차선의 방법은 민족해방운동군이 일본제국주의를 패망시킬 연합군의 일원이 되어 함께 싸우는 길이었다. 그렇게 하기 위해서는 민족해방운동세력의 정치기구가 연합군의 승인을 받아야 했지만, 좌우익을 막론하고 어느 민족해방운동단체도 일본과 싸우고 있는 미국·영국·중국·소련 등 연합국의 승인을 받지 못했다. 한민족 민족해방운동은 사회주의국가 소련과 제국주의국가 일본 사이에서 전쟁이 먼저 일어나는 경우와, 같은 제국주의국가 미국과 일본 사이에서 전쟁이 먼저 일어나는 경우가 크게 다를 수 있었다. 앞의 경우 좌익 민족해방운동세력이 소련군과 연합하여 조선을 해방시킬 가능성이 컸고, 뒤의 경우 우익 민족해방운동세력이 미국군과 연합하여 해방시킬 가능성이 컸다.

유럽에서 독소(獨蘇)전쟁이 발발함으로써 태평양전쟁으로 불린 미일(美日)전쟁이 소일(蘇日)전쟁보다 먼저 일어났으나 대한민국임시정부 산하의 한국광복군이 미국 중심 연합군의 완전한 일원이 되지는 못했다. 중국공산군이 일본과 전쟁을 하고 있었고 조선의용군이 그 일원으로 활동했으나 중국공산군 자체가 일본의 항복을 받는 연합군의 일원이 되지 못했다. 한편 일본이 항복하기 직전에 소일전쟁이 발발했고 동북항일연군 속의 조선인부대가 일부 소련군과 함께 활동했으나 일본군의 항복을 받는 자리에 동석하지 못하기는 마찬가지였다. 일제 강제지배시대 35년간 좌우익세력의 민족해방투쟁이 간단없이 계속되었지만, 좌우익전선을 막론하고 일본군의 항복을 받는 자리에 연합국과 동석하지 못한 채 제2차 세계대전이 끝난 것이다.

좌우익을 막론한 민족해방운동이 35년간이나 계속되었지만, 미국을 중심으로 한 연합국은 한반도 주민들이 자치능력이 없다는 생각을 하고 있었다. 그것은 일본이 한반도를 강점하면서 국제사회에 조선민족이 자치능력이 없어서 일본의 지배를 받지 않을 수 없다고 계속 선전했기 때문이었다. 연합국들은 3·1운동 이후 민족해방운동이 계속됐기 때문에 한국인들이 일본의 지배를 거부하고 있다는 사실은 알았지만, 일본이 패망한 후 한반도를 즉시 독립시켜야 한다고는 생각하지 않았다. 특히 미국은 전쟁 후 한반도를 상당 기간 전승국들의 신탁통치 아래 두어야 한다고 결정했고, 중국·소련 등의 동의를 받고 있었다.

한반도에서 미소 양국 사이에 일본군의 항복을 받을 경계선으로서 38도선 획정(劃定)이 결정된 것은 종래에는 1945년 8월 10일경이라 생각되었으나 다시 같은해 7월 25일경 즉 포츠담회담에서 이미 결정되었다는 설이 나오고 있다. 그렇다고 해서 이때부터 연합국들이 한반도를 영구 분단하려 한 것은 물론 아니다. 한반도를 포함한 전쟁 후 문제를 처음으로 결정한 모스끄바3상회의에서는 미·영·중·소 등 4대 전승국이 한반도를 5년간 신탁통치하고, 그 기간 동안 한반도를 다스릴 임시정부는 미소공동위원회가 조선의 정당·사회 단체 대표들과 의논하여 수립할 것을 결정했다.

정당·사회 단체 대표들과 의논해서 남북한 전체를 다스릴 임시정부를 수립한 후 그 임시정부가 4대 전승국의 감시 및 후견을 받으면서, 즉 신탁통치 아래 5년간 한반도 전체를 다스린 후 그 임시정부 관할 아래 총선거를 실시하여 가장 표를 많이 얻은 정당이 여당이 되면서 독립국가를 건설하는 수순이었다. 이 경우 미소공동위원회에 의해 임시정부가 수립되면 바로 38도선은 없어지는 것이었다. 그런데 신탁통치를 좌익은 찬성하고 우익은 반대한 것이다. 신탁통치를 하는 4대 전승국 가운데 미·영·중 3개국이 자본주의국가였고 사회주의국가는 소련뿐이었는데 오히려 우익이 신탁통치를 반대하고 좌익이 그것을 찬성하는 '역현상'이 나타났다.

어쨌든 이 때문에 모스끄바3상회의 결정으로 한반도문제를 해결하는 길은 막히고 소련의 반대에도 불구하고 한반도문제는 미국이 직접 미국세력이 우세한 유엔으로 이관하여 유엔 감시하의 남북한 총선거안이 결정되었다가 소련의 유엔감시단 입북 반대로 결국 남한에서만 단독선거로 이승만정부가 수립되고 잇달아서 북한에서도 김일성정부가 수립되었다.

민족해방운동전선에 우익도 있고 좌익도 있는 상황에서 38도선이 그어지고 그것을 경계로 미소 양군이 분할 점령하고 있는 '해방공간' 속에서, 통일민족국가를 건설하기란 쉬운 일이 아니었다. 우익세력이 남북한 전체를 통치하는 자본주의체제 통일국가를 건설하려는 경우, 38도선 이북을 점령하고 있는 소련군이 물러나야 하고 좌익세력이 그것을 수용해야 했는데 현실적으로 불가능한 일이었다. 반대로 좌익세력이 남북한 전체를 통치하는 사회주의체제 통일국가를 건설하려면 미군이 철수하고 우익세력이 수용해야 했는데 현실적으로 불가능하기는 마찬가지였다.

그래서 한때는 남북통일 임시정부를 수립하기 위해 좌우익 연립정부나 혹은 극좌와 극우를 배제한 온건좌익과 온건우익을 중심으로 중도파 정부를 수립하려는 움직임이 있기도 했다. 후자가 약간 가능성이 있는 것으로 여겨졌으나 결국 실패하고 남북 분단국가들이 성립되고 말았다. 두 전승국 중 미국이 일본을, 그리고 소련이 만주를 그 세력권 안에 두려는 상황에서 2차대전이 끝났는데, 이런 상황에서 그 사이에 가로놓인 한반도를 미국과 소련 어느 쪽도 독점할 수 없었다.

그러니 한반도에 통일국가가 성립되려면 친미반소(親美反蘇)도 아니고 친소반미(親蘇反美)도 아닌, 순수 자본주의체제도 아니고 순수 사회주의체제도 아닌 국가가 성립될 수밖에 없는데, 20세기 전반기를 조선총독의 전제주의 통치를 받음으로써 근대적 정치 훈련을 전혀 받지 못한 당시의 한반도 주민으로서는 역시 역부족이었는지도 모른다. 일제시대 민족해방운동전선에는 우익도 있고 좌익도 있었지만, 이들은 38도선이 그어지면서 해방이 되리라고는 전혀 예상하지 않았다. 따라서 해방 후 어떻게 하나의 민족국가를 건설할 것인가 하는 문제를 생각하면서 좌우익전선이 타협하여 통일전선운동을 추진하기도 했다. 그러나 해방이 되면서 38도선이 그어지고 미소 양군이 분할 점령하게 되자 좌익은 극좌화하고 우익은 극우화하여 결국 통일민족국가 수립의 길은 막히고 말았다.

4. 한반도의 통일문제를 어떻게 볼 것인가

동북아시아에서 해양 쪽 일본과 대륙 쪽 만주 사이에 가로놓인 한반도가 대륙 쪽과 같은 사회주의세력에 의해 통일되는 것도 해양 쪽의 자본주의세력에 의해 통일되는 것도 불가능하다는 사실을 다시 한번 증명해준 것이 분단국가들이 성립된 지 2년 후에 발발한 6·25전쟁이었다. 처음에는 북쪽 사회주의정권에 의해 통일될 뻔했으나 해양 쪽의 미국을 중심으로 하는 유엔군의 참전으로 불가능했고, 다음에는 남쪽 자본주의정권에 의해 통일될 뻔했으나 이번에는 대륙 쪽 중국군의 참전으로 불가능했다. 6·25전쟁이야말로 한반도의 지정학적 위치 문제를 극명하게 드러낸 전쟁이었다고 할 수 있을 것이다.

세계사적 추이도 그러하지만, 한반도의 지정학적 위치 때문에 전쟁의 방법으로는 통일될 수 없다는 사실이 6·25전쟁을 통해 증명되었고 그 때문에 이후 평화통일안이 정착되었다고 할 수 있다. 그러나 오랫동안 실재하고 있는 두 개의 국가권력이 어떻게 평화적으로 하나가 될 것인가 하는 것은 결코 쉬운 문제가 아니었다. 1980년대로 오면서 국가와 정부를 구분하여, 국가는 당장 혹은 단계적으로 하나로 통합하되 정부와 체제는 상당 기간 둘인 채로 둔다는 방법이 고안됨으로써 평화통일 방법론에 상당 진전을 보게 되었다. 약간의 시간차가 있지만, 남쪽에서 말하는 3단계 통일론과 북쪽에서 말하는 연방제 통일안 등이 그것이라 할 수 있다.

특히 동독이 서독으로 흡수통일된 후에도 남북이 모두 그같은 흡수통일을 부인하고 정부와 체제를 상당 기간 둘인 채로 둔다는 데 합의함으로써 남북합의서가 교환될 수 있었고 또 남북정상회담이 합의될 수 있었다. 그러나 그후의 상황 전개가 여의치 못해 민간의 교류와 협력관계는 상당한 진전을 보이면서도 남북 당국자 접촉은 단절된 상태가 오래 계속되고 있으며, 그런 상태에서 20세기를 넘기는 것이 아닌가 한다. 그러면서도 한 가지 우려되는 것은 아직도 일부에서 흡수통일에 미련을 두고 그 성취를 기대하면서 남북교류에서 상호주의를 견지해야 한다는 주장들이 있다는 점이다.

만약 남쪽이 북쪽을 흡수하면서 통일하는 경우 6·25전쟁에서 남한군과 유엔군이 북진통일을 외치면서 압록강·두만강까지 진격하려 했던 것과 같은 상황이 된다고 할 수 있다. 설령 한반도 내의 남북 역관계가 그것을 가능하게 한다 해도 당시의 중국이나 소련이 용납하지 않았음은 6·25전쟁에서 잘 증명되었다. 한국·미국·일본의 동맹체제가 압록강·두만강까지 가는 한반도의 통일을 대륙세력인 중국·러시아가 용납할 수 없는 조건은, 가령 북한·중국·러시아 동맹세력이 부산과 제주도까지 가는 한반도 통일을 일본·미국이 용납할 수 없는 상황과 같다고 할 수 있다.

따라서 한반도의 통일은 비흡수 평화통일이 될 수밖에 없으며, 그것은 무력통일은 말할 것 없고 흡수통일도 아닌 협상통일·타협통일·'흥정'통일이 될 수밖에 없을 것이다. 그리고 협상과 타협과 '흥정'에는 시간과 인내와 양보가 필수적이다. 이제 겨우 타협통일론·협상통일론이 자리잡기 시작했다고 하겠으며, 구체적인 과정은 21세기에 들어가서 본격적으로 전개될 것이다.

20세기 후반기의 한반도는 1950년대의 전쟁 시기를 넘기고 60년대로 들어오면서 남북이 모두 전쟁 후의 경제재건 과정으로 접어들었으며 그 결과 1970년대까지는 남북이 모두 경제적으로 크게 발전했다. 그러나 북쪽은 중소(中蘇)분쟁으로 타격을 받은데다 1980년대 후반기로 오면서 동구와 소련 등 사회주의권이 무너지고 미국을 비롯한 자본주의 열강의 극심한 경제봉쇄 때문에, 거기에 또 자연재해까지 겹쳐서 극심한 경제적 타격을 받고 있다. 남쪽도 1990년대 후반에 IMF(International Monetary Fund 국제통화기금) 관리체제로 들어갔다가 겨우 회복과정에 들어섰다.

거의 반세기에 걸친 식민지배에서 벗어나면서 바로 남북으로 분단된 위에 동족상잔을 겪고 계속 적대하고 대립한 조건 속에서도, 북은 지금 경제적 곤란을 겪고 있지만, 한반도는 제2차대전 후 독립된 민족사회

중에서는 정치·경제·사회·문화 면에서 선두그룹에 들었다고 할 수 있다. 남쪽에서는 이같은 경제발전의 공을 1960년대 70년대의 군사독재 정권에 돌리기도 한다. 그러나 그것은 남쪽만이 아니라 북쪽을 포함해서 전체 한반도지역이 오랜 역사시대를 통해 쌓아온 문화적 기반과 저력으로 1950년대에 치른 전쟁 후의 복구과정처럼 남북 전체가 민족사회의 경제를 건설하였기 때문이다.

이렇게 보면 21세기에 들어가서도 만약 20세기 후반기와 같이 정치·외교·경제적으로 한반도의 남쪽에 한·미·일 '친밀관계'가 굳어지고 북쪽에 조·중·러 '친밀관계'가 형성되는 경우, 한반도의 통일은 어렵게 될 것이며 전체 동북아시아의 평화체제 수립도 어렵게 될 것이다. 20세기 후반기에 한반도에서 남북 대립과 동아시아에서 대륙세력과 해양세력 사이의 대립은 해소되지 않았다. 그것은 물론 동서 대립이라는 세계사적 상황에 규제된 것이었지만, 한반도에 살고 있는 남북 7천만 인구가 역사 운영에 실패했다고도 할 수 있다.

5. 21세기 한반도 역사는 어디로 가야 할 것인가

한민족은 식민지배의 질곡에서 벗어나면서 다시 남북으로 분단되었다. 분단의 원인에는 외세의 작용도 있었고 또 민족 내부의 문제도 있었다. 민족분단으로 6·25전쟁이 일어났고, 그것은 남북 모두에게 분명히 통일을 목적한 전쟁이었지만, 3년간의 격전을 겪고도 통일은 되지 않은 채 휴전으로 끝났다. 그런데도 한반도가 왜 전쟁의 방법으로는 통일되지 않았는가를 해명하지 못한 채 분단상태는 이후 50년간 지속되었다. 무엇이 잘못되어 해방과 함께 민족이 분단되고 치열한 전쟁을 겪고도 통일이 되지 않았는가를 해명하는 것이 이 시기 한반도 역사를 이해하는 중요한 관건이라 할 수 있다.

한편 일제시대에는 정치·경제·사회·문화적으로 같은 조건 아래 있었던 한반도 남북지역이 해방 후, 20세기 후반기에는 북쪽은 사회주의체제, 남쪽은 자본주의체제로 전혀 다른 길을 걸으면서 계속 대립과 경쟁상태에 있었다. 특히 1990년대 이후 세계사적으로 국가사회주의체제가 대부분 무너짐으로써 냉전체제가 해소되었으나 아직 한반도는 지구상의 유일한 냉전지대로 남아 있다. 그러면서도 남북 두 정부는 그 통일방안으로 베트남식 무력통일과 독일식 흡수통일을 모두 부정하고 있다.

한반도가 20세기로 들어서면서 식민지로 전락하게 된 원인이 무엇인가, 한반도의 역사는 식민지시대를 벗어나면서 왜 바로 민족분단시대로 이어지게 되었는가, 20세기 한반도의 역사 운영 전체에서 무엇이 잘못되었는가, 20세기 전체를 통해서 한반도 주민들의 역사적 성공은 전혀 없었는가, 20세기가 이제 끝나는데 한반도의 분단상태는 언제까지 계속될 것인가, 반세기 이상 유지된 민족분단의 해결방안은 무엇인가 하는 문제들이 21세기를 눈앞에 둔 7천만 전체 한반도 주민들의 역사적 과제이다.

20세기를 넘기는 과정에서 세계사는 두 가지 면에서 큰 변화를 일으키고 있다. 하나는 자본주의가 위기로 치닫고 있는 사실이다. 20세기에 들어와서 자본주의를 구제한 것은 사회복지와 고용부문에서 크게 양보한 수정자본주의였다고 할 수 있을 것이다. 그러나 도전세력인 국가사회주의가 거의 무너짐으로써 자본주의는 이제 '건방져지면서' 사회복지와 고용문제를 크게 후퇴시키거나 폐기하다시피 한 신자유주의로 나아가고 있다. 관점에 따라서는 국가사회주의의 붕괴가 자본주의 독존 체제로 가는 것이 아니라 오히려 뒤따라서 자본주의체제의 붕괴도 가져오고, 21세기에는 새로운 세계체제가 성립하리라 전망하는 경우가 있다.

한편 20세기를 넘기는 과정의 세계사에 나타난 또 하나의 큰 변화는 계속 높아지기만 한 국민국가의 벽이 점차 낮아지고 그 권위가 약화하기 시작했다는 사실이다. 지난 3, 4세기 동안의 인류역사를 통해서 국민국가를 지탱한 국민주의·민족주의가 제국주의로 되면서 전혀 명분 없는 전쟁을 함부로 일으키는 등 온갖 횡포를 자행했다고 앞에서 말했지만, 20세기를 넘기는 과정에서 제국주의가 어느정도 청산되면서 지금까지 계속 높아지기만 한 국민국가의 벽이 조금씩 낮아지고 그 권위가 다소 약해지고 있는 것이다. 21세기에 국민국가의 권위가 당장 무너지는 것은 아니라 해도, 인류사회 전체가 20세기까지 계속 증대되기만 한 국민국가의 권위와 횡포에 염증을 느끼거나 반성하기 시작했다고 할 수 있다.

21세기에도 20세기처럼 국민국가들의 대립과 경쟁이 심해지면 우리가 살고 있는 동아시아는 아마도 중국과, 미국을 배경으로 한 일본의 대립이 심화해갈 가능성이 클 것이다. 그러면서 분단된 채로 있는 한반도의 북반부는 정치·경제·문화적으로 아무래도 중국 쪽에 치우칠 것이고 남반부는 미국을 배경으로 한 일본 쪽에 치우칠 것이다. 그 결과 한반도는 통일되기 어려울 것이며 좀 심하게 말해서 그 북반부는 중국의 부속지역이 되고 남반부는 일본·미국 세력의 부속지역이 될지도 모른다.

그리고 동북아시아 전체가 한반도의 남부와 일본을 포함한 세력권과 북부와 중국을 포함한 또다른 세력권으로 양분되어 청일전쟁이나 러일전쟁 전과 같이 대립·항쟁을 계속하여 이 지역 전체의 평화를 해칠 가능성이 커질 것이다. 그런 대립과 분쟁을 막기 위해서는 한반도가 평화롭게 통일되어 중국과 일본 사이에서 제3의 위치를 확보함으로써 동아시아의 평화 유지에 이바지할 수 있어야 한다.

다행히 21세기에 유럽공동체나 북미공동체와 같은 동아시아공동체가 생길 수 있다면 물론 국민국가끼리 대립 항쟁하는 것보다는 평화적인 방향으로 역사가 전개될 수 있을 것이다. 그러나 한반도가 평화적으로 통일되지 않고는 동아시아공동체 형성은 현실적으로 불가능할 것이다. 솔직히 말해서 한반도는 병자호란 이후 중국 쪽에 예속되었고 그것에서 벗어나면서 일본의 식민지가 되었으며, 그것에서 해방되면서 남북으로 분단되어 전쟁을 겪고도 통일되지 못한 채 북반부는 대륙세력권에 남반부는 해양세력권에 포함되어 서로 대립해왔다.

21세기에는 한반도가 분열과 대립과 전쟁의 온상이 되지 않고, 반드시 평화적으로 통일되어 중국과 일본 사이에서 독자적 제3의 위치를 확보함으로써 대륙세력과 해양세력의 맞부딪침을 막고 중재하여 동아시아 전체의 평화를 담보하는 역할을 담당하는 지역이 될 수 있어야 한다. 제국주의 세계대전을 두 번이나 치르고 미소 대립이 격화한 20세기와는 달리 21세기는 평화주의·문화주의를 더 지향하는 시대가 되리라 기대하고 있다. 한반도의 평화는 한반도 주민이 스스로 책임을 지고 조성할 수 있어야 하며, 그것은 바로 평화통일을 이루는 일에서 시작될 것이다.

21세기에 동아시아공동체가 성립될 수 있다면 평화적으로 통일된 한반도는 과거 이 지역에 있었던 중세 봉건주의적 중화공동체나 근대 침략주의적 대동아공영권 같은 것이 아닌 참된 평화주의공동체의 중심지역이 될 수 있을 것이다. 이렇게 보면 한반도의 평화통일은 결코 그 지역 주민만의 문제가 아니라 바로 21세기 동아시아 전체의 평화문제와 직결되어 있다고 할 수 있다. 그 때문에 주변의 어느 민족국가라도, 적어도 제국주의국가가 아닌 평화주의국가라면 그것을 방해할 명분이 없는 것이다. (2000년 3월)

통일사관의 수립을 위하여

1. 민족해방운동전선의 역사인식

사관이나 역사인식이란 것은 시대적 소산물이라 할 수 있다. 우리 역사학의 경우를 예로 들면 일제의 식민사관이 한반도지배의 불가피성과 정당성을 뒷받침한 '사관'이라면 같은 시기의 민족주의사관은 그것에 대항하면서 우리 민족의 역사적 독립성과 민족적 우월성을 강조함으로써 식민지배에 대한 저항성을 고취하려는 데 목적이 있었다. 따라서 민족주의사관은 우리 역사의 독자성·우월성·저항성을 강조한 나머지 세계성보다 특수성을 강조하게 되었고 나아가서 폐쇄주의 심지어는 국수주의·신비주의에 빠졌다는 평을 듣게 되었다.

식민사관에 대항한 또다른 사관인 유물사관에 입각한 사회경제사학은 우리 역사발전의 세계성과 보편성을 강조함으로써 식민사관이 강조하여 우리 역사에 씌운 특수사정론인 정체후진성론을 극복하려고 한 한편, 민족주의사관이 포함하고 있는 또다른 특수사정론을 비판한 역사인식의 소산물이라 할 수 있다. 그러나 역시 우리 역사발전의 보편성을 강조한 나머지 식민지 피지배민족사회를 대상으로 한 사관이면서도 그 민족성보다 계급성이 지나치게 강조되었다는 평을 듣게 되었다.

같은 식민지시대의 소산물인 민족주의사관과 사회경제사학은 역사 인식 및 연구방법론에서 큰 차이가 있지만, 한편으로는 적어도 '반식민 사관'이란 점에서는 같은 노선에 있었으며, 이 때문에 그것들은 식민지 시대 이후의 사관 정립을 위해 일정한 유산이 될 수 있었다. 또한 '해방 공간'에서는 유물사관의 변형이라 할 수 있는 백남운(白南雲)의 '연합성 민주정권론'이 도출되고, 민족주의사관의 변형이라 할 수 있는 안재홍 (安在鴻)의 신민족주의사관이 도출되기도 했다.

모든 사관이 시대의 소산물이란 말은 그것이 모두 현재성을 가져야 한다는 말이 될 수 있으며, 그것은 또 식민지 피지배민족사회의 경우 바로 민족해방운동의 방법론과도 연결되어야 한다는 말이 될 수 있다. 아직 뚜렷한 연구성과가 없긴 하지만 민족주의사관이 본질적으로 우익 민족해방운동의 지도원리가 되었고, 유물사관이 좌익 민족해방운동의 지도원리가 되었다면 유물사관에서 도출된 백남운의 '연합성 민주정권 론'이나 민족주의사관에서 도출된 안재홍의 '신민족주의론'에 대해서는 특히 식민지시대 말기 민족해방운동전선에서 형성된 통일전선론 내부 좌·우익 노선의 상관관계를 생각해볼 만하며, 그 경우 이들을 민족 통일국가 수립론의 한 형태라 할 수 있을 것이다.

그러나 식민지시기 민족해방운동전선의 통일전선운동이 '해방공간' 에서 통일민족국가 수립운동을 주도하지 못한 채 민족사회가 분단체제 로 고정된 것처럼 연합성 민주정권론이나 신민족주의론은 8·15 이후 역사학계의 지도적 사론(史論)이 되지 못하고 분단체제적 역사인식으로 양립되었다. 그러나 20세기 후반기 이후 분단시대의 민족사적 과제 가 민족의 평화적·주체적 재통일이며, 그것을 위한 사관정립이 필요하다면 '해방공간'에서 이들 민족통일국가 수립론도 앞으로 통일사관을 수립하는 데 중요한 자산이 될 수 있을 것이다.

2. '해방공간' 통일민족국가 수립론의 재음미

식민지시대 말기의 통일전선운동 과정에서 도출된 통일전선론이 일정하게나마 '해방공간'의 통일민족국가 수립론으로 연결되었다는 사실과 60년대 이후의 분단체제 아래서 추진된 민중·민주·통일운동의 이론적 정리가 아직은 불충분하다는 점을 인정하면서, 그리고 8·15 이후 40여년간의 민중·민주·통일운동을 역사적 자산으로 인정하면서, '해방공간'의 통일민족국가 수립론을 재음미하는 일도 앞으로의 통일사관 정립을 위해 도움이 될 수 있을 것이다.

식민지시대 말기에 추진되던 통일전선운동이 와해될 위기에 처하고 좌우 정치세력의 대립이 날로 격해지던 '해방공간'의 국가건설론들 중에서 노농계급 중심 건설론과 지주 및 자본가계급 중심 건설론을 일단 극복한 또다른 방법론이자 대표적 이론으로 백남운의 '연합성 민주정권론'과 안재홍의 '신민족주의론'을 들 수 있다. 먼저 신민족주의론을 보자.

"오늘날의 최대 급무는 신민족주의와 신민주주의를 목표로 삼는 통일민족국가 결성에 있나니 이제 그 논술의 붓을 잡는다"는 말로 시작된 안재홍의 신민족주의론은 민족구성원 전체가 일제의 식민지배에 함께 예속되었다가 함께 해방된 우리 민족사회는 유럽 민족사회의 경우와 다르고, "모든 진보적이요 반항제국주의적인 지주와 자본가와 농민과 노동자가 한꺼번에 만민공생의 신발족함을 요청하는 역사적 명제하에

있음으로 만민공동의 신민족주의요 신민주주의이다"라고 하여 반일적
이며 '진보적'인 모든 사회계급이 초계급적으로 함께 참여하는 민족국
가의 건설을 주장했다.

사회·경제 체제에서의 신민족주의사관의 요체는 "대기업의 접수국
영(接收國營)이 그 방침에서 가하나 노동자의 관리만이 철칙이 될 수 없
나니 우수한 기업사무가·기술진·노무진이 그 모순을 지양하고 국가적
생산에 회통(會通)되어야 하며 토지와 농민과의 문제 또한 이 이념대로
일관될 것이니 회수된 토지는 세습의 방식으로 농민에게 최저한의 경
작이 보장될 것이요"라고 한 점에서 구체적으로 드러나 있다. 식민지시
대 통일전선운동의 우익노선이 일반적으로 지향했던 것처럼 계급독재
를 부인하는 이른바 전민적(全民的) 민주주의 정치체제와 대기업의 국
영화, 토지의 몰수 및 재분배 경제체제가 그대로 수용되고 있음을 볼 수
있다.

식민지시대 통일전선운동의 좌익노선을 약간 이어받았다고 할 수 있
는 백남운의 연합성 민주정권론도 기본적인 틀에서는 이 노선과 대동
소이했다. 백남운은 "일거에 푸로(레타리아)독재의 공화국을 건설할
것으로 생각한다고 가정하면 그것은 과학성의 혁명사업이라기보다도
차라리 무책임한 허영의 발작으로 볼 수밖에 없다"고 하고, 재건 조선
공산당이 주장한 '부르주아민주주의단계'론도 반대하면서 연합성 신민
주주의는 "민족해방, 즉 자주독립이 실현되는 순간까지는 양심적인 일
부 유산계급도 민족해방을 위한 혁명세력의 일부를 대표하고 있는 만
큼 무산계급과 연합하는 과도적 형태를 취할 수 있게 되는 것이며 그것
은 유산독재의 자유민주주의도 아니고 무산독재의 푸로민주주의도 아
니다"라고 했다.

이들 두 통일민족국가 수립론은 통일국가 수립과정만 대동소이하다

고 할 수 있다. 신민족주의가 전민적 민주주의를 통일민족국가의 본질적 노선으로 생각했다면 연합성 민주정권은 민족의 분단을 막고 통일민족국가를 수립하기 위한 과도적 체제로 봤다는 점에 차이가 있었다. 그러나 연합성 민주정권론도 통일민족국가 수립과정에 한해서는 좌우익 양편의 정치적 위상을 동등하게 인정해야 한다는 생각이었다고 볼 수 있다.

이 점에 대해 백남운은 "과거의 누가 옳고 그른가를 막론하고 조선민족의 정치적 대변자로써 자율적으로 '좌우익의 정치협의위원회'를 구성하지 못한 것은 좌우익이 책임져야 할 것"이며 "조선 정치의 역사적 순간성으로 보아서 계급적 민주주의보다는 과도형태로써 민족적인 연합성 민주주의만이 민주적 통일과 자주독립을 수행할 수 있을 것이며 민주정치와 민주경제 문제의 동시 해결을 국책화할 수 있는 것"이라고 하여 민족통일국가 수립을 위한 이데올로기적 기반을 계급문제가 아닌 민족문제에 두고 있음을 알 수 있다.

그의 논리를 조금 더 구체적으로 추적해보면 "연합성 신민주주의의 정치형태로써 아직도 혁명성인 유산자는 자금을, 인테리는 지식을, 과학자는 기술을, 무산자는 노동력을 제공함으로써 건국을 위한 연합활동을 하자고 제창하는 동시에 민주경제를 수립할 만한 연합민주정권을 구성하는 것을 주장하는 것이다"라고 하여 권력구성에서 신민족주의론과 유사한 몰계급성을 일부 드러낸 점이 눈에 띄지만 역사인식의 진보성은 '민주경제' 수립 방향을 설명한 부분에서 좀더 분명히 나타난다고 할 수 있다.

'해방공간' 우익정당들은 정강에서 민주주의를 표방하고 있지만 자유민주주의의 테두리를 벗어나지 못했고, "조선의 민주경제 수립은 토지재분배로 시작되는 것이며 토지재분배의 정치적 기술은 좌우정당의 정치적 성격의 시금석이다. 실질적인 민주경제의 기본공작은 토지 및 삼림의 원칙적 무상국유인 것이다. 우익정당의 유상국유(시가 8백억원 이상)는 지주의 산업자본을 국가가 대리로 조달하는 결과를 초래하는 것임으로 실질적 민주경제의 공작과는 전연 배치되는 것이며 자본주의 재현으로 귀착되는 것이다"라고 하여 경제정책면에서도 식민지시대 통일전선운동의 일부에서 제시된 비자본주의 경제체제를 고수하고 있음을 볼 수 있다.

모스끄바3상회의에서 결정한 신탁통치문제를 두고 우익진영이 독립 촉성국민회를, 좌익진영이 민주주의민족전선을 결성함으로써 대립이 심화하고, 일부 외신으로 남한 단독정부 수립설이 전해지던 1946년 4월에 백남운이 쓴 글은 연합성 민주정권이야말로 "현단계의 정치적 순간성으로 보아서 조선민족의 유일한 진로로 생각되는 바이다. 그것은 관념적으로 구상하는 것이 아니라 민족주의와 공산주의의 조선적 이해에 대한 공통 요소를 발견할 수 있는 점과 현단계의 과학적 파악과 사회적 혁명세력의 역사성 등등으로 보아서 정략상의 연합성이 어느 역사적 기간 내에서는 가능하다고 나는 생각하는 바이다"라고 했다.

민족주의와 공산주의의 조선적 이해 간에 공통 요소의 발견이 '백남운 통일사관'의 요체라고 생각하지만, 곧 남북에 분단국가들이 성립되고 민족상잔으로 이어졌다가 이후 분단체제가 40년간이나 고착된 지금의 시점에서 보면 1940년대 후반기 '8·15공간'에서의 통일민족국가 수립론과 90년대 이후의 통일사관이 동일선상에서 논의될 수 없음은 더 말할 나위가 없다. 그러나 식민지시대 말기 통일전선론과 함께 '해방공간'의 통일민족국가 수립론이었던 이 연합성 민주정권론도 통일사관 수립을 위한 귀중한 자산임을 부인할 수 없다.

3. 통일사관 정립의 배경

'해방공간'의 통일민족국가 수립운동은 민주주의민족전선의 활동 같은 좌경적 운동도 있었고 좌우합작운동 같은 중간파적 운동도 있었으며, 1948년의 남북협상처럼 좌익과 중간파와 순수 우익의 일부가 함께 참가한 운동도 있었다. 그리고 통일민족국가 수립운동을 뒷받침한 사론으로서 백남운의 "민족주의와 공산주의와의 공통적인 연합성 요소" 등을 내용으로 하는 연합성 민주정권론이나 안재홍의 "통일민족국가 결성"을 최대 급무로 생각한 신민족주의론 등이 있었다. 그러나 이 시기의 통일민족국가 수립운동은 실패하여 결국 분단국가들이 성립되었고 뒤이은 민족상잔으로 분단체제가 고착되었다.

민족통일론은 남북에서 각각 무력통일론과 평화적 방법을 표방한 사회주의통일론으로 고착되었고, 역사학의 방법론에서도 남한에서는 이른바 실증주의 방법론만이 이어졌고 북한에서는 유물사관만이 정착되었다. 그러나 4·19를 계기로 남한에서도 무력통일론이 후퇴하고 평화통일론이 다시 제기됐고 그 운동도 적극적으로 전개됐다. 그 영향으로 적어도 역사학의 연구방법론에서는 식민지시대의 사회경제사학적 방법론이 일부 발전적으로 계승되었다. 그러나 5·16의 발발로 평화통일운동은 철저히 분쇄되었고 역사학의 연구방법론에서 사회경제사학적 방법론의 계승도 정체되었다.

북한정권의 주체성 강조에 자극받은 5·16군사정권이 자신의 친일적 유산을 호도하려고 역시 주체성을 강조하며 독재체제를 강화하자 역사학계의 일부가 식민지시대 민족주의 역사학의 계승이란 명분으로 역사적 주체성을 강조하면서 정권 쪽의 주체성 표방을 방조하는 경우도 있었다. 이 시기의 일부 사회과학계와 역사학계의 이른바 한국적 민주주의론과 뒤이은 유신체제 정당론에 대한 이론적 뒷받침에 대해서는 반드시 학문적 분석과 평가의 과정이 있어야 할 것이다.

5·16군사정권이 평화통일을 가탁(假託)하면서 독재체제를 한층 강화해가던 1970년대의 유신체제 아래 역사학계의 극히 작은 한 부분에서 '분단극복사론'이 나타났다. 그것은 통일사관의 또다른 맹아(萌芽)적 형태요 극히 우회적·소극적 사론이라 할 수 있겠지만, 멀리는 '해방공간'과 '4·19공간'에서 길러진 객관적 역사인식의 소산물이며 가깝게는 60~70년대를 통한 반군사독재운동과 평화통일운동의 소산물이라 할 수 있을 것이다.

'분단극복사론'은, 군사독재정권 아래에서 외채자본주의의 일정한 발달에 도취해 안주하는 역사인식을 경계하면서 그 시대가 전체 민족사에서 불행한 분단시대임을 자각해야 한다는 극히 소박한 사론에 지나지 않았으나, 그 요체는 분단체제 아래서 틀을 잡아가고 있는— 분단국가의 절대성·최고성·정당성이 강조되는— 분단국가주의를 극복하고 통일민족주의적 역사인식을 열어가야 한다는 것이다.

70년대의 사론은 이와같이 소극적이며 제한적이었으나 80년대로 들어서면서 가위 획기적으로 진전하였다. 이 진전은 식민지시대 사회경제사관의 또다른 발전적 계승이라 할 수 있는 사회구성체론의 심화에서 시작하여 '민중사관'의 수립을 기도하는 단계로 나아갔다. 사회구성체 논쟁이 지나치게 이론화하여 역사적 현실과 유리되는 일면이 있다는 지적도 있었고 오히려 실천운동에 일정한 혼란과 분열을 가져다준다는 우려도 있었지만, 이 시대 통일사관의 수립을 위해 어차피 한번은 겪어야 할 과정이었음도 부인할 수 없을 것이다.

다만 사회구성체 논쟁이 '민중사관' 수립을 위한 이론정립 과정이 되기 위해서는 '민중' 개념 자체에 대한 과학적 검증이, 그리고 그 역사적 맥락에 대한 실증적 검증이 병행되어야 함은 지적하지 않을 수 없다. 특히 '민중' 자체가 단위 계급이라기보다 계급연합적 개념이며 역사적 개념이라는 점에 어느정도 합의가 이루어지고 있음을 감안해보면 이 점은 더욱 절실한 바가 있다. 그리고 사회구성체 논쟁의 학문적 성과가 '민중사관'의 정립과 어떻게 연결될 수 있는가 하는 문제에 대한 논리적 정리도 필수적인 부분이라 할 수 있을 것이다.

어쨌든 식민지시대의 사론적 유산과 8·15를 전후한 운동선상의 통일민족국가 수립론, 60년대 이후의 분단극복사론, 그리고 사회구성체 논쟁의 소산물인 민중사관수립론 등은 객관적 조건으로서, 특히 80년대 이후 내외정세의 급변과 함께 민족통일운동의 이론적 기초가 되는 통일사관 정립을 위해 귀중한 밑거름이 되고 있음을 새삼 인식하지 않을 수 없다.

그러나 민족통일을 위한 사론적(史論的) 기반인 통일사관 수립도 이론적 표방이나 선언적 주장만으로 이루어지는 것은 아니다. 근대사회 이후의 통일민족국가 수립운동 자체에 대한 실증적 연구와 그 운동과정에서 성립된 통일전선론 등에 대한 분석적 검증이 어느정도 축적되었을 때 비로소 통일사관 내지 통일주의적 역사인식으로서 성립이 가능한 것이다.

4. 통일사관 정립을 위한 학문적 축적

시대적 요청으로서 한 사관이 정립되기 위해서는 그 밑거름이 되는 학문적 축적이 불가결하다. 안재홍이 "통일민족국가 결성"을 위한 이론적 기초로 제시한 「신민족주의와 신민주주의」는 신민족주의 성립의 역사적 배경을 식민지시대 민족해방운동 과정에서 끌어오지 못하고 '조선 상대(上代)의 민주주의' 등에서 도출하는 데 그쳤다.

그러나 백남운의 「조선민족의 진로」는 "민족혁명을 위한 민족주의자는 그 맹우(盟友)인 공산주의자를 발견하였던 것이다. 그것은 해외에서 실천적으로 동맹관계를 결성하였던 것인데 국내에서는 일제의 이간책으로 동맹 결성의 방해를 당한 일도 많은 줄 안다"고 한 것에서 알 수 있듯이 식민지시기 민족해방운동전선에서 성립되었던 좌우익 통일전선운동에 대한 일정한 이해를 바탕으로 하고 있다.

'해방공간'에서 생산된 통일민족국가 수립론들의 식민지시대 통일전선운동에 대한 이해가 이같이 극히 제한적이었던 데 비하면, 그후 약 40년간에 이루어진 역사학계의 민족통일국가 수립론 정립을 위한 실증작업에는 큰 진전이 있었다. 그리고 그것들은 현 시점에서 통일사관 정립을 위한 충실한 자산이 되고 있음을 알 수 있다. 8·15 이후의 역사학계가 재생해놓은 통일사관 정립을 위한 기초가 되는 실증작업은 현재의 시점에서는 크게 나누어 다음과 같은 세 가지 부분을 지적할 수 있을 것이다.

첫째, 1920년대 후반기의 민족해방운동전선에 나타난 민족유일당운동과 그 일환이었던 신간회운동에 대한 연구의 집적이다. 민족협동전선이라고도 하는 이 운동은 1930년대에 들어서면서 비록 일시 중단되기는 했지만 민족해방운동전선에 나타난 좌우익의 사상적 노선적 대립을 극복하고 우선 전선 자체의 통일을 달성하려는 노력의 일단이었으며, 이후의 통일민족국가 수립운동과 그 이론 정립에 귀중한 경험이 되었음을 부인할 수 없다.

둘째, 백남운이 「조선민족의 진로」에서 말한 민족주의자와 공산주의자의 "해외에서의 실천적 동맹관계의 결성"이 바로 그것을 가리키는 것이 아닌가 하지만, 1930년대 후반기 이후 특히 중국지역 민족해방운동전선에서 코민테른의 반파쇼인민전선론에 영향받으면서 좌우익 통일전선운동이 꾸준히 추진되어 구체적 성과도 어느정도 있었으며, 그 정착을 위한 통일전선론의 이론적 정립도 계속 추구되었음이 밝혀지고 있다. 이때의 "실천적 동맹관계"와 이 '관계'의 정착을 위한 이론적 진전은 1920년대 민족유일당운동의 경험을 자산으로 한 것이었으며, 나아가서 '해방공간' 통일민족국가 수립운동과 그 이론의 자산이 되었다.

특히, 그 통일전선론의 요체라 할 수 있는 개인본위가 아닌 단체본위적 통일방법론, 계급본위에 앞선 민족본위적 통일방법론, 자본계급 독재론은 물론 노농독재론을 극복하고 반일노선의 중소자산계급까지 포함한 통일전선 범위 확대론, 각 운동세력 강령(綱領)의 순수 자본주의체제와 순수 공산주의체제 극복과 그 발전적·상승적 결합론, 헤게모니 문제를 유보한 연합적 집단지도체제적 권력구조 구성론 등은 '해방공간'의 특히 백남운의 '연합성 민주정권론'에 일맥상통하고 있음을 알수 있다.

셋째, 통일사관의 정립을 위한 또다른 학문적 자산으로는 1980년대 이후 정력적으로 추진된 '해방공간'에서의 통일민족국가 수립운동과 그 방법론에 대한 연구를 들 수 있다. 이 부분의 연구는 우선 이데올로기적 분단체제적 왜곡이 가장 심했던 '해방공간'의 역사를 객관적 관점에서 충실히 재구성하는 데에서 시작되었고 또 상당한 성과를 얻을 수 있었다. 종래 사회과학의 일부에서 이 시기의 역사적 사실에 대한 관점 문제를 두고 흔히 가르던 전통주의적 관점이니 수정주의적 관점이니 하는 차원을 넘어선 업적들이 축적되고 있음을 쉽게 지적할 수 있을 것이다.

그러나 사실 자체의 객관적 재구성에는 상당한 성과가 있었다 해도 이 시기의 통일민족국가 수립론 자체에 대한 분석적 연구가 아직 본격적 궤도에 오르지 못하고 있다고 할 수 있다. '해방공간'의 통일전선운동은 '좌경적' 운동인 민주주의민족전선운동과 '우경적' 혹은 중도적 운동인 좌우합작운동으로 크게 구분할 수 있으며, 그것들이 통일운동 자체나 통일전선 방법론에서 선후관계가 아닌 동시·병렬적 관계였다는 점을 주목해야 할 것이다.

극히 가설적 분석에 지나지 않지만, 민주주의민족전선 쪽의 운동노선이 8·15 이전 통일전선론의 좌익노선의 맥을 이으면서도 8·15 자체의 민족사적 단계문제에 더 규정된 노선이었다면, 좌우합작운동은 8·15 이전 통일전선론의 우익노선의 맥을 이으면서도 '해방공간'의 미소 양대 외세의 작용문제에 더 규정된 노선이었다고 할 수 있지 않을까 한다. 당시 역사적 조건으로 보아 이들 두 통일전선운동 중 어느 쪽이 더 현실적 노선이었는가, 또 지금의 시점에서 어느 쪽이 앞으로의 통일사관 정립에 더 절실한 경험으로 작용할 수 있겠는가 하는 문제도 있지만, 더 중요한 것은 그것들이 지금에는 통일사관 정립을 위한 경험이요 자산들일 뿐이지 어느 쪽도 방법론 그 자체는 아니라는 점이다.

분단시대 40여년간 우리 역사학이 추구한 이 세 단계 통일민족국가 수립운동의 경험과 그것에서 도출된 방법론들이 앞으로의 통일사관 수립을 위한 귀중한 자산임은 틀림없으나 4·19를 시발점으로 하는 60년대, 70년대, 80년대를 통해 줄기차게 추진된 민중·민주·통일운동 그 자체와 그 운동론이 오히려 더 직접적인 자산임은 말할 나위가 없다. 그러나 4·19 운동과 운동론이 역사학적으로 어느정도 정리되고 평가되었을 뿐, 우리 역사학의 방법론적 한계성 때문에 70년대와 80년대 운동은 사실 자체가 정리되지 않았을 뿐만 아니라 그 운동론이 체계화될 단계까지 아직 나아가지 못하고 있다.

그러나 80년대에 시작된 민족사적 세계사적 변화는 90년대로 들어서면서 그 속도와 진폭을 더해가면서 민족문제의 평화적·주체적 해결을 위한 옳은 의미의 역사발전 궤도 위에서의 운동노선과 방법론의 정립이 시급해졌다. 사관 내지 역사인식이란 모름지기 역사적·시대적 소산물이라 말했지만, 그런 관점에서 보면 통일사관의 정립이야말로 현 시점에서 우리 역사학이 당면한 미룰 수 없는 과제 중의 과제라 하지 않을수 없다.

5. 통일사관의 수립을 위하여

이와 같은 역사적 자산들을 근거로 하면서 1990년대의 통일사관 수립을 위해 먼저 몇 가지 짚고 넘어가야 할 문제가 있다. 우선, 근대 이후 언제나 논의의 초점이 된 것이 우리 민족사를 보편성에 주안점을 두고 이해할 것인가 아니면 특수성 내지 차별성에 주안점을 두고 이해할 것인가 하는 문제였다고 할 수 있다. 좀더 구체적으로 말하면 이 문제는 곧 근대 이후의 우리 역사 이해에서 계급문제를 앞세울 것인가 민족문제를 앞세울 것인가 하는 문제와 연결된다고 할 수 있다.

근대사회 이후 인류사 전체의 발전과정에 따라 역사인식에서 보편성 문제와 특수성 내지 차별성 문제 사이의 폭이 상당히 좁혀지기는 했으나, 우리 민족사회에서는 그 통일사관이 본질적으로 민족문제 중심으로 입론되어야 할 것인가 아니면 계급문제 중심으로 입론되어야 할 것인가 하는 문제를 두고 지금도 상당한 견해와 노선 차이가 있음을 부인할 수 없다.

식민지시대 말기의 통일전선론이나 '해방공간'의 통일민족국가 수립론이 몰계급성으로 나아간 신민족주의론도 있었고 계급문제의 현실적 첨예성을 인정하면서도 '과도적' 단계로서 계급문제보다 민족문제 중심으로 논리를 전개한 연합성 민주정권론도 있었지만, 1990년대 이후 통일사관 수립의 방향은 다음과 같은 몇가지 문제들로 규정되지 않을 수 없을 것이다.

첫째 세계사적 발전에 따라 단위 민족사회의 현실적·역사적 과제 해결과정에서 세계사적 조건의 규제가 지난 어느 역사단계보다 많아졌음에도 불구하고, 분단민족의 통일문제는 역시 본질적으로 민족 내적 문제이며 민족적 역량이 그것을 주체적으로 해결할 만한 단계에 이르렀을 때 해결될 수밖에 없다는 점, 둘째 현단계에서 세계사적 조건이 무력통일·혁명통일의 방법을 용납하지 않고 있으며 민족사적 조건이 그 변형인 흡수통일도 용납하지 않고 있다는 점, 셋째 우리 민족사회 내부의 계급구성이 식민지시대 이전은 말할 것도 없고 식민지시대나 '해방공간'과는 비교할 수 없을 만큼 노농계급의 양적·질적 성장이 현저해졌고 특히 남한에서는 중소자산계급의 계급적·역사적 위치 또한 크게 강화되었다는 점 등이다.

다음으로 식민지시대와 '해방공간'의 통일전선론 및 통일민족국가 수립론은 아직 분단국가권력들이 정착하기 이전, 분단국가주의가 만연하기 이전의 통일사관이었던 데 비해 1990년대 이후의 통일사관은 분단국가권력과 분단국가주의가 실질적으로 반세기 가까이 정착된 현실적 조건을 바탕으로 한 통일사관일 수밖에 없다는 점이다. 더구나 무력통일론·혁명통일론은 물론 흡수통일론까지 분단국가권력들조차도 표면상으로는 부인하고 있으므로 그것을 확고한 역사적 방향으로 수용하는 통일사관이 수립되어야 한다는 당위성이 있기도 하다.

'해방공간'의 통일사관이었던 신민족주의론은 세계사적 발전단계 문제에는 미치지 못한 채 다만 민족의 이름으로 자본주의 및 공산주의 체제를 평면적으로 일정하게 결합해야 한다는 역사인식에 한정되었다고 할 수 있으며, 연합성 민주정권론의 경우 적어도 그 이론적 테두리는 좌우익 두 권력 및 체제의 과도적 병존론에 한정되었고 이 과도적 단계 이후의 역사단계 문제는 사회주의단계를 그대로 '대입'하는 데 그쳤다고 볼 수 있다. '해방공간'의 통일사관으로서는 그 한계를 넘어서기 어렵기도 했지만, 바로 이 점에 그 사관의 선명성이 드러나 있다고 할 수도 있다.

1990년대의 시점에서 수립되어야 할 통일사관 역시 과도적 단계로서의 통일과정에만 적용되는 한시적 사관으로 한정될 수도 있으며, 나아가서 통일시대 이후 21세기 민족사회의 역사적 단계를 전망하는 통일사관으로까지 이어질 수도 있다. 전자의 경우 민족주체적·평화적·비흡수적 통일을 위한 지도원리에 한정될 수 있지만, 후자의 경우 21세기 이후 세계사적 발전에 대한 확고한 사관적 정립이 전제되어야 함은 말할 나위가 없다.

민족통일 과정의 지도원리라는 제한된 의미의 통일사관은, 통일의 방법론에서는 주체적·평화적·비흡수적 방법이며, 그 주체는 통일문제가 직접적으로는 계급문제라기보다 민족문제라는 관점에서 계급문제보다 민족문제를 우위에 두고 확실하게 주체적·평화적·비흡수적 통일노선에 선 각 계급의 연합체이며, 그 체제는 대립된 두 체제의 평면적 결합이 아니라 자본주의체제와 현단계 사회주의체제의 정치·경제·사회적 반역사성을 상승적으로 극복한 '제3의 체제'라는 관점에서 일단 수립될 수 있을 것이다.

그 '제3의 체제' 자체가 독자적인 역사적 단계로서 자리할 수 있는가, 아니면 통일과정적 체제일 뿐 통일 후 민족사회의 역사적 단계 문제는 따로 인식되어야 할 것인가 하는 문제가 통일사관 수립의 또다른 관건이라 할 수 있다. 경우에 따라서는 이 '제3의 체제'를 유럽지역에서 발달한 사회민주주의체제와 연관하는 경우가 있으며, 식민지시대 말기 통일전선론의 일부가 지향한 해방 후의 체제에 비유하는 사론도 있다.

그러나 사회민주주의체제가 발달한 유럽지역과 한반도지역의 정치·사회·경제적 조건의 역사적·현실적 차이점이 크다는 사실과, 사회민주주의체제가 본질적으로는 자본주의체제의 기반 위에 성립되고 있어서 결국 '자본주의체제의 영원성과 무궁성' 위에 서 있는 역사인식이 된다는 점 등이 고려되지 않을 수 없다. 따라서 통일과정뿐만 아니라 통일 후의 체제문제까지 포함한 통일사관 수립은 이 시기의 민족사적 특수성과 세계사적 보편성이 충분히 인식되고 소화된 위에서, 그리고 발전단계론적 역사인식 위에서 입론되어야 함은 더 말할 나위가 없다.

『분단시대의 역사인식』 이후의 역사인식

1. 『분단시대의 역사인식』이 담은 역사인식

『분단시대의 역사인식』(창작과비평사 1978)이란 책에 실린 글들은 대개 1970년대 중엽에 씌어진 것들이다. 모든 글은 그 시대의 산물이라 말할 수 있겠지만, 이 책에 실린 사론(史論)이라 부를 수 있을 글들도 바로 1970년대란 시대의 산물이라 할 수 있다. 그리고 이 글들이 씌어진 1970년대의 시대적 상황을 뒤돌아보면 다음과 같은 몇 가지로 요약할 수 있지 않을까 한다.

첫째, 민족사회가 분단된 지 30년, 즉 한 세대가 지난 시점이었는데도 군사독재정권이 분단모순·민족모순을 '민족중흥' 등의 이름으로 호도하면서 양식있는 사람들 사이에서 분단체제가 영원히 고착될 것 같은 위기의식이 팽배해가던 시기였다고 할 수 있다.

1940년대 후반기의 이른바 '해방공간'에서 민족분단의 기초가 잡히고, 뒤이은 50년대의 6·25전쟁기를 통해 분단체제가 고착되어갔다. 60년대로 들어서면서 폭발한 4·19혁명으로 '반분단의식'이 한때 고조되었으나 그에 대한 반동으로 5·16군사쿠데타는 이 '반분단의식'을 압살한 채 외채(外債) 자본주의체제를 그 나름대로 정착시킨 것이다.

이런 조건 아래서도 '반분단' 민중민족주의운동이 일정하게 소생해 갔으나, 군사독재체제의 억압과 특히 60년대 후반기 이후 일정한 자본주의적 발전에 눌려 크게 제약되고 있었다. 다시 말하면, 군사독재정권이 분단고착화 정책을 심화하고 그 나름의 자본주의적 발전으로 분단모순·민족모순이 호도되면서 그 시대가 반역사적 민족분단의 시대라는 사실 자체가 망각되어가는 상황이었다.

둘째, 70년대로 들어서면서 군사독재정권이 자행한 '10월유신'은 '반분단' 민중민족주의를 말살의 위기로 몰아넣었다. 유신체제라는 것이 강행된 3선개헌 후의 대통령선거 과정을 통해 어느정도 높아져가던 민중민족주의운동에 대한 압살책이었지만, 그것이 7·4공동성명이란 분단문제의 평화적 해결을 위한 염원을 역이용하면서 감행된 반민족적 정치음모의 소산이어서 한때 '양심적 지식인층'에게까지 엄청난 정치적 배신으로 받아들여졌다.

그러나 시간이 흐름에 따라 '양심적 지식인층'까지도 어느덧 유신체제를 기정사실로 받아들이면서 그 체제에 익숙해져갔고, 따라서 민중민족주의운동의 운신 폭은 그만큼 좁아질 수밖에 없었다. 그런 조건 속에서도 민중민족주의운동의 맥은 일정하게 흘렀으나 그 외연과 기반을 더 넓혀야 할 필요성이 절실했으므로 이론적·방법론적 모색이 요구되었다.

유신체제 아래서 민중민족주의운동의 기반을 넓혀가는 작업을 위해 역사학이 무엇을 할 것인가 자문하지 않을 수 없었고, 그에 대한 해답을 구하면서 그것은 우리 시대가 반드시 청산되어야 할 반민족적·반역사적 분단시대임을 정확히 인식하고 나아가서 그 인식 폭을 최대한으로 넓혀가는 일이라 생각하게 되었다. 그리고 그 실천작업의 결과가 『분단시대의 역사인식』이란 책으로 되어 나온 셈이다.

그러나 『분단시대의 역사인식』은 탄탄한 세계관과 역사관을 기저로 해서 분단모순으로 더욱 심화된 민족모순 및 그 내부의 계급모순을 심층적으로 분석했거나 분단극복의 방향을 구체적으로 제시하는 단계에는 전혀 이르지 못하고, 다만 우리의 시대가 민족사적으로 부정적인 분단시대임을 확인하는 데 그친 것이었다. 그런데도 그런 역사인식을 가진 댓가는 상당한 것이어서 80년대로 들어오면서, 박정희 군사정권이 전두환 군사정권으로 바뀌면서 나는 만 4년간 교단에서 쫓겨나 있었고 짧은 기간이나마 신체적 자유를 빼앗기기도 했다.

2. 식민지시대의 통일전선운동과 역사인식

일본제국주의가 마지막 몸부림을 치던 식민지시대의 말기를 살았고, 이후 '해방공간' '4·19공간' 등을 통해 잠깐씩 제한된 사상의 자유공간을 살아본 것 외에는 계속 철저한 분단주의체제와 반공주의체제 속에서만 살아온, 그리고 가치중립지향적이며 현재성이 철저히 결여된 이른바 실증주의로 일관된 방법론만이 허용되던 학문풍토 속에서 훈련되었을 뿐인 기성 역사학도 한 사람이 '학문적 양심'을 담보로 제 시대가 바로 민족분단의 시대임을 인식했다는 이유로 일정한 댓가를 치렀다 해서 그 역사인식이나 방법론적 변화를 본격적으로 나타낼 수 없었던 것이 바로 1980년대 전반기까지의 상황이었다고 할 수 있다.

그렇다고 해서 붓을 꺾고 좌선(坐禪)할 형편은 물론 아니었다. 『분단시대의 역사인식』에 뒤이은 작업은 당연히 '분단극복사론' 수립이어야 한다는 생각을 하지 않을 수 없었다. 이 작업은 크게 두 가지 방향에서 진행되었다. 하나는, 식민지시대의 우리 독립운동사가 우익운동 중심으로만 엮이고 좌익운동은 어디까지나 공산주의운동으로서 별도로 엮이는 일 자체가 분단시대적 역사인식의 소산물이라 보고, 식민지시대의 민족해방운동이 좌우 노선으로 분립되어 있었지만 하나의 통일전선을 형성하기 위한 과정이기도 했으므로 그 과정의 이론적 전개도 새로 발굴하고 정리해야 한다고 생각했다.

다시 말하면 식민지시대의 민족운동이 민족해방운동에 한정된 것이 아니라 해방 후 민족국가 건설문제까지 포함해서 추진되었다는 사실을 분명히 인식하고 '통일민족국가 수립운동'인 민족해방운동사를 체계화하기 위한 이론을 정립하는 한편 그 역사적 사실 자체를 실증하는 작업을 추진해야 하며 그것이 바로 '분단극복 역사학'의 당면과제라 생각한 것이다. 지금에 와서 보면 너무도 당연한 말이지만, 그 무렵만 해도 역사학계의 연구작업 일반은 우익 독립운동의 사실 추적에만 한정되었다 해도 과언이 아니다.

사실 이 작업은 이미 『분단시대의 역사인식』에 실린 「독립운동의 역사적 성격」이란 논문에서 일부 시작되었다고 할 수 있다. 그러나 이 글을 쓴 1978년이란 시기의 객관적 상황과 주관적 역사인식 정도로는 제목조차 민족해방운동이라 표현하지 못하고 독립운동으로 할 수밖에 없었으며, 따라서 내용도 그런 정도에 한정될 수밖에 없었다.

그러나 이 글에 대해 스스로 불만이 많았다. 그래서 조금 더 구체적으로 써야 되겠다는 생각에서 개작한 것이 1982년에 쓴 「독립운동 과정의 민족국가건설론」이었다. 이 글에는 당시 정황을 말해주는 일화가 있다. 이 글은 당시로서는 보기 드물게 진보적이라는 평을 받았고 그 때문에 탄압을 받기도 한 어느 출판사의 기획물에 넣기 위해 씌어졌다. 그러나 글에 등장하는 인물들이나 글이 지향한 방향이 아무래도 그냥 신기에 는 '위험'하다는 이유로 먼저 '안전'한 다른 잡지에 일단 실은 후 그것을 옮겨 싣는 것이 좋겠다는 출판사 쪽의 의견에 따라야 했다.

1978년 박정희 유신정권에서 1982년 전두환정권으로 바뀐 후에도 학문연구 환경은 그렇게 '조심'해야 할 정도로 한 걸음도 나아지지 못했고, 그 때문에 내용도 조국광복회 문제 같은 것은 슬쩍 건드리기만 한 채 중국 관내(關內)지역에서 활동한 각 민족해방운동 정당의 정강정책 분석을 중심으로 하는 '국가건설론'에 한정되었다. 지금 생각해보면 부끄럽기도 하고 또 격세지감이 있다고 말할 수밖에 없다.

이런 작업 정도로 '분단극복 역사학'의 실증적 작업이 될 수 없다는 생각은 여전했다. 이 때문에 통일민족국가 수립운동으로서의 통일전선운동의 추진과정을 실증할 수 있는, 약간은 본격적인 작업이 이루어져야 한다는 생각이 절실했고, 그 방법으로 조선민족혁명당의 통일전선운동을 실증해야겠다고 생각하게 되었다. 그러나 이 생각을 전해들은 기성 역사학계의 한 동료 학자가 우정 담긴 만류를 하는 정도였고, 지도하는 학생의 학위논문 제목으로 줄까 생각하다가 심사받을 학위논문으로서는 아직 이르다는 생각에서 다른 제목을 주고 직접 다루기로 했다. 최근 지도하는 학생이 '혁명적' 농민운동을 주제로 학위논문을 쓴 것을 보면 역시 격세지감이 있다.

조선민족혁명당을 중심으로 식민지시대 민족해방운동전선의 통일전선운동과 통일전선론을 정리해서 '분단극복 역사학'의 실증작업으로 삼겠다고 생각하여 작업을 본격적으로 시작한 것이 1985년경이었다. 그 중간에 『한국민족운동사론』(1985), 『일제시대 빈민생활사연구』(1987) 『통일운동시대의 역사인식』(1990) 등의 연구서와 '잡문집'이 출간되기는 했으나 1980년대 후반기의 작업은 주로 민족혁명당의 통일전선운동과 통일전선론 문제에 매달려 있었다 해도 과언이 아니며 그 결과가 『조선민족혁명당과 통일전선』(1991)이란 책으로 나왔다.

1935년에 당시 이른바 임시정부 고수파로 불린 일부 우익세력을 제외한 중국 관내 좌우 민족운동전선의 통일전선정당으로 성립된 조선민족혁명당은 어려운 고비를 여러 번 겪으면서도 민족해방운동전선의 통일전선운동을 꾸준히 펴나갔다. 그 성과는 조선민족전선연맹의 성립, 전국연합진선협회의 일시적 성립, 임시정부의 통일전선정부로의 발전, 연안(延安) 조선독립동맹과의 통일전선 교섭의 진행 등으로 나타났으며, 국내에서 성립된 역시 통일전선 조직이라 할 수 있을 여운형(呂運亨) 중심의 건국동맹과도 연결될 가능성으로까지 발전했다.

한편, 조선민족혁명당을 중심으로 하는 1930년대 중엽 이후의 중국 관내지역 민족운동전선의 통일전선운동 방법론은 여러가지 방향으로 모색되었으나 대체적으로 우리의 통일전선운동은 자본주의가 고도로 발달한 유럽지역의 인민전선이나 해방구가 있어서 그 민족해방운동이 물적·인적 기반을 가지고 있는, 또 정부가 중국의 통일전선과도 다르게 완전식민지 아래서 민족해방이 최우선 선결과제였으므로 계급전선보다 민족전선이 되어야 한다는 점에 합일되어간 것이라 볼 수 있다.

그리고 일제 패망 직전은 우리 민족운동전선에서 조국광복회 쪽과 국내의 '혁명적' 노농운동이 빠진 나머지 전체 전선이 이 통일전선 범위에 들어가는 단계였고, 이 시기 조국광복회 쪽과 국내 노농운동도 세계사적 운동의 방향에 따라 통일전선 지향으로 나아가고 있었음이 최근 확인되는 것을 생각해보면 통일전선 임시정부에 들어간 한국독립당계 조선민족혁명당계와, 이 임시정부와의 통일전선을 지향하고 있던 조선독립동맹계·건국동맹계 등의 통일전선운동, 그리고 조국광복회계와 국내 '혁명적' 노농운동계의 통일전선운동이 다시 하나의 전선으로 연결되어갔을 가능성도 배제할 수 없다.

민족혁명당을 중심으로 하는 통일전선운동의 추진과정과 방법론을 밝히면서 이 한 번의 작업으로는 미흡했으나 앞으로의 전망에 대해 몇 가지 나름대로 생각해볼 수 있었다. 첫째, 1920년대의 민족유일당운동인 신간회운동에 이어 30년대 40년대의 민족해방운동사도 통일전선운동을 주맥(主脈)으로 하여 정리할 수 있으며, 특히 1930년대 후반기 이후의 통일전선운동은 앞으로 연구가 깊어질수록 민족사적 특수성을 바탕으로 한 세계사의 인민전선운동과 거시적으로 맥을 같이하고 있음을 확인할 수 있다는 점이다.

지금까지는 조국광복회 활동과 동북항일연군 속의 우리 민족운동 부분이 30년대 후반기 이후 세계사 위에서 통일전선운동과 연결되었음이 확인되었으나 같은 무렵 국내에서 추진된 공산당 재건운동과 '혁명적' 노동조합운동·농민조합운동의 세계사적 운동과의 연계관계는 확인이 미흡하다. 중국 관내운동은 이제 겨우 실상이 어느정도 밝혀지는 과정에 있지만, 이 모든 운동을 통일전선운동이란 하나의 줄기로 정리할 수 있겠다는 말이다.

둘째, 통일전선운동 추진뿐만 아니라 통일전선론에서도 각 단체의 노선과 방법론을 좀더 심층적으로 비교·분석할 때 통일전선론 자체의 세계사적 보편성 속에서 민족운동사적 특수성을 추출함으로써 지금까지 거의 접근하지 못했다고 생각되는 우리 민족해방운동의 '이론'을, 다시 말하면 '식민지시대 민족해방운동론'을 추출해 민족해방운동사 연구의 단계를 높일 수 있다는 전망을 하게 된 점이다.

물론 여기에는 많은 문제점이 있는 것도 사실이다. 우익노선과 좌익노선 사이, 그리고 좌익노선 자체 내부에도 그 운동이 전개된 지역적 조건이나 인적 구성에 따라 통일민족국가 수립과정 및 방법론적 차이, 통일민족국가의 성격에 대한 차이, 특히 헤게모니 문제, 민족해방의 역사적 단계에 대한 이해의 차이, 구체적으로는 통일민족국가의 국체·정체 문제 등에 대한 차이가 있음을 부인할 수 없다. 그런데도 거시적으로는 전체 민족해방운동을 통일민족국가 수립을 목적으로 하는 통일전선운동으로 정리할 수 있겠다는 말이다.

다시 한번 더 요약해보면,『분단시대의 역사인식』이후의 역사인식은 우선 식민지시대의 민족해방운동사 전체가 우익 독립운동과 공산주의 운동으로 양립되어 따로따로 엮이거나, 20년대까지의 운동사가 민족개량주의운동 및 공산주의운동과 신간회운동으로 대표되는 좌우협동전선운동의 계기적(繼起的) 발전으로 설명된 후, 30년대 이후의 운동이 통일전선운동에 초점이 맞추어지지 않은 채 좌익계 운동만으로 혹은 우익계 운동만으로 설명되는 일에 불만을 가지면서 30년대 이후의 민족해방운동을 통일전선운동 중심으로 엮어야 하며 그 운동의 추진과정과 이론적 발전과정의 추적을 통해 '분단극복 역사학'의 줄기를 잡아야 한다는 생각을 하게 되었다는 말이다.

3. '해방공간'의 통일전선운동과 역사인식

『조선민족혁명당과 통일전선』을 준비하는 과정에서 이미 식민지시대 말기의 통일전선운동은 38도선이 획정되고 미소 양군이 분할 점령한 '해방공간'에서 어떻게 연결되고 단절되는가 하는 문제에 대해 관심이 있었다. 이런 관심이 연구작업에 구체적으로 투입될 수 있는 부분은 역시 건국준비위원회의 활동과 그 '인민공화국' 선포, '민주주의민족전선' 성립과 활동 및 노선, 좌우합작운동의 추진과정과 성격, 1948년 남북협상의 실상과 의의 등이라고 생각하기도 했다.

　그러나 1980년대 전반기까지의 학문 내적·외적 상황과 자신의 방법론적 한계성 때문에 이 문제들에 본격적으로 접근하기 어려웠다. 그런 조건 속에서도 좌우합작운동 정도는 접근할 수 있지 않을까 하는 '용기'가 생겼고 그 결과 생산된 것이 「좌우합작운동의 경위와 그 성격」(1983)이다. 이 글의 문제의식은 이 운동의 전개과정에 미군정이 깊게 작용했음을 충분히 감안하면서도 그것에 구애되기보다 민족통일운동으로서의 경위와 성격을 밝혀 통일전선운동적 측면의 역사성을 되살려야 한다는 것이었고, 나아가서 '해방공간'의 또다른 통일전선운동인 민주주의민족전선의 일부가 왜 좌우합작운동으로 '전환'하는가 하는 문제가 관심의 초점이었다고 할 수 있다.

　그러나 정작 민주주의민족전선의 일부가 이 운동에 참가한 이유를 밝히는 데는 실패하고 좌우합작운동의 경위를 엮어놓는 데만 한정할 수밖에 없었다. 여운형·이극로(李克魯) 등을 중심으로 하는 민주주의민족전선세력의 일부가 왜 좌우합작운동으로 '전환'하는가 하는 문제를 해명하기 위해서는 건국준비위원회 활동의 성격, 건국준비위원회와 재건조선공산당의 관계, 여운형 중심 조선인민당의 성격과 특히 개인적 행적, 민주주의민족전선의 성격 등을 밝힌 후에야 가능한 일이었으나 1983년이란 시점의 학문, 특히 역사학의 내외적 조건이 이런 문제를 객관적인 안목으로 조명한 후 그 결론을 바탕으로 좌우합작운동을 다룰 수 있는 그런 상황은 아니었다. 모르긴 해도 역사학자란 이름을 단 사람이 8·15 이후 문제를 대상으로 쓴 연구논문은 이것이 처음이 아니었던가 한다.

　다만, 「좌우합작운동의 경위와 그 성격」을 쓰면서 식민지시대 말기 통일전선정부였던 임시정부가 '해방공간'에는 좌익적 세력이 모두 이탈하고 우익세력만의 '임정'이 되면서 신탁통치 반대노선으로 일관하고 좌우합작운동에도 소극적이다가, 1948년의 남북협상에는 모든 좌익적 세력과 함께 다시 참가하게 되는 이유를 밝혀야 한다고 생각하게 되어, 그것을 피상적으로나마 밝히려 한 것이 「대한민국임시정부와 신탁통치문제」(1985)였다.

그러나 '해방공간' 민족통일전선운동의 줄기가 건국준비위원회 활동, 민주주의민족전선 활동과의 관계가 해명된 다음의 좌우합작운동, 1948년의 남북협상 등으로 이어져야 한다는 생각에는 변함이 없었고, 이런 '해방공간사' 인식을 근거로 하여 쓴 것이 『한국현대사』(1984)였다. 그러나 민주주의민족전선 세력의 일부가 왜 좌우합작운동으로 '전환'했는가 하는 문제는 역시 해명하지 못한 채 좌우합작운동을 이 시기 민족통일운동으로 인식한 서술에 그치고 말았다.

이런 '해방공간사' 인식 작업은 당연히 1948년 남북협상에 대한 작업으로 이어질 수밖에 없었다. 『한국현대사』보다 뒷날에 나오긴 했지만 「김구(金九)·김규식(金奎植)의 남북협상」(1987)은 이 때문에 씌어진 것이다. 1948년 당시 남한에는 이 '협상'의 실상과 의미가 잘못 전달된 점이 많았음을 알고 그 진실을 되살려야 한다는 것이 이 글의 목적이었다. 한편, 좌우합작운동이 식민지시기 말기에 추진된 국외 통일전선운동의 일환이었던 조선민족혁명당세력의 일부인 김규식 쪽과 같은 시기 국내 통일전선운동이었던 건국동맹 쪽이 중심이 된 합작운동이었다면, 남북협상은 좁은 의미로는 같은 시기 중국 전선에서 장건상(張建相) 등의 활약으로 추진되다가 일제의 패망으로 중단된 통일전선정부인 임시정부와 연안 조선독립동맹의 통일전선 교섭의 연장선상이며, 넓게는 이승만(李承晩)과 한민당세력을 제외한 조국광복회 세력까지 포함한 모든 노선의 통일전선운동이라 볼 수 있다는 생각이 있었다.

앞에서도 말한 것처럼 '해방공간'에서 식민지시대 운동의 연장이었던 통일전선운동은 서로 노선을 달리하는 민주주의민족전선운동과 좌우합작운동으로 한때 나뉘어 병행되었다. 그러나 민족분단의 위기가 절박해진 48년으로 오면서 이 두 노선은 말할 것도 없고 좌익적 세력이 이탈한 임정세력까지 참여한 한층 폭넓은 통일전선운동, 즉 통일민족국가 수립운동이 발전하게 된 것이다. 이런 점에서 민주주의민족전선운동 좌우합작운동, 그리고 1948년의 남북협상 등에 정치운동적 성격만이 아닌 민족운동적 성격도 있음은 말할 나위가 없다.

'분단극복 역사학'의 관점에서 '해방공간'의 역사인식으로는 연구작업이 미치지 못한 민주주의민족전선운동을 포함해서 좌우합작운동과 1948년의 남북협상 등이 모두 식민지시대 말기 통일전선운동의 연장선상일 수 있었다. 그리고 이런 관점에서는 38도선이 생기고 미소 양군이 분할 점령한 조건 아래서 식민지시대 말기 '해방공간'에서 추진된 통일전선운동도 대체로 합의점에 도달한 계급전선보다 더 우위로 인식된 민족전선이라는 성격을 그대로 유지했다고 볼 수 있다. 그것이 바로 '해방공간'을 대상으로 한 역사인식의 핵심적 문제였다.

4.『분단시대의 역사인식』과 그 이후 '인식'의 한계성

지금 뒤돌아보면 사실『분단시대의 역사인식』에 대해서도 불만이 많은 것이 사실이다. 비록 시기적 제약성은 있었다 해도 그 '인식' 자체가 좀더 과학적으로 입론되지 못하고 피상적 단계에 그치고 말았다는 불만이라 할 수 있다. 그 원인은『분단시대의 역사인식』이 인식된 토양인 박정희 유신정권이 가진 파쇼체제적 성격에 대한 사회과학적 인식 부족에서 온 것이라 할 수 있다. 80년대, 특히 그 후반기로 오면서 박정권에 대한 사회과학적 인식이 날카로워지면서 한층 과학적 시대인식·역사인식이 도출되었고 이에 따라『분단시대 역사인식』의 한계성이 드러나게 된 것은 자연스러운 일이라 하겠다.

『분단시대의 역사인식』이후의 작업은, 앞에서도 말한 것처럼 식민지시대 민족해방운동의 통일전선적 사실(史實)을 실증하는 작업 중심으로 이루어졌지만, 이 작업은 '분단시대의 역사인식'이 '분단극복을 위한 역사인식'으로 전환되면서 그 방향을 어디에서 잡을 수 있을 것인가를 생각한 결과 진행된 작업이었다. 그러나 솔직히 말해서 「독립운동의 역사적 성격」(1978)이나 「독립운동 과정의 민족국가건설론」(1982)을 쓸 무렵까지도 '분단극복을 위한 역사인식'의 방향을 통일전선운동에서 잡아야 한다는 생각이 아직 확고히 자리잡은 것은 아니었다.

이 두 편의 글을 쓰는 과정에서 1935년에 성립되는 조선민족혁명당이 한국독립당과 의열단을 중심으로 하는 중국 관내 좌우전선의 '합작' 정당인 점에 주목했고 이것이 코민테른 제7차 대회 노선과 어떤 연관이 있는 것이 아닌가 하는 막연한 생각을 하면서 자료를 수집하기 시작했다. 자료수집이 진행되면서 기대 이상으로 이 정당을 비롯한 다른 정당과 단체 들의 통일전선론을 발견하게 되었고, 따라서 민족혁명당의 활동을 밝히되 통일전선운동과 통일전선론을 중심으로 입론할 수 있다는 생각이 들었다.

그러나『조선민족혁명당과 통일전선』이 완성될 때까지 이 정당과 코민테른의 직접적인 연결을 밝힐 만한 결정적인 자료를 구할 수 없었고, 이 때문에 이 정당과 여타 정당·단체의 통일전선론을 병렬적으로 정리·소개하는 수준을 넘어설 수 없었다. 게다가 자료 대부분이 정당·단체 들이 남겨놓은 원자료가 아니고 일본의 정보기관이 입수하여 번역한 자료들일 수밖에 없었다. 이 점에 대해서는 앞으로 중국대륙 쪽에 있을 수 있는 원자료를 수집하면 보완될 수 있을 것이다.

조선민족혁명당의 통일전선운동과 코민테른의 연결성이 불분명함으로써 생기는 문제점이 있었다. 그것은 이 정당의 성격문제인데, 다시 말하면 그것이 본질적으로 좌익정당인지 우익정당인지를 선명히 밝히지 못한 채 통일전선정당으로 말할 수밖에 없었다는 점이다. 이 문제는 자연히 이 정당이 지향한 통일전선의 궁극적인 계급적 헤게모니문제, 그리고 그 연장선상인 통일민족국가의 정체문제와 연관되게 마련이다.

이 정당의 민족해방운동 선상에서의 정강정책 분석을 통해 어느정도 답을 구할 수 있으며, 8·15이후 국내에서 그 핵심세력이 민주주의 민족전선에 참가하면서도 "반일적 지주와 민족자본가라도 신민주주의를 찬동하고 실천하는 분자에 한하여는 이를 포용할 수 있다" "공산·인민·신민의 좌익 3당의 성격과 원칙적으로는 일치되는 바이지만 광범한 인민대중을 포섭하는 과정에서 약간의 차이가 있다"라고 한 점에서 통일전선의 방향을 짐작할 수 있다.

민족혁명당과 그것을 중심으로 이루어졌던 조선민족전선연맹세력은 '해방공간'에서 대체로 김규식을 중심으로 하는 이른바 중도우파와 장건상·김성숙(金星淑) 등, 어쩌면 김원봉(金元鳳)까지 포함할 수도 있을 중도좌파로 나뉜다. 그리고 '해방공간'에서의 민족혁명당 핵심세력의 노선은 후자라 볼 수 있다. 그러나 이 상황을 통해 식민지시대 민족해방운동전선에서 이 정당의 성격을 유추해 올라가는 것은 위험하다. 왜냐하면 두 시기 사이에 그야말로 상황적 차이가 있기 때문이다.

연구자가 어느 하나의 연구대상을 택하고 그 성격을 밝히는 작업에 자신의 시대인식·역사인식 자체가 크게 작용한다는 사실을 부인하지 못한다. 그렇게 생각하고 보면 민족혁명당을 대상으로 한 작업과 민주주의민족전선 문제를 밝히지 않은 채 좌우합작운동을 대상으로 한 작업 사이에는 역사인식상의 괴리가 있다고 할 수 있으며, 더구나 스스로는 그렇지 않다고 생각하지만 만약 좌우합작운동을 보는 역사인식으로 민족혁명당을 보았다고 읽힌다면 그 한계성도 또한 지적될 만하다.

그뿐만 아니라 민족해방운동전선과 '해방공간'의 좌우합작적 성격의 모든 노선과 운동을 분별하지 않고 통일전선이란 가마 속에 녹여버리려는 '비과학적' 역사인식도 비판받을 여지가 충분히 있다. 그러나 식민지시대의 민족해방운동전선이 지향한 통일전선의 성격은 헤게모니문제를 전면에 내세운 계급전선적이라기보다 그 전선 전체의 통일을 우선에 둔 것이었고, 그것이 분단시대의 민족통일운동에서도 그대로 이어진다는 생각이 『분단시대의 역사인식』 이후 역사인식을 통해 일관되었다고 할 수 있다. 이 점이 역사인식상의 한계성으로 지적되어도 할 말이 없다. (1998년 4월)

2

분단 50년의 역사와 통일

1. 분단 50년, 통일의 역사

통일민족국가 건설 실패

한반도의 분단과정은 대체로 3단계로 나눌 수 있다. 첫번째 단계는 해방과 함께 38도선이 그어진 때, 두번째는 1948년에 남북 두 분단국가가 성립되는 때, 세번째는 6·25전쟁이 발발하는 때를 말한다. 38도선이 그어지면서 해방이 된 것은 물론 분단가능성과 분단위험성이 나타난 일이었지만, 38도선이 그어졌다는 것이 곧 분단 그 자체를 말하는 것은 아니었기 때문이다.

38도선을 그을 때 이미 한반도를 남북으로 분단하여 제2차 세계대전 후의 동아시아에서 미소 두 전승국이 세력균형을 이루려는 속셈이 있었다고 볼 수도 있다. 그러나 전승국들이 전쟁 후 한반도문제를 처음으로 의논한 모스끄바3상회의 결정에서는 38도선을 그냥 둔다는 내용은 전혀 없다. 5년간의 신탁통치를 위해 남북을 총괄하는 임시정부가 성립되면 38도선은 없어지게 되어 있었던 것이다. 그렇게 보면 38도선은 일단 종전 후 일본군의 무장해제를 위한 경계선으로 그어졌다고 봐도 괜찮지 않을까 한다. 그러나 그후 남북을 통한 임시정부 성립이 불가능해지자 38도선을 그은 일이 한반도를 분단하는 첫 단계가 되고 만 것이다.

분단의 두번째 단계, 즉 남북 두 분단국가의 성립은 어떤 의미에서는 통일민족국가 수립에 실패한 분단의 완성단계라 볼 수도 있다. 그러나 두 분단국가가 성립된 단계에서도 평화적으로 통일민족국가를 건설할 가능성이 아직 일부 남아 있었다. 김구(金九)·김규식(金奎植) 등을 중심으로 하는 정치세력의 노력 등에서 일말의 희망이 있었다고 할 수 있다. 그러나 그런 노력과 희망 때문에 김구가 암살당하고 6·25전쟁이 발발함으로써 평화적 통일국가 건설을 위한 노력과 움직임은 완전히 무산되고 분단고착시대로 들어가게 되었다.

미소 두 강대 전승국이 38도선을 경계로 분할 점령하고 민족 내부에도 좌우익 정치세력이 대립하고 있는 상황에서 미국세력권에 들어가는 자본주의체제 통일국가가 성립되기 어려웠고, 반대로 소련세력권에 들어가는 사회주의체제 통일국가가 성립되기도 어려운 일이었다. 그런 상황에서 통일민족국가를 수립하는 길은 대외적으로는 미소 어느 세력권에도 들어가지 않으면서, 대내적으로는 좌우익 연립정부나 아니면 극좌와 극우 세력을 배제한 이른바 중도파정부를 성립시키는 길이었다고 할 수 있다.

실제로 중도파를 중심으로 하는 통일임시정부를 성립시킴으로써 분단을 막으려는 정치활동이 있었다. 그러나 한반도의 절반만이라도 기어이 제 세력권에 두려는 미소 양대 전승국의 책동과 그런 외세를 배경으로 한 민족 내부 정치세력의 분단책동, 20세기 전반기 동안 일본의 강제지배를 받음으로써 근대적 정치훈련을 받을 기회를 박탈당한 민족구성원 일반의 통일민족국가 건설의식의 취약성 등이 원인이 되어 결국 민족분단의 제2단계라 할 수 있는 남북 분단국가 성립의 길로 나아가고 말았다.

전쟁통일 실패와 '유엔의존통일안'

남북 두 분단국가가 성립된 후에도 분단국가 당국에서 일부 평화통일론이 표방되었지만 사실상 무력통일론 혹은 혁명통일론으로 전환되었다. 남쪽 정부는 무력통일론 즉 북진통일론을 공공연하게 내세웠고, 북쪽 정부도 평화통일을 표방하면서도 38도선 이남지역에서 유격대 활동을 강화했다. 두 분단국가 성립 후 전쟁통일론적 분위기에서 6·25전쟁이 발발했고, 그 때문에 일부 명맥을 유지했던 평화통일론은 완전히 소멸되다시피 했다.

6·25전쟁은 한반도가 전쟁의 방법으로는 통일될 수 없음을 증명해준 전쟁이었다. 한반도가 베트남과 다르게 전쟁통일이 될 수 없었던 가장 중요한 원인은 지정학적 위치 때문이라 할 수 있다.

한반도는 중국·러시아 등 대륙세력과 일본·미국 등 해양세력이 충돌하는 중심지에 놓여 있어서 완전히 해양세력권에 들어가는 통일도 또 대륙세력권에 들어가는 통일도 불가능했던 것이다. 그 위에 6·25전쟁 때는 한반도의 북반부와 중국·소련이 사회주의권이었고 남반부와 미국·일본이 자본주의권이어서, 동아시아에서는 대륙세력권과 해양세력권의 대립이 이데올로기 문제가 없었던 청일전쟁 때나 러일전쟁 때보다 한층 더 강화되었다.

6·25전쟁이 한반도에서는 전쟁통일이 불가능함을 극명하게 증명해 보이자 그때까지만 해도 남쪽 정부만이 유엔의 승인을 받았고 유엔이

미국의 세력권에 있음을 이용하여 남쪽 정부에서 '유엔의존통일안'을 주장하게 되었다. 즉 유엔의 감시 아래 북쪽만의 선거를 실시하여 통일하는 안, 혹은 유엔감시하에 남북 총선거를 하여 통일하는 방안을 주장한 것이다.

유엔이 미국의 세력권에 있는 한 '유엔의존통일안'이 남쪽 정부에게는 안전하고 유리한 통일방안이 될 수 있었고, 그래서 오랫동안 남쪽 정부의 통일안으로 주장되었다. 그러나 이 유엔의존통일안은 북쪽 정부가 동의하지 않은 한 실행되기 어려운 통일안이었으며, 유엔이 남쪽의 동맹국인 미국의 세력권에 있는 한 북쪽 정부가 그것에 동의할 리 없었다. 그래서 유엔의존통일안은 실행될 수 없는 통일안이 되고 말았다.

4·19민주화운동이 일단 성공했음에도 주체세력이 정권을 수립하는 데는 실패했다. 그러나 보수야당정권이 성립된 후 정권 측은 여전히 유엔의존통일안을 고수한 데 반해 4·19 주체세력의 민족운동은 외세의존통일안, 즉 유엔의존통일안을 훌쩍 넘어서 남북의 직접 접촉 및 대화에 의한 민족주체적 평화통일운동으로 발전해갔다. 뒷날 '7·4공동성명'에 나타난 통일방안이 바로 4·19 주체세력이 주장한 통일방안이었다. 그러나 5·16군사쿠데타가 일어남으로써 '4·19공간'에서 활동했던 주체적 평화통일운동세력이 모두 숙청되고 통일론은 그대로 유엔의존통일안이 표방되었으나 사실상 무력통일론이 재등장했다고 할 수 있다.

평화통일안의 대두와 그 난점

남쪽 정부가 스스로 유엔의존통일안을 포기하고 북쪽 정부와 함께 주체적·평화적 통일을 표방한 7·4공동성명이 나오게 된 배경은 크게 두 가지로 요약할 수 있다. 그 하나는 아프리카대륙을 중심으로 하는 제

2차 세계대전 후 독립한 제3세력 민족국가가 대거 회원국이 됨으로써 유엔이 미국세력권에서 벗어나고 있었다는 사실이다. 종전까지 유엔 결정은 언제나 남쪽 정부에게만 유리하게 되었으나 이들 제3세력의 주동에 의해 남북한 동시초청안이 가결되는 상황이 되었던 것이다.

두번째 배경은 미소, 미중 사이에 화해정책이 이루어진 점이다. 남쪽 동맹국인 미국과 북쪽 동맹국인 소련 및 중국이 서로 대립하고 냉전상태에 있어야 남북이 대립하고 두 분단정부의 존재이유가 뚜렷해지는데, 미소, 미중 대립관계가 약해지면 남북 두 분단정권 사이의 대립도 느슨해지고, 대립이 느슨해지면 두 분단정권의 냉전체제적 존립기반이 약해지게 마련이었다. 종래의 동서 냉전체제가 화해체제로 바뀌어가는데 대한 남북 두 분단정권의 대응책이 강구되어야 했다. 그 결과 주체적·평화적 통일을 선언한 7·4남북공동성명이 나오게 되었지만, 그것은 사실 동서 냉전체제가 화해정책으로 전환해가는 과정에서 강구된 남북 분단정권들의 평화공존책이었다고 할 수 있을 것이다.

7·4공동성명이 표방한 주체적 통일이란 유엔 의존 통일안에서 벗어나서 남북이 직접 대화로 통일문제를 풀어가겠다는 뜻이라 할 수 있다. 그러나 평화적 통일, 즉 현존하는 남북 두 분단국가를 어떻게 해서 전쟁이 아닌 평화적인 방법으로 하나의 통일국가로 만들어갈 것인가 하는데 대한 구체적인 방법은 표명되지 않아서 7·4공동성명 자체가 현실적 효력을 잃고 말았다. 6·25전쟁의 경험으로 한반도에서 전쟁통일이 불가능함을 알고 평화통일론이 성립되기는 했으나 1970년대만 해도 평화통일의 방법이 아직 구체적으로 나타나지는 않았던 것이다.

1980년대로 들어서면서 평화통일론은 조금씩 구체화되었다. 북쪽에서 먼저 1국가 2정부 2체제안 즉 연방제통일안을 제시했다. 간단히 말하면 군사권과 외교권을 가지는 한 국가를, 내치권을 가지는 현재의 두

정부 위에 두자는 안이라 할 수 있다. 평화통일안과 평화공존안을 절충한 방안이라 할 수 있겠는데, 문제는 남북이 군사적으로 심하게 대치하고 있는 상황 아래서 군사권과 외교권을 하나로 할 수 있겠는가 하는 점이었다.

이같은 연방제안에 대해 남쪽에서는 역시 군사권과 외교권을 바로 하나로 하는 1국제는 어렵다는 주장과 함께 남북 두 정부가 상당 기간 군사권·외교권·내치권을 모두 가지고 남북 사이의 화해·교류·협력을 통해서 서로 신뢰를 구축하자는 국가연합제안을 제의했다. 군사권과 외교권을 하나로 하자는 연방제안을 남쪽에서는 현실성이 없는 방안으로, 심하게는 적화통일방안으로 받아들였고, 2국가를 둔 채 신뢰구축을 해야 한다는 연합제안을 북쪽에서는 통일안이 아니라고 받아들임으로써 연합제안과 연방제안은 계속 평행선을 긋게 되었다.

1991년에는 「남북 사이의 화해와 불가침 및 교류·협력에 관한 합의서」가 어렵게 교환되어 평화통일의 앞 단계로서 필요한 평화공존방안이 일단 마련되었다. 그러나 한편 독일에서는 자본주의체제 서독에 동독이 이른바 흡수통일됨으로써 한반도에서도 독일식 흡수통일이 강하게 전망되었다.

그런데도 한반도에서는 흡수통일이 되지 않았고 연합제통일안과 연방제통일안은 계속 대립하기만 함으로써 통일문제에는 실질적인 진전이 없었다. 이를 안타까워한 문익환(文益煥) 목사는 북에 가서 이른바 '느슨한 연방제'안에 합의했으나 남쪽에서 받아들여지지 않았다. 그러다가 남쪽에 김대중정권이 들어서면서 남북정상회담이 성사되고 '6·15 공동선언'이 발표되면서 평화통일안에 큰 진전이 있었다.

2. 남북간의 통일안 접근과 통일 전망

6·15남북공동선언의 의미

1980년대에 북에서 제시한 연방제통일안을 남쪽에서는 대체로 적화통일안이라 간주하는 경우가 많았다. 사실 세계사적으로 사회주의체제가 붕괴해가는 상황에서는 북쪽에서 주장하는 1국 2체제 통일안은 남쪽 일부에서 지적하는 적화통일안이라기보다 오히려 체제유지 통일안이라 보는 것이 더 합리적이다. 그러나 남쪽에서 전쟁통일은 포기했다 해도 흡수통일을 지향하는 경우 북쪽의 체제유지 통일안이 용납될 수 없음은 말할 나위가 없다.

결국 남쪽이 흡수통일의 시각에서 통일문제를 보기 때문에 체제유지 통일안이라 볼 수도 있는 북쪽의 연방제안이 적화통일안으로 간주된 것이다. 전쟁통일은 불가능하게 되었다 해도, 남에서는 북이 적화통일을 지향한다고 보고 또 북에서는 남이 흡수통일을 지향한다고 보는 이상 신뢰구축과 평화정착 과정을 갖자는 남쪽의 연합제통일안과, 그것이 설령 체제유지 통일안이라 해도 북쪽의 연방제통일안은 영원히 합치점을 찾지 못하고 평행선을 그릴 수밖에 없었다.

그런데 이같은 두 평행선의 방향을 안쪽으로 조금 돌려놓음으로써 어느 시점에 가면 두 선이 합치될 수 있게 한 것이 제1차 남북정상회담의 결과로 나온 6·15공동선언이라 할 수 있다. 연합제안과 연방제안이 합치점을 찾기 위해서는 남북이 모두 적화통일과 흡수통일에 대한 의혹을 일단 불식해야 한다. 남에서는 독일통일 후 1990년대에 크게 불었던 흡수통일 기대열풍이 2000년대로 들어서면서 어느정도 숙어지고,

북에서는 김일성 주석 사망 후 불어닥친 '고난의 행군' 시기를 겪은 후, 남북을 막론하고 한반도의 경우 독일과 같은 흡수통일이 불가능하며 또 되어서도 안 된다는 인식이 확대되었기 때문에 남북정상회담과 6·15공동선언이 가능했던 것이다.

6·15공동선언에는 연합제와 '낮은 단계'의 연방제 사이에 공통점이 있다는 식의 다소 애매한 조항이 들어 있다. 그것은 현재의 남북 두 정부가 각기 군사권·외교권·내치권을 그대로 가지고 정상회담·장관급회담·국회회담 등을 통해서 통일문제를 풀어가자는 것인데, 여기서는 두가지 문제가 추출될 수 있다.

그 하나는 한반도의 통일은 베트남식 전쟁통일도 독일식 흡수통일도 아닌, 1948년에 김구·김규식 등이 시도했던 협상통일이 될 수밖에 없다는 사실을 남북당국자들이 어느정도 이해한 결과라 할 수 있다. 또 하나는 협상통일에는 반드시 평화정착 과정이 필요함을 알게 되었다는 것이다. 지금은 조금 정체된 상태지만 6·15공동선언 후 장관급회담이 몇차례 열리면서 경의선 연결 등이 합의되었는데, 그것은 평화정착 과정의 출발점이라 할 수 있다.

통일, 어떻게 할 것인가

한반도의 통일은 각 민족국가의 역사가 그 지정학적 위치의 영향을 많이 받았던 20세기적 상황, 즉 침략과 대결이 심한 제국주의와 냉전주의가 지배하는 시대상황에서는 불가능했으며, 결국 21세기로 넘겨지고 말았다. 한반도의 통일은 베트남이나 독일과 같은 20세기적 통일이 아니라 21세기적 통일일 수밖에 없게 된 것이다. 21세기라 해서 국제사회의 침략주의·패권주의가 바로 없어지는 것은 아니지만, 인류사회는 21

세기가 20세기와는 다른 평화주의와 문화주의가 지배하는 시대가 되기를 노력하고 있다.

20세기를 통해서 한반도가 강점되거나 분단된 것은 물론 그 시대가 제국주의시대요 냉전주의시대였기 때문이지만, 제국주의 침략과 냉전주의 분단을 막아낼 만한 민족적 역량이 부족했기 때문이기도 했다. 21세기는 제국주의와 냉전주의가 청산되어가고 민족적 역량도 강점될 때나 분단될 때보다는 많이 커졌다고 할 수 있다. 그 역량을 바탕으로 대륙세력과 해양세력 어느 쪽에도 치우치지 않고 제3의 위치를 확보하면서 통일할 수 있는 길을 택할 수 있어야 할 것이다.

20세기적 상황에서는 분단국가의 통일이 1국가 1체제로밖에 되지 않았다. 그러나 21세기의 통일도 반드시 그러해야 할 것인가는 아무도 단언할 수 없다. 20세기의 민족분단은 베트남도 독일도 한반도도 모두 자본주의체제와 사회주의체제로의 분단이었다. 그리고 20세기 안에 통일한 베트남과 독일은 두 체제 중 어느 하나의 체제로 통일된 것이 사실이다. 그렇다고 해서 21세기의 통일도 반드시 자본주의체제나 사회주의체제 중 어느 하나의 체제로 통일될 것이라고는 말할 수 없다.

지난 20세기는 분명 자본주의체제와 사회주의체제가 대립·항쟁한 세기였다. 그래서 민족의 분단도 자본주의체제와 사회주의체제로의 분단이었다. 그러나 21세기에도 자본주의체제와 사회주의체제가 대립·항쟁하는 세기가 되리라고 볼 수 있겠는가, 사회주의체제가 완전히 무너지고 신자유주의라 부르는 자본주의체제가 완전히 독주하는 세기가 될 것인가, 아니면 새로운 도전체제가 형성될 것인가는 누구도 예측하기 어렵다.

협상통일은 평화정착 과정을 필요로 하는 등, 1국 1체제 통일을 지향한다 해도 완전통일까지는 상당한 시일이 필요할 것이며, 그 기간은 21

세기적 세계체제가 자리잡는 기간과 맞먹게 될 수 있을 것이다. 21세기에 이루어질 통일문제를 자본주의와 사회주의가 대립·항쟁한 20세기적 경험에 얽매여 미리 걱정하거나 혼란스러워할 이유는 없는 것이다.

(2002년 3월)

남북 정상회담과 그 이후

1. 남북 정상회담 왜 이루어졌나

분단시대 반세기를 통해 남북 정상회담이 기도된 것은 군사정권 때부터였고, 알다시피 김영삼(金泳三)정권 때는 일단 합의까지 되었다. 김일성(金日成) 주석의 죽음으로 정상회담이 불발하자 외세가 개입하는 4자회담이 거론되기도 했지만, 민족문제·남북문제를 풀어나가는 데는 정상회담이 무엇보다도 효과적이라는 점은 더 말할 나위가 없다. 한반도의 경우 주로 그 지정학적 위치 문제 때문에 베트남식 전쟁통일도 독일식 흡수통일도 불가능했다. 6·25전쟁은 전쟁통일이 불가능함을 증명해주었고, 김일성 주석이 죽고 나면 한반도도 바로 독일식 흡수통일이 되리라 전망하는 경우가 많았지만, 그가 죽은 지 6년이 지난 지금 한반도에서는 흡수통일이 이루어지지 않았을 뿐만 아니라, 앞으로 그렇게 될 가능성도 점점 희박해져가는 것 같다.

한반도의 경우 베트남식 전쟁통일도 독일식 흡수통일도 불가능하다는 사실을 남북 정권당국자들이 알았기 때문에 이번 정상회담이 이루어진 것이라 할 수 있다. 남의 김대중정부는 성립 당초부터 한반도의 통일은 전쟁도 흡수도 아닌 평화정착에서 시작되어야 한다는 일정한 '철학'을 가지고 대북 포용정책, 즉 우리가 말하는 적극적 화해정책을 지속적으로 폈다. 남북문제를 정략적으로 이용하기보다 민족문제 자체를 어떻게 풀어가야 한다는 일정한 '철학'을 가지고 성립된 정권이라 할 수 있지 않을까 한다.

이에 대해 북쪽은 김대중정부와 최초로 접촉한 북경 비료회담이 결렬된 후 한때 남북대화에 응하지 않았으나, 2000년대로 들어서면서 경제·정치적으로 어느정도 안정이 이루어지고 서해안에서 무력충돌이 있어도 동해안에서 계속 관광선을 올라가게 한 김대중정부의 대북정책에 대해 어느정도 신뢰성을 가지게 된데다 러시아와의 관계 회복 등이 정상회담에 응하게 된 배경이 아닐까 한다. 그러나 그밖에도 역시 민족문제를 어떻게 풀어갈 것인가 하는 김정일정부의 일정한 '철학'을 바탕으로 하여 정상회담이 성사되었다고 할 수 있을 것이다.

1994년의 정상회담 합의는 한반도 전체가 전쟁 위험에 직면한 위급한 상황에서 미국 전직 대통령 카터(J. Carter)의 중재로 이루어진 것이었다. 민족문제 해결을 위한 정권 자체의 주체적 판단과 추진력을 바탕으로 하여 이루어진 정상회담 합의라기보다 전쟁 위험에 직면한 상태에서 외세의 중재로 이루어진 합의였기 때문에 한쪽 정상이 갑자기 죽음으로써 조문문제 등이 돌출하자 이에 전향적으로 대처할 수 없었으며, 그 때문에 남북관계가 급격히 냉각되고 말았다. 그 경우에 비해 2000년의 정상회담은 전쟁 위험에 직면하지도 않았고 또 외세의 중재나 개입 없이 남북 당국의 주체적 판단에 의해, 그리고 남북문제를 정략적으로 이용하는 것이 아니라 민족문제를 순리로 차근차근 풀어가야 한다는 일정한 주체적 판단을 바탕으로 하여 이루어졌다는 점에서 큰 차이가 있다.

남북 당국자들이 우리의 통일문제는 전쟁의 방법은 말할 것 없고 흡수 방법으로도 불가능하며, 남북이 대등한 처지에서 오랜 시일을 두고 협상을 통해 점차적으로 풀어가야 한다는 사실을 알았기 때문에 정상회담이 성사될 수 있었다고 생각한다. 다만 남북 당국자들의 이같은 '통일철학'이 지금까지 대결구도·적대구도에만 익숙해온 7천만 남북 주민들에게 어떻게 빨리 전달되고 이해될 수 있게 할 것인가 하는 심각하고도 시급한 문제가 남아 있다.

2. 남북 공동선언이란 무엇인가

남북 정상회담 이후 앞으로 무엇이 이루어질 것인가를 알기 위해서는 정상회담에서 합의한 사실, 즉 공동선언이 무엇을 말하고 있는가를 알 필요가 있다. 공동선언은 알다시피 다섯 가지 내용으로 되어 있다. 첫째 통일을 자주적으로 한다는 데 합의한 점이며, 둘째 연합제와 연방제의 합치점을 마련한 점이며, 셋째 이산가족 면회와 비전향 장기수 문제의 해결이며, 넷째 경제협력과 사회·문화적 교류의 활성화이며, 다섯째 당국자 회담 약속이다.

통일문제를 민족 자주적으로 해결한다는 것은 너무도 당연한 말이며 '7·4공동성명'에서도 확인되었지만, 북쪽이 그것을 주한미군 철수 문제와 직결시킴으로써 합의하기 어려운 문제였다. 그런데도 '6·15남북공동선언'에서 주한미군 철수 문제에 대한 언급 없이 자주적 통일이 합의되고 또 공동선언이 발표될 수 있었던 것은 주한미군 문제에 대한 북쪽의 인식과 대응에 어느정도 변화가 있었음을 암시한다고 할 수 있다. 6·

15공동선언의 발표로 한반도에서 전쟁통일이나 흡수통일이 아닌 '협상통일'이 시작되었다고 할 수 있으며, 이 방법에 의한 통일 추진과정에서는 주한미군 문제가 걸림돌이 되어 통일문제 해결이 지체되는 것이 현명하지 못함을 남북 당국이 서로 이해했다고 할 수 있다.

두번째의 연합제와 연방제의 타협도 통일방법의 큰 성과라 할 수 있다. 1국 2정부 2체제의 연방제와 2국가 2정부 2체제의 연합제는 1국가냐 2국가냐 하는 점에서는 차이가 있었지만 2정부 2체제를 상당 기간 유지한다는 점에서는 같은 것이었다. 그럼에도 그동안 남북 당국은 한 치의 양보 없이 대립해오다가 1990년대에 와서 내치권만 가지는 남북 두 정부에다 외교권과 군사권을 가지는 연방국가를 두는 일이 현실적으로 불가능하다는 이해가 북쪽에서 나타나기 시작했고, 따라서 남북 지역정부들이 연방국가의 외교권과 군사권을 상당한 기간 가지는 '낮은 단계의 연방제'를 제시했다.

6·15공동선언에서는 "남측의 연합제안과 북측의 낮은 단계의 연방제안이 서로 공통성이 있다고 인정하고 앞으로 이 방향에서 통일을 지향한다"라고 했는데, 그것은 남북 두 지역정부가 외교권·군사권·내치권을 그대로 가지고 정상회의·각료회의 등 상설협의체를 구성하여 모든 현안을 협의하여 집행해나가기로 한 것이다. 당장 외교권과 군사권을 가지는 연방정부를 두자는 종래의 고려연방제와는 다르며, 남북 두 지역정부가 외교·군사·내치권을 가진 채 신뢰구축을 해나가자는 다소 소극적이던 종래의 연합제를 극복해 통일방안을 협의하여 집행하는 적극적인 방법으로 전환한 것이라 할 수 있다. 지난날 평행선을 달리던 연합제와 연방제가 이제 접합점을 찾은 것이다.

세번째의 이산가족 면회 문제도 상당한 진전이 있었다. 이산가족 문제는 종래 주로 북쪽에서 남으로 온 사람들만 그 대상인 것처럼 되었는데 이번에는 남쪽에서 북으로 간 사람들도 대상에 포함되었고, 그 위에 비전향 장기수 송환 문제도 포함되었다. 남에서 거론되고 있는 국군포로 문제 등이 남아 있지만 앞으로 이산가족 면회소 설치 문제와 함께 단계적으로 해결할 수 있을 것이다.

네번째의 경제협력 문제도 공동선언에서 그 기본적 성격이 표현되었다. "민족경제를 균형적으로 발전"시키는 데 그 목적을 두고 있는 것이다. 지금까지는 경제발전의 목적 및 대상이 남은 남쪽 지역에만 북은 북쪽 지역에만 한정되었지만, 자본주의와 사회주의 체제의 차이를 넘어서 한반도 전체 지역을 경제발전 대상으로 하고 남북이 협력과 교류를 활성화하자는 데 합의한 것이다. 흔히 통일문제를 말하면 자본주의체제 통일이냐 사회주의체제 통일이냐 하는 질문이 나오게 마련인데, 그것에 앞서 남북의 민족경제 전체를 먼저 회복시키고 발전시키는 점이 중요하다는 점에 합의한 것이라 하겠다.

다섯번째는 "이상과 같은 네 가지 합의사항을 실천에 옮기기 위하여 빠른 시일 안에 남북 당국 사이의 대화를 개최한다"고 했는데, 어김없이 이산가족 면회를 위한 남북 적십자회담이 열려 이산가족 면회를 실행했고 남북 장관급회담이 열렸다. 김정일(金正一) 국방위원장의 서울 방문과 함께 다시 정상회담이 열리겠지만, 그 안에도 남북 장관급회담이 열려 6·15공동선언 둘째 항에서 합의된 연합제와 낮은 단계 연방제의 합치를 통한 통일방안을 마련해가고 있는 것이다.

3. 통일문제 어떻게 풀어갈 것인가

6·15남북공동선언이 발표된 후 당장 휴전선에서 비방방송이 중지되

었고, 특히 북이 8·15 기념행사에 남쪽 '범민주연합회'를 초청하지 않았으며, 남북 이산가족 면회가 이루어졌다. 그리고 제1차 남북 장관급 회담이 개최되어 그동안 중단되었던 남북 연락사무소 기능이 정상화했고 경의선 철도 연결사업 추진에 합의했으며 제2차 장관급회담에 합의했다. 통일문제가 사상이니 체제니 하는 문제를 떠나서 과거 어느 때보다 훨씬 실사구시로 추진되고 있음을 알 수 있다. 협상통일 방법은 상대방의 체제를 변화시키거나 무너뜨리려는 것이 아니라 평화공존의 원칙 아래 서로 협력하면서 발전하자는 방법이라 할 수 있겠는데 제1차 장관급회담이 그것을 잘 말해주고 있다.

앞으로 어느 부문보다 경제협력 부문이 우선으로 이루어질 것이지만, 북쪽이 이른바 시장경제체제를 얼마만큼 수용할지 그 정도를 예측하기는 어렵다. 다만 시장경제체제를 도입해도 당연히 사회주의체제가 무너지는 단계까지 가지는 않게 할 것이며, 남쪽도 그 점을 존중해야 한다는 것이 중요하다. 협상통일은 무력통일이나 흡수통일처럼 상대방 체제를 당장 무너뜨리는 방법의 통일이 아니다. 상당히 긴 평화공존 단계가 필요하며 통일 후의 체제도 20세기적 안목으로 자본주의와 사회주의 두 체제 중 택일해야 하는 것은 아닐 것이다. 협상통일 방법으로 완전 통일이 20년 내지 30년 걸린다면 2020년대 내지 2030년대의 세계체제가 어떻게 될 것인가 하는 문제와 통일 후의 한반도체제가 어떻게 될 것인가 하는 문제도 함께 고민해야 할 것이다.

지금 휴전협정을 평화협정으로 전환하는 안이 거론되고 있지만, 앞에서 말한 것처럼 남쪽에 미군이 엄연히 주둔하고 있는 상태에서도 남북공동선언이 합의될 만큼 주한미군에 대한 북쪽의 인식이 일단 달라졌다고 할 수 있다. 주한미군 문제는 주일미군 문제와 함께 한반도 통일문제만이 아니라 동아시아 전체의 평화문제와 연결되어 있다. 21세기 동아시아가 주한·주일 미군 없이도 평화로워질 수 있다면 미군이 주둔할 이유가 없어질 것이지만, 미군이 물러가야 동아시아가 평화로울 수 있느냐 동아시아가 평화로워져야 미군이 물러갈 수 있느냐 하는 문제는 닭이 먼저냐 달걀이 먼저냐 식의 논란거리라 하겠다. 그럼에도 미군이 주둔한 채 남북 사이의 협상통일이 합의되고 이미 걸음을 내딛기 시작했으니 앞으로 그 걸음을 지속해야 한다는 점이 중요하다.

한반도의 통일은 물론 현존하는 남북 두 분단국가를 평화적인 협상으로 통일해가는 과정이다. 현재 크게 차이 나고 있는 남북 사이의 정치·경제·사회·문화 체제를 어떻게 하나가 되도록 조절해갈 것인가 하는 문제도 중요하지만, 그것은 남북 당국자들의 협상통일 방법이 바뀌지 않는 한 오랜 시간을 두고 점차적으로 조절해나갈 수 있을 것이다. 그러나 한편 한반도가 차지하고 있는 지정학적 위치에서 통일문제를 어떻게 동아시아 전체 문제 속에서 풀어갈 것인가를 터득하는 일도 대단히 중요하다.

20세기 후반기 한반도의 분단은 사실 동아시아 전체의 분단이었다. 그러나 20세기를 넘기는 시점에서 미소 냉전체제가 무너졌는데도 동아시아에서 한·미·일 공조체제는 더욱 뚜렷해졌으며, 그것에 대응하여 조·중·러 공조체제가 재구성될 가능성도 보이고 있다. 지난날 한·미·일 공조체제와 조·중·소 공조체제의 대립은 한반도의 분단상태를 지속시켰으며, 두 공조체제가 대립해 있는 한 한반도의 통일은 불가능하다고 할 수 있다. 그런데 6·15남북공동선언 발표로 한·미·일 공조체제와 재구성이 가능해 보이는 조·중·러 공조체제를 그대로 둔 채 남북 공조체제를 이루어가려는 출발점이 마련되었다고 볼 수도 있다.

21세기에 남북 공조체제에 의한 한반도의 평화통일이 이루어짐으로써 20세기를 통해 분단되었던 동아시아 전체가 통일될 수 있을 것이다.

한반도의 통일은 곧 동아시아의 통일로 연결되며 그것은 또 동아시아의 평화체제 구축, 나아가서 동아시아공동체 구성과도 연결될 수 있을 것이다. 우리의 평화통일을 한반도 통일에만 국한해서 보지 말고 동아시아 전체의 평화체제 구축과 연결해서 사고할 때 통일의 정당성 및 역사성이 더 뚜렷해질 수 있다. 그렇게 보면 6·15남북공동선언은 어떤 의미에서는 7천만 한반도 주민들이 동아시아의 평화와 나아가서 세계평화에 이바지하는 출발점이 될 수 있는 것이다. (2000년 8월)

통일은 왜 해야 하는가

1. 같은 민족이니까 통일해서 살아야 한다?

우리는 6·25전쟁을 침략전쟁이 아닌 통일전쟁으로 봐야 한반도지역이 전쟁으로서는 통일될 수 없다는 역사적 교훈을 얻을 수 있고 그래서 평화통일론이 정착할 수 있다고 생각한다. 20세기 후반기 분단시대를 통해 얼마나 많은 아까운 목숨들이 전쟁터에서 혹은 감옥에서 통일을 위해 죽어갔으며, 그밖에도 얼마나 많은 인적·물적 희생이 통일을 위해 바쳐졌는가를 생각하지 않을 수 없기에 20세기 후반기를 한반도에서 산 사람에게 또 앞으로 한반도가 통일될 때까지 그곳에서 살아갈 사람들에게 '통일을 왜 해야 하느냐'는 질문은 그야말로 우문일 수밖에 없었다. 통일이야말로 이 시대를 한반도에서 사는 사람들에게는 무엇에도 앞서는 현실적·역사적 당위였던 것이다.

그런데도 민족분단 반세기를 넘기고 새로운 세기로 들어서는 이 시점에서, 한반도가 왜 통일되어야 하는가 하고 새삼 묻는다면 얼마나 절실한 대답이 나올 수 있겠는가. 민족상잔을 겪은 후 반세기 이상 따로

살아왔으며 이제 세기를 달리하는 시점이 되었는데 왜 기어이 통일해
야 하는가 하고 묻는다면 어떤 답이 나올까. 6·25전쟁을 직접 겪은 기성
세대는 어떤 대답을 하며, 그것을 겪지 않은 젊은 세대는 또 어떤 대답
을 할까, 냉철하고 엄정하게 다시 한번 생각해보지 않을 수 없다. 왜냐
하면 민족분단 기간이 세기를 넘긴 시점에서 통일의 불가피성을 묻는
물음에 세대를 넘어 모두 수긍할 만한 절실한 대답을 구할 수 없다면,
분단민족으로서 통일의 당위성을 유지하기가 그만큼 어려울 것이기 때
문이다.

아마 기성세대에게 묻는다면 반세기 동안 말해온 '타성'에 따라 같은
피를 가진 같은 민족이니까 통일해서 살아야 한다는 대답이 더 많을 것
이고, 어쩌면 같은 단군의 후손이니까라고 말할는지도 모른다. 그러나
잘 생각해보면 우리 민족의 경우니까 한 민족은 한 국가를 이루어 살아
야 한다는 것이 상식처럼 된 것이다. 중국은 말할 것 없고 일본만 해도
한 민족이 한 국가를 이루어 사는 경우가 아니며, 반대로 서양의 경우는
한 민족이 여러 개의 국가를 이루어 사는 경우가 허다하다. 단일민족이
니까 두 국가를 이루어 사는 것은 부자연스러우며, 통일해서 한 국가를
이루어 살아야 한다는 논리는 특히 젊은 세대에게 통일의 당위성으로
설득하기에는 적절하지 않을 가능성이 크다.

2. '분단비용'이 많이 들고 현실적 불이익이 커서?

기성세대와는 달리 젊은 세대에게 통일을 꼭 이루어야 할 이유를 말
하는 데는 같은 핏줄이라는 것보다 더 실리적인 이유를 들 수 있어야 하
지 않을까 한다. 군사예산이 너무 많이 들어서 세금 부담이 많아지면서

도 복지예산이나 교육예산이 준다든가, 또 경쟁상대국 일본과 비교하면서 그쪽은 직업군제라서 가고 싶은 사람만 군대에 가지만, 분단민족인 우리는 의무병제여서 20대 중요한 시기에 남자라면 누구를 막론하고 2년 이상 군대생활을 해야 하는 것이 국가나 민족사회 전체를 위해 얼마나 큰 손실인지 모른다든가, 의무군제를 피하려고 부정한 짓을 했다가 많은 사람들이 법망에 걸려 망신당하는데 학자들의 연구에 의하면 통일 후에는 상비군 20~30만 명만 두면 된다 하니 그때는 의무병제를 버리고 직업군제를 할 수 있다든가 하는 문제 등을 기성세대보다 덜 명분적이면서 더 실리적인 젊은 세대에게 통일해야 하는 이유로 들 수도 있을 것이다.

이른바 분단비용이 너무 많이 들고 그로 인한 국력 손실과 젊은이들의 희생이 큰 것은 사실이다. 그러나 6·25전쟁 이후 이런 상황이 반세기 이상 지속된 지금에는 그런 불이익조차도 일종의 타성에 빠져 예사롭게 되었다 해도 과언이 아니다. 사실 다른 민족사회의 입장에서 보면 반세기 이상 분단되어 대립함으로써 전쟁 위험이 항상 도사리고 있는 한반도지역에서 어떻게 하루라도 안심하고 살 수 있을지 궁금해할지 모르지만, 그 때문에 이민 가는 사람도 있다고 하지만, 사람이란 환경 적응력이 높은 동물이어서 그 속에서 오래 젖어 있다보면 또 예사롭게 살 수 있게 마련이기도 하다. 반세기 이상 그런 상황에서 살아왔기 때문에 높은 군사비용이나 의무병제에서 오는 불이익 등이 '통일하지 않고는 하루도 못 살겠다'고 할 정도로 절실한 이유가 되지 않는다 해도 틀린 말은 아닐 것이다.

21세기에 들어선 시점에서 20세기 민족사의 잔재라 할 분단문제를 조속히 해결해야 한다는 사실이 명분상으로는 분명한 것 같은데, 그리고 특히 젊은 세대에게 분단문제를 반드시 해결해야 하는 절실한 이유를 들어 말해줄 수 있어야 하는데, 같은 민족이니까 한 국가를 이루어 살아야 한다는 말은 설득력이 약하고, 군사비용이나 의무병제 등 현실적 불이익 문제도 이미 타성이 되어 설득력이 약하다면, 무엇으로 통일의 절실성이나 불가피성이나 당위성을 설명할 수 있을 것인가 하고 걱정하지 않을 수 없다. 1990년대 이후 젊은이들의 통일문제에 대한 관심이 약해져간다는 우려가 있는 것을 보면 이 점은 더욱 심각하다.

3. 민족적 자존심을 지니고 세계인으로 떳떳하게 살기 위해

21세기에 들어서서도 한반도지역이 통일되지 않을 경우 한민족사회라는 것이 어떻게 될 것인가 하고 한번 냉철하게 생각해볼 필요가 있다. 우선 한반도가 통일되지 않으면 지난 20세기가 그러했던 것처럼 동아시아 전체의 평화가 불안해질 것이다. 이미 19세기 말에 청일전쟁의 원인이 되었던 한반도는 20세기로 들어서면서 러일전쟁의 원인이 되었고, 그후 일본에 강제지배됨으로써 일본이 '만주사변'과 중일전쟁을 도발하는 발판이 되었다. 해방 후에는 또 분단되어 미소 대립의 최첨단지역이 되었고 6·25전쟁의 전쟁터가 되었다.

만약 21세기에도 한반도가 분단된 채로 있으면, 그 북반부는 정치·경제적으로 중국과, 앞으로 국내문제가 안정되는 대로 한반도문제에 대한 관심이 다시 커질 러시아를 합친 대륙권역 속에 남게 될 것이며, 그 남반부는 그대로 일본과 미국의 해양권역 속에 남게 될 것이다. 그리하여 동아시아 전체가 한·미·일 공조체제와 조·중·일 공조체제의 대립 아래 있어서 평화스럽지 못했던 20세기와 같은 상황이 지속될 것이다. 21세기의 동아시아가 평화스럽기 위해서는 한반도가 통일되어 미국·

일본을 포함한 권역과 중국·러시아를 포함한 권역의 어느 쪽에도 너무 치우치지 말고 독자적인 위치를 확보함으로써 동아시아 전체의 평화를 유지할 수 있어야 한다.

21세기에도 한반도가 분단된 채로 있으면, 남북간의 교류가 계속 단절되거나 희박해짐으로써 그 북반부 문화는 점점 중국 쪽에 가까워지고 그 남반부 문화는 일본 쪽에 가까워질 것이다. 그런 상황이 계속되면 전체 한반도에는 일본문화나 중국문화의 아류가 있을 뿐 한반도문화의 고유성이나 특성은 소멸되지 말라는 법도 없을 것이다. 문화는 다양성을 가질 때 발전할 수 있고 각 민족사회가 문화적 고유성이나 특징을 확립할 수 있을 때 세계문화 전체의 발전에 이바지할 수 있음을 생각해보면, 한반도가 통일되어 문화적 동질성을 회복하는 일이 곧 세계문화 발전에 이바지하는 길임은 말할 나위가 없다.

뒤돌아보면 적어도 중세시대 이후부터 한반도지역은 속국이나 식민지가 되고 또 분단되어 전쟁의 원인지역이 되었을 뿐, 동아시아에서 해양 쪽의 미국·일본과 대륙 쪽의 중국·러시아 사이에서 한번도 독자적 위치를 확립해본 적이 없다.

그것이 물론 그 속에 사는 사람들의 책임만은 아니었다. 그 시대는 명분 없는 침략전쟁이 자행되던 약육강식의 제국주의시대였으며, 역사적으로도 식민지화의 원인이나 분단 책임의 상당 부분을 침략자나 점령군에게 물을 수 있었다. 그러나 제2차 세계대전 후의 세계사에서는 패전국의 식민지는 말할 것 없고 전승국 영국이나 프랑스 등이 가졌던 많은 식민지가 모두 독립했고, 20세기를 넘기면서 홍콩·마카오 등도 환원되어 20세기적 제국주의시대 및 식민지시대는 이제 막을 내렸다고 할 수 있다.

20세기 전반기에 두 번의 세계대전을 치렀던 인류사회가 그 후반기

에는 지역전쟁은 있었다 해도 3차대전은 피할 수 있었을 만큼 평화주의
가 일단 진전되었던 것처럼, 21세기는 20세기보다 더 평화주의시대나
문화주의시대가 되어야 하며, 인류의 평화 의지가 그것을 실현해갈 수
있으리라는 전망도 있게 마련이다. 따라서 21세기 각 민족사회의 역사
운영에 대한 책임은 20세기보다는 그 민족 스스로가 더 무겁게 져야 한
다고 할 수 있다.

　21세기를 평화주의·문화주의 시대로 만들기 위해 동아시아에서는
어떤 역사가 전개되어야 할 것인가를 생각해보자. 근대화과정에서 탈
아시아주의로 가서 제국주의를 배웠던 일본이 탈아주의를 청산하고 다
시 동아시아국가로 돌아오는 일, 중국이 새로운 강대국이 되면서도 패
권주의로 가지 않고 평화주의를 유지하는 일, 중국이 평화주의를 유지
하고 러시아가 동아시아문제에 개입하는 핑계를 주지 않기 위해 미국
군이 동아시아에서 철수하는 일 등이 요구되지만, 그 위에 한반도지역
이 평화적으로 통일되는 일 또한 불가결한 일이다.

　탈아주의·제국주의를 청산하고 아시아국가로 돌아와서 한반도 주민
및 중국인들과 함께 동아시아에 평화주의를 정착시켜야 할 책임이 21
세기의 일본인들에게 있는 것과 같이, 새로운 강대국이 되어도 결코 패
권주의로 가지 않고 동아시아에 평화주의가 뿌리내리게 해야 할 책임
이 중국인들에게 있는 것과 같이, 한반도지역이 분단된 채 그 한쪽은 중
국 쪽에 치우치고 다른 한쪽은 일본 쪽에 치우쳐서 전체 동아시아가 대
립하고 불안하게 한 20세기적 상황을 청산하고, 평화적으로 통일되어
21세기의 동아시아가 평화로워지게 해야 할 책임이 한반도 주민 전체
에게 있는 것이다.

　21세기의 한반도 주민들이 중국인·일본인들과 똑같은 동아시아인으
로서 그 지역의 평화 정착을 위해 주어진 역할을 다할 수 있을 때, 한 걸

음 더 나아가서 책임성 있는 세계시민으로서 세계 무대에서 떳떳하게 활동할 수 있을 것이다. 지난날 식민지배와 민족분단 책임의 대부분이 설사 외세에 있었다 해도, 앞으로 평화통일을 이루어야 할 책임은 어디까지나 한반도 주민들 스스로에게 있으며 그 능력도 그 속에서 나와야 한다고 생각하는 일이 중요하다. 한반도 주민들도 이제 그럴 만한 능력과 역량을 갖추어가고 있다.

핏줄을 같이하는 동족이며 긴 역사를 통해 오랫동안 함께 살아왔으니까 앞으로도 한 국가를 이루어 살아야 한다는 생각도 물론 중요하다. 또 분단비용이 많이 들고 그밖에도 현실적 불이익이 너무 크다는 사실도 통일해야 하는 중요한 이유가 될 수 있다. 그러나 통일해야 하는 이유가 그것뿐이라면 이제는 절실성이 떨어진다고 하지 않을 수 없다.

아무리 제국주의 피해를 입은 민족사회라 해도 21세기는 제국주의가 아닌 평화주의를 바탕으로 역사인식을 하는 한, 제 민족문제에만 한정되는 시대가 아니다. 동아시아 전체, 나아가서 세계 속에서 책임감 있는 구성원이 되어 떳떳하게 살기 위해서는 제 민족문제 중 지역평화 및 세계평화에 역행하는 문제부터 먼저 스스로 해결할 수 있어야 할 것이다. 한반도 주민들이 가능한 한 빨리 평화통일을 이루어야 할 절실한 이유가 바로 이것이라고 하겠다. (2000년 1월)

동아시아공동체의 전망과 한민족사회

1. 21세기 동아시아 정세의 전망

21세기의 동아시아에 통일을 위한, 혹은 통일을 전제로 한 한민족공동체가 성립되는 문제는 한반도지역과 중국 및 일본 등지를 중심으로 하는 동아시아공동체 성립 문제와 깊이 연결되어 있다. 그리고 동아시아공동체의 성립은 또 21세기 세계사의 발전 방향과 궤도를 같이하는 것이라 말할 수 있다. 세계사의 흐름이나 동아시아사의 발전 방향과 동떨어진 한민족사회의 통일이나 공동체 형성을 전망하기는 어렵다.

20세기를 넘기는 시점에서 세계사에는 크게 두 가지 다른 현상이 나타나고 있는 것 같다. 하나는 소연방이 무너진 뒷자리에 민족주의가 되살아나서 엄청난 피를 흘리는 상황이며, 또 하나는 EU(유럽연합)·NAFTA(북미자유무역협정)·ASEAN(동남아시아국가연합) 같은 지역공동체가 발달해가고 있는 상황이다. 21세기에 들어가서도 민족국가 사이의 대립이나 갈등이 계속될 수도 있을 것이며 한편으로 지역공동체가 더 형성되고 또 견고해질 수도 있을 것이다.

그러나 이 두 가지 중 어느 쪽이 더 지배적인 방향이 되겠는가를 생각해보면 후자의 길이 더 그렇다고 말할 수 있지 않을까 한다. 왜냐하면 인류역사 발전의 큰 목적은 한마디로 말해서 이 지구를 평화공동체로 만들어가는 것이라고 할 수 있으며, 민족국가 사이의 대립이나 갈등이 심화하는 방향보다 민족국가의 벽을 낮추고 지역공동체를 형성해가는 길이 더 평화적인 길이기 때문이라 말할 수 있다.

20세기의 동아시아는 러일전쟁, 일본의 한반도 강제지배, 일본의 만주침략, 중일전쟁, 태평양전쟁, 6·25전쟁과 동서 냉전체제 지속 등 그야말로 침략과 전쟁과 대립 갈등의 연속이었다 해도 과언이 아니다. 그러나 20세기를 넘기는 시점에서는 동아시아지역도 다행히 냉전체제가 해소되면서 평화로운 장래가 전망되기도 하며, 따라서 이 지역에도 21세기에는 EU나 NAFTA 같은 지역공동체가 성립될 수 있지 않겠는가 하고 전망하는 것도 사실이다.

그러나 거기에는 몇가지 전제조건이 있다고 할 수 있다. 그 하나는 20세기 동아시아를 불행한 지역으로 만든 주된 원인 제공 국가라 할 수 있는 일본이 이른바 전후 청산을 더 철저히 하고, 과거 피해민족이 보아도 수긍할 만한 적극적인 평화주의국가가 되어야 한다는 점이다.

일본이 전후 청산으로 한층 더 적극적인 평화주의국가가 되는 확실한 길은 특히 과거의 침략사를 더 철저히 가르치는 것이라고 하겠다. 그러나 지금의 일본에서는 침략사를 오히려 정당화하려는 역사인식이 강해지고 있다. 얼마 전 중국 장 쩌민(江澤民) 주석의 일본 방문을 계기로 과거사 문제에 대한 두 나라 사이의 입장 차이가 드러났지만, 이같은 상황에서는 동아시아평화공동체가 성립되기 어려울 것임은 말할 나위가 없다.

2. 동아시아공동체와 한민족공동체

21세기의 동아시아에 지역공동체를 성립하기 위해서 불가결한 또다른 조건은 한반도지역의 통일문제다. 그 지정학적 조건 때문에 한반도지역이 남북으로 분단되어 있는 한 북쪽은 정치·경제·문화적으로 중국과 밀접해지기 마련이며 반대로 남쪽은 일본과 밀접해지기 마련이다. 그리고 동아시아지역 전체를 두고 말하면 한반도의 북반부와 중국을 포함하는 세력권과 그 남반부와 일본을 포함하는 세력권으로 양분되고 대립되기 마련이다. 그 대립이 해소되지 않는 한 동아시아 평화공동체의 성립은 불가능하다.

20세기를 넘기면서 세계사와 동아시아사에서 동서 냉전체제는 해소되고 그것보다 훨씬 평화로운 지역공동체시대가 오려 하고 있다. 한반도지역이 평화로운 방법으로 통일되어야 동아시아지역이 앞에서 말한 두 개의 큰 세력권으로 대립하는 형세도 해소될 수 있을 것이다. 한반도가 통일되어 중국·러시아 등 대륙 쪽에도 또 일본·미국 등 해양 쪽에도 치우치지 않고 제3의 독자적 위치를 확보할 수 있을 때, 동아시아지역 전체의 평화와 균형이 유지될 수 있다. 그리고 나아가서 동아시아공동체 형성에 이바지할 수 있다.

이와같이 한반도지역이 통일됨으로써 형성되는 한민족공동체는 한반도지역의 평화적 발전을 위해서만이 아니라, 장차 이루어질 가능성이 있는 동아시아공동체의 모체가 됨으로써, 동아시아 전체의 평화 발전에 이바지할 수 있어야 한다. 평화통일에 의한 한민족공동체의 형성은 민족사 내적 정당성뿐만 아니라 이같은 동아시아사적, 나아가서 세계사적 정당성을 가질 수 있다는 점에 큰 의미가 있다.

3. 한민족공동체의 역사적 성격

20세기를 일제강점시대와 민족분단시대로 보냈다는 사실과 진취적 민족성 등이 원인이 되어, 21세기로 들어서는 시점의 한민족사회에는 비교적 폭넓은 해외동포사회가 생겨났다. 모국이 분단됨으로써 해외동포사회도 분단된 경우가 있었고, 동서 냉전 때문에 오랫동안 단절된 해외동포사회도 있었다. 그러나 이제 분단체제가 느슨해지고 냉전체제가 해소됨으로써 해외동포사회와 모국 사이의 혹은 해외동포사회끼리의 왕래와 교섭이 활발해지고 있다.

한반도의 남쪽과 북쪽, 그리고 일본·미주·중국·러시아·중앙아시아 등 광범위하게 흩어져 있는 한민족사회가 유기적 관계를 가지고 공동체를 형성함으로써, 21세기에 반드시 해결해야 할 통일문제를 풀어나가는 데 역할을 하는 일이 중요하다.

지금까지의 통일문제는 주로 동족상잔 전쟁을 직접 겪은 남북 동포 사이에서만 논의된 셈이지만, 해외동포사회가 한층 더 객관적 처지에서 일정한 역할을 다함으로써 통일문제를 쉽게 풀어나갈 수도 있지 않을까 하는 것이다. 이미 일부 방안들이 제시되고 있지만, 통일 과정에서 남북 두 정부의 상위에 위치하는 기구가 설치되는 경우, 여기에는 남북 두 정부 요원뿐만 아니라 각 지역의 해외동포사회 대표들이 참가하는 방법도 강구되어야 할 것이다.

한편 중국의 동북지방에는 조선족 자치주가 있고, 러시아의 연해주 지방에는 1937년에 중앙아시아로 강제이주되었던 동포들이 일부 옮겨 오고 있다. 앞으로 얼마나 더 옮겨올지 모르지만, 통일이 되면 한반도와 중국 연변지역과 러시아 연해주지역을 연결하는 일종의 한민족공동체가 성립할 수 있다는 전망도 있을 수 있다. 통일이 됨으로써 이 공동체가 성립될 수도 있겠지만, 이같은 공동체의 형성 자체를 통일의 한 계기로 삼을 수도 있겠다.

더구나 21세기에 들어가면 20세기보다 민족국가 사이의 국경이 낮아지고, 인류사회 전체를 통해서 정치공동체보다 경제공동체나 문화공동체의 역할이 더 우세해질 것이라 생각해보면, 21세기 동아시아의 일각에 국경을 넘은 한민족공동체의 성립을 전망할 수 있을 것이다. 그리고 EU·AFTA·SEAN보다 더 결속력이 강한 동아시아공동체가 성립되면 될수록 이 한민족공동체의 형성은 더 쉬워질 것이다.

더 말할 나위도 없는 일이지만, 이같은 국경을 넘은 한민족공동체의 성립은 어디까지나 타민족과의 공존공영·호혜주의 원칙 아래 이루어지는 것이다. 만에 하나라도 제국주의적 세력확장 및 영토확장 의도가 따른다면 반드시 실패하고 매도될 뿐이다. 동아시아공동체와 한민족공동체 성립이 같은 궤도 위에 있어야 하는 이유도 바로 이것이다. (1998년 12월)

한국과 일본, 그 전향적 관계를 위한 제언

1. 일본은 한반도 강제지배 사실을 인정해야 한다

한반도를 강제지배하고 중국과 동남아시아 일대를 침략했던 일본 제국주의가 패망한 지 반세기가 지났다. 그리고 동아시아를 침략과 전쟁으로 얼룩지게 했던 20세기가 지나가고 세계사 전체가 20세기보다 더 평화로워지리라 기대하는 21세기로 들어서고 있다. 이런 시점에서도 특히 한반도 주민들은 일본과의 사이에 있었던 20세기 전반기 역사의 응어리가 덜 풀린 것으로 생각하고 있다.

한반도의 남쪽과 일본 사이에는 1965년의 한일협정 체결로 국교가 정상화한 것으로 되어 있다. 그러나 그때 체결된 한일협정의 어느 대목에도 일본제국주의가 한반도를 35년간이나 강제지배했다는 사실이 명기되어 있지 않으며, 일본정부와 그 학계의 일부에서는 지금도 일본의 한반도지배가 합법적이었다는 주장을 펴고 있다. 일본정부와 그 일부 학계가 한반도에 대한 '합법적 지배'를 주장하는 당장의 목적은 한반도 북반부와의 조일조약 체결을 내다본 전략의 일환이기도 하다. 다시 말하면 앞으로 맺을 조일조약에도 한일조약과 같이 강제지배 사실을 명기하지 않으려는 속셈인 것이다.

일본의 한반도에 대한 35년간의 지배가 강제지배가 아니고 합법적 지배였다면, 그 합법적 지배에 저항한 한반도 주민들의 민족해방운동은 합법적 통치에 대한 부당한 저항, 즉 반역행위가 되고 만다. 자신이 지배했던 민족의 해방운동을 불법화하는 조약을 체결하고도 그 민족과의 사이에 평화와 우호와 협력이 이루어지기를 바라는 것은 그야말로 어불성설이다. 물론 그동안 일본은 남한 쪽에 대해 과거의 통치 사실을 두고 유감을 표명하기도 했고 이른바 '통석(痛惜)의 염(念)'을 말하기도 했다. 특히 김대중정부가 성립된 후에는 공식문서를 통해 유감을 표시하기도 했다. 그러나 일본제국주의의 35년간의 한반도지배를 불법지배로 정의하지 않는 한 한민족의 민족해방운동은 자연히 불법행위가 되고 마는 것이다. 민족해방운동을 합법적 통치에 대한 반역행위로 규정하면서 그 민족과 우호관계를 유지하기는 어려울 것임은 더 말할 나위가 없다.

문제는 그것만이 아니다. 일본제국주의가 패망한 지 반세기가 지나도록 한반도의 북반부와는 국교가 정상화되지 않은 상태다. 남북 정상회담이 성공함으로써 이제 곧 조일조약을 체결할 것으로 전망되지만, 조일조약에서는 일본이 35년간 한반도를 강제지배한 사실을 어떻게 처리할 것인가 하는 문제가 남아 있다. 한일조약은 그 사실을 명기하지 않음으로써 역사를 속인 조약이 되었으며 그 때문에 많은 후유증이 있었다. 군위안부로 불리는 일본군 성노예(性奴隷)문제, 일제의 전쟁노동력으로 강제동원된 사람들에 대한 보상문제, 원자폭탄 피폭조선인에 대한 문제 등등 아직도 해결되지 못한 일들이 많다.

21세기를 맞아 일본이 한반도 주민들과 우호·평화 관계를 유지하고 발전시키기 위해서는 일본제국주의의 한반도지배가 불법적이며 강제적이었음을 인정하고 또 그렇게 가르쳐야 한다. 그럼으로써 끈질기고도 처절하게 지속된 한반도 주민들의 민족해방운동의 정당성과 역사성이 인정되어야 한다. 그렇게 하기 위해서는 우선 조일조약에서 그것이 인정되어야 하고 한일조약도 그에 따라 개정되어야 할 것이다. 그래야만 장차 건설될 한반도의 통일국가와 일본의 조약에도 그 역사적 사실을 명기할 수 있을 것이다.

일본의 일부 학자들은 조일조약의 체결에 대비하면서 제국주의자들이 만들었던 국제법에 비추어 일본의 한반도지배가 합법적이었다는 논리를 펴고 있다. 물론 그 근거 역시 우리로서는 납득할 수 없지만, 그보다도 지금은 제국주의시대가 아니며 침략전쟁이 합법적으로 받아들여지는 시대도 아니다. 지금의 일본인들이 제국주의자들의 논리에 의거하여 일본의 한반도 지배가 합법적이었다고 주장한다면, 그들 역시 한반도를 침략한 100년 전의 일본인들과 같은 제국주의자가 되고 말 것이다.

2. '황국사관(皇國史觀)'의 부활은 막아야 한다

일본도 근대 이전까지는 중국·조선과 함께 동아시아의 한 나라였다. 그러던 일본이 근대로 오면서 탈아입구(脫亞入歐), 즉 아시아권과 결별하고 유럽을 본뜬다 하더니 유럽의 제국주의를 배워 한반도와 대만 등을 식민지로 하고 중국과 동남아시아지역을 침략했다. 구미권(歐美圈)을 제외하고는 유일하게 식민지를 가진 제국주의국가가 되었다가 결국 패전의 길로 들어서고 만 것이다. 주제넘게도 유럽제국주의의 아시아 침략을 막는 역할을 담당한다는 명분을 스스로 내세웠지만, 그 결과 자신도 제국주의국가가 되어 아시아국가들을 침략하였다.

일본이 청일전쟁과 러일전쟁을 도발하여 한반도를 강제로 병합하고 그것을 발판으로 하여 만주를 침략했으며 다시 중국 본토를 침략했다가, 이같은 침략행위에 압력을 넣는 미국과 영국에 선전포고하여 동남아시아를 침략하고 점령한 것은 아무도 부인할 수 없는 엄연한 역사적 사실이다. 그리고 제국주의시대의 역사적 사실이었던 침략행위를 2세 국민들에게 가르치는 일이야말로 앞으로 그런 침략행위가 다시 없게 하는 가장 중요한 방법이다. 일본이 제2차 세계대전에서 패배한 후에도 2세 국민에게 이같은 침략 사실을 제대로 가르치지 않으려 하여 지난날 침략을 받은 한반도나 중국에서 항의와 비난을 받아온 것 또한 사실이다.

패전 후 반세기를 넘기고 또 세계사 위에서 국가사회주의체제가 무너지고 자본주의체제가 독주하게 되자, 일본의 역사교육에는 과거 군국주의시대에 못지않은 횡포가 다시 나타나고 있음을 볼 수 있다. 패전 후 일본제국주의의 아시아지역 침략에 대해 다소나마 반성하던 일부의 역사인식을 오히려 '코민테른사관'이라 하거나, 미국의 이익을 대변하는 '토오꾜오재판사관'에 기초를 둔 '암흑사관(暗黑史觀)' 또는 '자학사관(自虐史觀)'이라고 하는 주장들이 나오게 된 것이다.

'자유주의사관'으로 자칭하는 이 '사관'에서는 "청·일, 러·일 두 전쟁은 극동의 전략 환경에 강제되어 일본이 싸우지 않을 수 없었던 자위전쟁이다"라고 억지를 부리는가 하면, "근·현대사를 생각하는 데 제일 먼저 필요한 것은 자국의 생존과 국익추구의 권리를 분명히 인정하는 일이다. 하나하나의 계쟁(係爭) 문제에 대해서는 상대국의 입장에서는 문제가 어떻게 보이고 있는가를 고찰할 필요가 있다"면서 침략행위를 변명하고 나섰다. 지난날 일본군국주의를 지탱한 '황국사관'의 부활이라 할 수 있다.

유럽제국의 침략에 시달리던 19세기 말의 청국이 일본을 위협하지 않았음은 말할 것 없고 제정 러시아도 일본을 직접 위협하지 않았는데도 일본은 이들 두 나라에 대해 일방적으로 전쟁을 도발했고 그 결과 한반도를 강점했다. 그런데도 지금의 일본인들이 그 침략전쟁을 "싸우지 않을 수 없었던 자위전쟁"이라 억지 변명하는 것이다. "자국의 생존권과 국익추구의 권리를 분명히 인정"해야 한다는 일본인들이 다른 민족의 역사 자영권(自營權)을 강제로 빼앗기 위해 한반도를 강제 점령하면서 손톱만큼이라도 "상대국의 입장에서는 문제가 어떻게 보이고 있는가 고찰"했다는 말인지 물어보지 않을 수 없다.

우리에게는 잘 알려져 있지 않지만, 지금 일본에는 이같은 이른바 '자유주의사관'을 선전하는 운동이 전국적으로 크게 번져나가고 있다. 조금 오래된 통계이지만 1997년의 경우 3월부터 12월까지 10개월 동안 강연회 및 씸포지엄이 무려 73회나 열렸고, 나고야(名古屋)시의 모임에는 정원 1,500명을 수용하는 장소가 초만원이 되었으며, 그밖의 지역 모임에도 대체로 500~600명이 찾아왔다. 쎈다이(仙臺)시의 모임에서는 회비 1만 엔(우리 돈 약 10만 원)을 받았는데도 600명이 모이는 성황을 이루었을 정도다.

'자유주의사관'을 내세우면서 일본군 성노예, 즉 군위안부문제를 기술한 역사교과서에 대한 개정운동을 펴고 있는 단체도 점점 늘어나고 있다. '자유주의사관'을 주장하는 대표적 인물인 토오꾜오대학 교수 후지오까 노부가쓰(藤岡信勝)를 중심으로 하는 '자유주의사관연구회'를 비롯해서, 우익학자와 승공(勝共)연합 관계자를 중심으로 한 '쇼우와시(昭和史) 연구회', 지방의회를 중심으로 위안부 기술 삭제운동을 펴고 있는 '전국교육문제협의회', 오오사까에서 150대의 차량을 동원하여 교과서 개정운동을 편 '편향 교과서를 규탄하는 국민회의', 야스꾸니진자

(靖國神社)에 집단 참배하는 '청년학생쎄미나' 등등 그 수가 많다.

바야흐로 세계사는 제국주의와 냉전체제가 휩쓴 20세기를 넘기고 평화의 시대, 문화주의시대를 지향하는 21세기로 들어서는 시점인데도, 일본에서는 엄연한 역사적 사실을 부인 혹은 얼버무리려는 역풍이 불고 있다. 그렇지 않아도 일본의 경우 전쟁 후 1세대보다 2세대가, 또 2세대보다 3세대가 더 보수화·우경화한다고 세계의 양심세력들이 걱정하고 있다. '자유주의사관'이 풍미하는 풍토의 일본이 과연 그 젊은이들을 평화주의자로 양성하려는 의지가 있는 평화주의국가인가 물어보지 않을 수 없다. 세계 문명국 국민들에게는 모두 그 젊은이들을 평화주의자로 양성하고 교육해야 할 세계시민적 의무가 있기 때문이다.

3. 일본의 문화제국주의는 청산되었는가

김대중정부는 지금 일본 대중문화 수입을 단계적으로 개방해가고 있다. 문화는 본래 물같이 높은 곳에서 낮은 곳으로 흐르게 마련이라 했다. 해방 후 반세기가 지나도록 일본문화의 수입을 제한하고 있다는 것이 부자연스러운 일임에는 틀림없으며, 이제 개방해야 할 단계에 들어섰음도 부인할 수 없다. 그러나 일본 대중문화 전면개방과 함께 왜 지금까지 일본 대중문화의 수입이 금지되었으며, 지금부터 개방된다면 어떤 취지에 의해 개방되어야 하는가를 제대로 이해하는 일이 중요하다.

근대 이전의 동아시아문화권은 흔히 말하는 것처럼 중심부 중국, 일종의 준중심부 한반도, 주변부 일본으로 나눌 수 있었다. 그리고 한반도는 중심부 중국에서 도입한 선진문화를 소화하여 자기 문화로 재창조하는 한편 일본으로 전달해주었고, 일본도 이 문화를 받아들여 일본문화를 재창조했다. 근대 이전의 경우 한반도는 중국이 아니고는 선진문화를 도입할 길이 전혀 없었다고 해도 과언이 아니었고, 일본 역시 중국과 한반도가 아니고는 선진문화를 도입하기가 극히 어려웠다. 이런 상황이 근대 이전의 동아시아에서 오랫동안 계속되었다.

근대사회로 오는 과정에서 흔히 지적되는 바와 같이, 동아시아문화권 중에서 비교적 주변부에 속했던 일본이 그 때문에 가장 앞서서 이질적인 유럽문화를 수용하여 제국주의국가가 되었다. 그리고 한반도가 정치적으로 일본제국주의에 강점됨으로써 문화적으로도 그 제국주의가 적용되어 유럽화하다시피 한 일본문화에 한반도문화를 강제로 동화시켜갔다. 한반도문화가 독자적인 방향으로 근대화를 하건, 일본과 같이 유럽문화를 모방하여 근대화를 하건, 그것은 어디까지나 한반도 주민이 자율적으로 선택해야 할 일이었다. 그런데도 일본은 정치적으로 지배한 한반도의 문화를 유럽화된 자기 문화에 강제로 동화시키면서 그것을 한반도문화의 근대화 과정이라 강변했던 것이다.

일본제국주의가 패망하고 한반도가 그 강제지배에서 벗어나면서 바로 남북으로 분단되었다. 아직도 일본과 국교를 정상화하지 않은 북쪽은 말할 것 없고, 1965년에 이른바 국교정상화를 했다는 남쪽도 이후 계속 일본과의 제한 없는 문화교류를 거부해왔다. 일본은 그것에 대해 불만이겠지만, 다시 생각해보면 그것은 일본제국주의가 한반도를 강점한 기간을 통해 일본문화에 강제로 동화당했던 한반도문화의 독자성을 다시 확보하고, 일본문화와의 차별성을 회복하기 위한 기간이 필요했기 때문이었다고 할 수 있다.

이제 일본제국주의의 횡포와 동서냉전으로 불행했던 동아시아의 20세기가 지나가고 21세기에 들어섰다. 일본제국주의가 패망한 후 한반도, 특히 그 남쪽의 문화가 일제강점시대에 훼손되었던 독자성을 얼마

만큼 회복했는가, 아니면 1965년의 한일국교 재개 후 오히려 한반도 남쪽 문화의 일본문화와의 차별성이 국교 재개 전보다 더 약해졌는가 하는 문제들이 있다. 그럼에도 불구하고 21세기에 들어서면서 한일간의 문화교류 확대는 불가피해졌다. 21세기 한일간의 문화교류는 20세기 전반기적 강제동화나 그 후반기적 획일화가 아니라, 한국문화와 일본문화 사이의 독자성과 차별성이 확립된 후, 서로 각기 문화의 창의적·상승적 발전을 위한 교류가 필요하다는 것이다.

21세기의 동아시아는 한반도문화와 중국문화, 그리고 일본문화가 각기 독자성과 차별성을 가지고 호혜평등의 원칙 아래 교류함으로써 전체 문화를 한층 더 높은 단계로 발전시킬 수 있어야 할 것이다. 21세기 동아시아 전체 문화의 발전을 위해 이 세 지역의 문화가 동질화하지 말아야 할 것은 말할 것 없고 결코 획일화해서도 안 된다는 점이 특히 중요하다. 재론할 필요가 없는 일이지만 문화는 언제나 다양성 속에서 발전할 수 있기 때문이다.

근대 이전의 동아시아 3국 사이에 오랫동안 유지되었던 문화 관계가 근대로 오면서 크게 변했다. 근대 이전에는 그 지정학적 조건 때문에 중국 쪽과 더 긴밀했던 한반도지역의 문화가 20세기 전반기 일제강점시대를 통해 오히려 일본 쪽에 동화할 뻔한 위험을 경험했다. 그리고 이 지역이 분단된 20세기 후반기에 그 남쪽은 여전히 일본문화에 가까워졌고 그 북쪽은 중국문화에 더 가까워졌다.

그 결과 동아시아문화권 전체가 한반도 남쪽과 일본을 묶은 자본주의 문화권과 그 북쪽과 중국을 묶은 사회주의 문화권으로 나뉘었다. 이 구도는 한반도와 중국과 일본이 각각 그 문화의 차별성을 가지면서도 한층 높은 단계의 문화권을 형성했던 전통적 동아시아 문화권과도 다르며, 또 앞으로 21세기에 들어가서 우호적이고 평화적으로 형성되어야 할 바람직한 동아시아 문화권을 위해서도 결코 바람직한 구도라 할 수 없다.

　한반도가 정치적으로 또 문화적으로 통일되어 형성될 한반도지역 전체의 문화 역시 중국문화와도 그리고 일본문화와도 차별되어야 하며, 그것을 바탕으로 하여 21세기적 동아시아문화권이 형성되는 것이 바람직하다. 앞으로 한반도의 남쪽과 일본 사이의 문화교류는 이같은 동아시아 전체 문화권의 균형 있는 재구성 문제와도 연결되어야 할 것이다. 그러기 위해서는 일본 대중문화의 개방이 한국문화를 일본문화에 접근시키는 것이 아니라 한국문화의 내용을 더 풍부하게 함으로써 그 특성을 더 분명히할 수 있는 쪽으로 발달할 수 있게 해야 한다.

4. 일본이 동북아시아국가로 복귀하는 것이 바람직하다

　이제 21세기 동아시아의 평화를 위한 일본의 위상 문제를 생각해보고자 한다. 중세시대까지 동북아시아는 그 자체가 하나의 세계였다고 할 수 있다. 그런 세계 속에서 정치·경제·문화적으로 중국이 중심이었고 한반도는 그 중심에 가까운 주변이었으며 일본은 먼 주변이었다. 근대사회로 오는 과정에서 동북아시아 전통문화권의 먼 주변이었던 일본이 그 권역에서 벗어나 다른 문화권으로 들어가기 쉬웠던 것은 자연스러운 일이었다. 그래서 근대사회로 오는 과정에서 중국은 중체서용(中體西用)을 채택할 수밖에 없었고 조선에서도 동도서기(東道西器)일 수밖에 없었던 데 반해, 일본은 화혼양재(和魂洋才)를 벗어나 과감하게 탈아입구(脫亞入歐)의 길로 들어섰다고 할 수 있다.

　일본이 추구한 '탈아입구'는 역사적으로 두 가지 결과를 낳았다. 그 하나는 일본이 동북아시아국가 중 유일하게 완전식민지화 및 반식민지화를 모면할 수 있었으며, 또 하나는 앞에서도 말한 바와 같이 '탈아입구'하여 유럽식 제국주의를 배움으로써 19세기 말과 20세기 전반기를 통해서 비구미권(非歐美圈)에서는 유일하게 식민지를 가진 제국주의국가가 된 점이다. 20세기 전반기에는 제국주의국가로서 한반도와 중국대륙을 침략했고 그 후반기의 미소 냉전체제 아래서는 미국에 군사기지를 제공하고 그 핵우산 아래 안주했던 일본이 21세기에 들어가서 특히 동아시아의 평화를 위해 어떤 모습으로 있을 수 있겠는가를 생각해볼 만하다.

지금처럼 한반도가 분단되어 있는 상태에서는 일본이 미국에게 군사기지를 제공하고 동맹관계를 유지할 수 있다. 그러나 한반도가 어떻게 통일되느냐에 따라 동아시아와 일본의 사정이 달라질 수밖에 없다. 가령 각 민족국가가 대립하거나 그 동맹세력들끼리 대립할 수밖에 없었다는 20세기 제국주의적·냉전체제적 관점에서는 한반도가 중국·러시아 등 대륙 쪽과 가깝게 통일되는 경우 일본은 미국과 관계를 더욱 밀접히 함으로써 통일된 한반도와 중국, 나아가서 러시아와 대립할 수 있을 것이다.

또 만약 한반도가 미국이나 일본 쪽에 가깝게 통일되면 한반도·미국·일본의 연합세력과 중국·러시아 연합세력이 대립할 수 있을 것이다. 한반도가 미국·일본에도 중국·러시아에도 치우치지 않게 통일되는 경우라도 한반도를 가운데 두고 미국·일본과 중국·러시아가 대립할 수 있을 것이다. 이렇게 보면 일본이 미국에 군사기지를 제공하고 그 핵우산 아래 있는 것은 21세기 동아시아의 자주적 평화구축을 위하여 바람직하지 못한 일이다.

21세기의 일본은 또 미국·호주·필리핀·대만 등과 함께 환태평양가의 위치를 강화할 수도 있겠으며, 이런 경우도 역시 통일된 한반도와 중국 및 러시아와 대립관계로 될 가능성이 크다고 하겠다. 특히 대만이 독립하여 미국 및 일본의 세력권 속에 들어간다면 그 우려는 더 커질 것이며, 따라서 동아시아의 평화에 큰 지장을 줄 수 있을 것이다. 다음 일본이 미국의 군사기지 역할을 청산하고 '탈아입구' 이전과 같이 한반도 및 중국과 하나의 권역(圈域)을 이루는 동아시아국가로 돌아오는 경우는 동아시아 평화공동체 성립 문제와 연결될 수 있다.

물론 21세기의 일본이 환태평양국가들과 한반도 및 중국·러시아 등 대륙 쪽 국가들에 대해서 전혀 친소(親疎) 차이 없이 이른바 전방위(全方位)외교를 펴나갈 수도 있다. 그러나 21세기에도 상당한 기간, 어쩌면 그 세기 전체를 통해서까지 민족국가들 사이의 친소관계 내지 동맹·비동맹 관계가 있게 마련일 것이다. 그리고 동아시아의 가장 동쪽에 위치한 섬나라 일본은 미국 중심 환태평양국가의 성격을 더 강하게 할 것인가, 아니면 한반도 및 중국과 함께 근대 이전까지의 긴 역사에서 그러했던 것처럼 동아시아국가의 성격을 더 강하게 할 것인가 하는 선택의 기로에 놓일 수도 있다.

만약 그런 상황에 놓이게 되었을 때 일본이 환태평양국가적 성격을 더 강하게 하는 경우와 동아시아국가적 성격을 더 강하게 하는 경우를 두고, 어느 쪽이 동아시아와 세계평화를 위해 더 바람직한가 하는 문제를 생각할 수 있다. 우리 생각으로는 일본이 다시 동아시아국가로 돌아와서 통일될 한반도 및 중국과 협력하여 21세기 세계평화체제 구축을 위한 중요한 축이 되는 '동아시아 평화공동체'를 성립해나가는 길이 바람직하다고 생각한다.

일본이 통일된 한반도 및 중국과 함께 동아시아공동체의 일원이 되고, 이 공동체가 NAFTA(북미자유무역협정)와 ASEAN(동남아시아국가연합)

국가들과 함께 APEC(아시아태평양경제협력체) 구성의 일환이 되어 미주지역 국가들과 협력함으로써 동아시아와 동남아시아와 환태평양지역 전체에서 평화를 정착시킬 수 있을 것이다.

21세기에 들어가서 미국이 어느 시점까지 세계 초대강국의 지위를 유지하게 될지 아무도 예측할 수 없다. 그러나 세계사가 민족국가 내지 국민국가의 한계를 넘어 지역공동체가 발달하는 쪽으로 나아가고, 그것에 맞추어 미국의 역할이 NAFTA 역내 국가로 한정되는 한편, EU(유럽연합)·NAFTA·ASEAN과 같은 동아시아공동체가 성립되는 방향으로 간다면, 일본은 미국과의 동맹관계에 얽매이기보다 동아시아국가로서 성격을 더 강하게 하여, 통일된 한반도와 함께 동아시아공동체를 성립하는 데 더 중요한 역할을 하는 것이 세계 평화와 동아시아 평화를 위해 이바지하는 길이 될 것이다. (2000년 11월)

3

제1차 세계대전 후 조선에서의 역사적 가능성

1. 머리말

제1차 세계대전이 끝났을 때 조선은 일본제국주의의 식민지배 아래 있었다. 따라서 식민지 조선에서의 역사적 가능성이란 곧 민족해방운동의 추진과 그 결과인 민족적 독립의 달성이었다. 일본 식민지배의 잔혹성, 세계대전 중 러시아의 혁명 성공, 대전 종식에 따르는 세계질서 재편성 움직임 등으로 조선민족은 새로운 역사적 가능성을 찾지 않을 수 없었고 그것이 3·1운동으로 나타났다. 따라서 3·1운동은 밖으로는 일본의 제국주의 침략에 대한 저항이기도 했지만, 안으로는 조선민족 사회 내부의 새로운 가능성의 모색이기도 했다.

제국주의 일본의 침략을 받고 식민지로 전락한 조선민족의 해방과 독립은 당연히 그 주체적 역량과 투쟁으로 이룩해야 할 일이었으나, 국제 반제국주의·반침략주의 세력과의 연대문제 또한 중요한 전략이 되지 않을 수 없었다. 제1차 세계대전 후에 폭발한 3·1운동은 조선의 민족해방운동이 동북아시아 여러 민족의 반제국주의 노선과 연대관계를 맺으면서 추진되도록 했다는 점에서 식민지시대 조선민족해방운동의 또 다른 출발점을 이루기도 했다.

제1차 세계대전 후 3·1운동으로 출발한 조선의 민족해방운동은 대내적으로는 복벽주의(復僻主義)를 완전히 청산하고 공화주의 노선을 수립하는 한편 공화주의 노선 안에 나타난 좌우익 노선의 합작 및 협력을 추구하게 했으며, 대외적으로는 국제적 연대관계를 수립하게 했다. 국제적 연대관계 수립에서는 '외교독립론' 등과 같이 그 대상을 제국주의 세력의 일부에서 구하려는 '오류'도 있었지만, 다른 한편으로는 협력의 대상을 반제국주의 진영에서 구하면서 동북아시아 반제국주의 연합전선을 성립하려고 노력하기도 했다.

특히 혁명에 성공한 소련, 쑨 원(孫文)을 중심으로 하는 중국의 혁명 세력, 일본 내 반제국주의세력 등과 연대관계를 수립하여 동북아시아 지역에서 반제국주의 노선을 선명하게 하고 그것을 통해 민족적 해방을 달성하려 한 노선이 이 시기 조선민족해방운동의 주류를 이루었다. 제국주의 침략전쟁이었던 제1차 세계대전이 끝난 후 식민지 조선에서의 민족해방운동의 가능성은 바로 여기에 있었던 것이다.

2. 조선의 민족해방운동과 3·1운동

3·1운동은 물론 일본제국주의의 식민지배를 종식시키고 조선의 독립을 이루려는 운동이었다. 그러나 그것은 단순한 독립운동에 그치는 것이 아니라 일본의 식민지배를 종식시킨 후 어떤 민족국가를 수립할 것인가 하는 문제까지 포함한, 독립운동인 동시에 정치운동이었다. 조선이 일본의 식민지로 되기 전부터 일부 공화주의운동이 나타나기도

했으나 그것이 정치세력을 형성하여 전제주의에 대항할 수준에 이르기 전에 식민지로 전락했다.

그후 약 10년 만에, 세계사에서 전제군주제가 청산되는 중요한 계기가 되었다고 하는 제1차 세계대전의 종식과 함께 식민지 조선에서 대규모 독립운동 및 정치운동으로서 3·1운동이 폭발한 것이다. 3·1운동의 주동자들은 대부분 이 운동이 성공할 경우 공화주의국가를 수립한다는 데 의견이 일치되었던 것 같다. 운동이 실패하여 조선에 독립된 민족국가가 성립되지는 못했으나 그후의 민족해방운동 과정을 통해 오랜 전제주의체제를 청산하고 인민주권주의국가를 수립하려는 역사적 가능성이 생기게 된 것이다.

3·1운동 당시까지도 일부 복벽주의 항일운동이 있었으나 3·1운동 후 그것은 청산되고 공화주의운동이 민족해방운동의 주류를 이루었다. 다만 이후에는 공화주의가 정착하면서 부르주아 공화주의 독립운동이 추진되는 한편 사회주의운동이 등장하여 민족해방운동의 중요한 부분을 이루어갔다.

제1차 세계대전의 종결에 영향받으면서 폭발한 3·1운동이 조선의 민족해방운동을 공화주의운동으로 나아가게 한 계기가 되기도 했지만, 이 운동은 다른 한편으로 조선의 민족해방운동전선에 이미 성립되어 있었던 좌익전선이 우익전선과 협동관계를 이루어 한때나마 민족해방운동전선을 통일하는 최초의 계기를 마련했다는 점에서 또다른 의미가 있다.

러시아지방으로 망명한 조선 민족해방운동세력의 일부가 볼셰비끼 혁명세력과 연결되어 한인사회당(韓人社會黨)을 조직한 것은 1918년 4월이었다. 이후 일본 등 연합국 간섭군이 시베리아에 출병하고 이 지역이 반혁명적 정권의 지배 아래 들어감으로써 한인사회당의 활동은 한

때 중단되었다. 그러나 3·1운동의 결과로 중국 상해(上海)에 대한민국 임시정부가 성립되고 블라지보스또끄에 대한국민의회가 성립되어 단일 임시정부를 만들기 위해 통합교섭이 진행되자 한인사회당은 여기에 주도적으로 참가하여 상해임시정부를 민족해방운동을 주도하는 대표기관인 좌우익 '통합정부'로 만들었다.[1]

좌우익세력의 통합정부로 발족한 상해 임시정부는 곧 좌익세력이 이탈함으로써 그 통합정부적 성격을 상실하게 되지만, 이후 조선의 민족해방운동전선에는 일본제국주의가 패망할 때까지, 예를 들면 1920년대 후반기의 민족유일당운동(民族唯一黨運動), 1930년대 후반기 이후의 민족통일전선운동 등, 그 중요한 고비마다 좌우익전선의 합작 및 통일을 기도하는 운동이 일어나면서 민족해방운동전선의 새로운 방향을 찾고 활력을 불어넣는 계기가 되었다.

제1차 세계대전의 종결과 함께 폭발한 3·1운동과 그 결과로 좌우익 통합의 상해임시정부가 발족한 사실은, 이후 조선 민족해방운동전선에서 일어난 좌우익세력에 의한 통일전선운동의 시발점이 되었다는 점에서 그 역사성이 강조될 만하다.

요컨대, 제1차 세계대전의 종결을 계기로 식민지 조선에서 폭발한 3·1운동은 비록 일본제국주의의 식민지배를 종식시키지는 못했으나 이후의 민족해방운동을 공화주의운동 중심으로 나아가게 하는 계기가 되는 한편, 이후의 민족해방운동 과정 전체를 통해 좌우익 통일전선운동의 출발점이 되게 했다는 점에서 의미가 있다. 그리고 그것은 식민지배 아래서도 이 지역의 역사가 방향을 옳게 잡고 발전했음을 말해주고 있다.

---

1) 마뜨베이 찌모피예비치 김 『일제하 극동시베리아의 한인 사회주의자들』, 이준형 옮김, 역사비평사 1990, 22면 참조.

3. 조선의 민족해방운동과 소련

3·1운동 후 조선의 민족해방운동전선이 국제세력과 연대관계를 맺어야 할 필요성은 높아져갔다. 그리고 연대관계를 맺을 대상도 미국 같은 제국주의세력에서 구하려는 쪽과 소련 같은 반제국주의 노선을 표방한 국제세력에서 구하려는 또다른 쪽으로 비교적 뚜렷하게 구분되었다. '통합정부'로서 상해임시정부가 성립되었을 때도 이승만(李承晚)을 중심으로 하는 첫째 노선과 이동휘(李東輝)를 중심으로 하는 둘째 노선으로 구분되었고, 성립 초기의 임시정부는 대통령 이승만이 그대로 미국에 있고 국무총리 이동휘가 정부를 주도하면서 두번째 노선에 기울었다.

한편, 혁명에 성공한 소련이 식민지 피압박민족의 해방운동에 관심을 두기 시작한 것은 코민테른 제2회 대회(1920)부터였지만, 바로 이 무렵 소련정부가 대한민국임시정부와 '공수동맹(攻守同盟)'을 맺은 기록이 있음은 주목할 만하다.[2]

"대한민국임시정부와 노농정부(勞農政府)는 지난날 아한(俄韓) 두 나라의 수교에 기초하여 공수동맹을 체결하고 서로 다음 조항을 지킬 것이다"라는 전문(前文)의 내용처럼 식민지로 되기 전 대한제국과 러시아제국의 외교관계를 계승한다는 의미를 담은 이 비밀조약은 다음과 같은 6개 조항으로 되어 있다.

---

2) 姜德相 編『現代史資料』27, みすず書房 1977, 313면; 1920년 12월 17일「不逞鮮人의 赤化」,『현대사자료』28, 431면; 1920년 12월 6일「上海臨時政府와 露國勞農政府와의 秘密條約」, 같은 책 431면.

① 노농정부가 전세계 인류가 요구하는 공산평등주의를 동양에 선전할 수 있게 하기 위해 대한민국임시정부는 이에 찬동하고 원조하여 공동행동을 취할 것.

② 대한민국임시정부가 한족(韓族)의 자립을 기하고 또 동양평화를 영원히 확보하게 하기 위하여 노농정부는 이에 찬동하고 원조하여 공동행동을 취할 것.

③ 노농정부는 중로(中露, 시베리아)지방에서의 대한민국임시정부 독립군의 주둔과 양성을 승인하고 이에 대해 무기와 탄약을 공급할 것.

④ 대한민국임시정부는 시베리아지방에 주둔하는 독립군이 노농정부가 지정하는 러시아군 사령관의 명령을 받아 행동할 것과 시베리아지방 공산주의 선전 및 시베리아지방에 대한 침략을 목적으로 하는 적국과의 대전에 임시 사용할 수 있음을 승인할 것.

⑤ 이들 각 항의 목적을 달성하기 위하여 시베리아지방에 중로연합선전부를 설치할 것. 선전부는 노농정부 지정위원과 대한민국임시정부 지정위원으로서 조직할 것.

⑥ 대한민국임시정부는 본 조약 제3항의 목적을 달성하여 정식정부를 수립한 날로부터 10년 이내에 자국 군대가 사용한 무기와 탄약에 상당한 대가를 노농정부에 상환하고 또 감사장을 보낼 것.

이 조약의 체결에 따라 실제로 중로연합선전부 간도지부가 설치되었다.[3] 그러나 조선독립군 양성을 주요 내용으로 하는 두 정부 사이의 이와 같은 반제국주의 공수동맹은, 이후 이동휘 등 좌파세력과 신채호(申采浩) 등 무장투쟁론자들이 탈퇴하여(1921) 임시정부가 좌우익 통합정

---

3) 「中露聯合宣傳部 間島支部의 設置」, 같은 책 27, 315면.

부 및 민족해방운동의 총본부로서 지위를 상실하게 되자 실현되지 못했다. 그러나 이후에도 반제국주의 노선을 지향하는 조선의 민족해방운동세력과 소련의 관계는 주로 코민테른과의 관계를 통해 지속적으로 유지되었다.

4. 조선의 민족해방운동과 중국

3·1운동 후 상해에 대한민국임시정부가 세워짐으로써 본격화했다고 할 수 있는 중국 관내지역의 조선 민족해방운동은 대부분 중국의 혁명세력과 연결되면서 발전했다. 1920년대의 한국 임시정부와 쑨 원 중심 호법정부(護法政府)의 관계, 중국 북벌전쟁과 사회주의운동에의 조선청년들의 참가 등을 그 중요한 예로 들 수 있다.

성립된 당초의 한국 임시정부도 중국 혁명세력과 이미 관계를 맺고 중한항일연석회의 등을 개최하였다. 특히 1921년 광동(廣東)에서 1917년에 이어 두번째로 쑨 원을 대총통으로 하는 광동정부, 호법정부가 수립됨으로써 그 관계가 더욱 밀접해졌다. 호법정부가 수립되자 한국 임시정부는 의정원(議政院)의 결의에 의해 전권사절을 파견하여 국서를 증정하는 의식을 갖춰 외교적 승인을 받았다.

이때 한국임시정부는 중국 호법정부에 대해 두 정부 상호간의 외교적 승인, 중국 각 군사학교에서 한국 군사지도자의 양성, 워싱턴회의에서 한국 독립문제의 선전, 한국독립군 훈련을 위한 일부 중국영토의 조차(租借) 및 중국 호법정부의 한국임시정부에 대한 500만 원 차관제공, 두 정부 사이의 긴밀한 관계유지를 위해 호법정부 비용으로 한국 임시정부 대표의 광동 상주 등 5개 사항을 요구했고, 호법정부는 조차지와

차관 문제를 제외한 다른 조건들을 승인했다.[4]

이후 한국임시정부는 광동에 대표를 상주시키면서 호법정부와 관계를 긴밀히 함으로써 운남(雲南) 귀주(貴州)의 강무당(講武堂), 광동대학(쑨 원 사망 후 '중산대학中山大學'으로 개명)·황포군관학교 등에 조선학생들을 입학시켜 군사지도자로 양성하고, 중국의 유력한 인사들로 중한협회(中韓協會)·중한호조사(中韓互助社) 등을 만들어 조선의 민족해방운동에 도움을 주었다. 중국 호법정부의 한국 임시정부에 대한 승인은 26년간의 임시정부 역사상 실질정부에 의한 유일한 승인이었고, 그것은 또 반제국주의 노선을 뚜렷하게 한 중국 혁명세력의 승인이요 도움이었다는 점에 큰 의미가 있었다.

이와 같은 조선의 민족해방운동과 중국 혁명운동의 연결은 이후 더욱 긴밀해졌다. 중국국민당이 제1차 국공합작, 남경(南京) 국민정부의 수립, 북벌전쟁의 추진 등 혁명운동을 수행해가는 과정에 조선청년들이 대거 참여하여 활동했고, 중국국민당이 장 제스(蔣介石)의 쿠데타로 분열함으로써 빚어진 광주(廣州)꼬뮌 때도 조선청년 250여 명이 참가하여 그중 200여 명이 희생되었다.[5]

1930년대로 들어서면서 일본제국주의의 중국침략이 본격화하자 조선의 민족해방운동전선은 좌우익을 막론하고 중국의 좌우익 항일전선과 합작하여 활동하게 되지만, 특히 동북항일연군에서 조선인의 활동, 연안(延安) 마오 쩌둥(毛澤東) 정권과 협동한 조선의용군 활동, 중경 장 제스 정권과 협동한 한국임시정부 활동 등은 일본제국주의가 패망할 때까지 계속되었다.

---

4) 胡春惠『중국 안의 한국독립운동』, 신승하 옮김, 단국대학교출판부 1978, 39면.
5) 김양·복찬웅·김우안『광주봉기와 조선용사들』, 중국 흑룡강조선민족출판사 1988 참조.

제1차 세계대전 후 지속적으로 추진된 조선민족의 반제국주의 민족
해방운동은 동북아시아지역에서 같은 노선에 있었던 소련에 이어 중국
도 비교적 긴밀하게 협조했음을 말해주고 있다.

5. 조선의 민족해방운동과 일본

식민지시대 조선의 민족해방운동에 대해 일본정부와 그 정책을 추종
하는 국민들은 반대하고 탄압하는 입장에 있었다 해도, 일부 양심적 지
식인이나 진보적 민중세력이 어떻게 생각하고 대응했는가, 조선의 민
족해방운동세력과 연대하여 일본제국주의를 붕괴시키고 조선의 민족
적 독립을 달성해야 한다고 생각한 사람들도 있었는가 하는 문제 등을
중점적으로 구명한 뚜렷한 연구성과는 아직 없는 것이 아닌가 한다.

다만, 보기 드물게 토오꾜오대학 교수를 지낸, 이른바 타이쇼오(大正)
데모크라시 시기의 대표적 이론가인 요시노 사꾸조오(吉野作造)가 3·1
운동 후 일본의 조선통치를 논평하면서 "조국의 회복을 도모한다는 것
은 일본인이나 조선인이나 중국인이나를 막론하고 보편적으로 시인되
어야 할 도덕적 입장이다"[6]라고 하여 조선의 민족적 독립에 대한 당위
성을 간접적으로 표현하고 있다.

요시노의 저술에 대한 해설에 의하면, 그는 "민족자결이라는 보편적
원리 위에 설 때만 일본과 조선 두 민족의 제휴가 가능하다"라고 하면
서 단순한 통치정책의 개선에 한정할 것이 아니라 조선의 독립을 원칙
적으로 시인해야 한다고 했고, 그 자신은 민족해방운동 일반에 대해서

---

6) 吉野作造 『中國·朝鮮論』, 東京: 平凡社 1970, 286면.

는 공감하지 않았지만 자기 나라가 저지른 제국주의 침략을 상대로 한 민족해방투쟁에는 공감하는 입장이었다 한다. 또 이 해설자는 일본의 프롤레타리아국제주의를 신봉하는 사회주의자 가운데 어느 한 사람도 조선의 독립운동에 대해 지지를 표명하지 않았거나 표명할 수 없었을 때, 요시노야말로 일본인민의 양심을 대표하는 사람이었다고 강조하고 있다.[7]

제1차 세계대전 후 일본 국내 사회주의 이론가들 중 조선의 독립에 찬성하거나 한 걸음 더 나아가서 조선의 민족해방운동세력과 제휴하여 일본제국주의와 투쟁해야 한다는 이론을 제시하거나 일정한 조직을 구성했던 경우가 있었는지는 더 확인하지 못했다.[8] 그러나 다른 한편으로 이 시기 민족해방운동전선에 참가한 조선의 이론가나 단체들이 일본 쪽 반제국주의세력과의 제휴 내지 연대 문제를 어떻게 보았는가를 생각해볼 필요가 있다.

한마디로 말해서 우익전선에서는 일본 민중세력과 제휴하거나 연대해야 한다는 주장을 편 경우를 찾아보기 어렵지만, 좌익 이론가나 단체들은 조선의 민족해방운동이 일본의 반제국주의세력과 제휴해야 한다는 생각을 가지고 있었다. 한 가지만 예로 들면, 1919년 결성 당시에는 폭력적 방법에 의한 독립운동단체였다가 1920년대 후반기 이후 점점 사회주의적 성격의 단체로 변해가던 의열단(義烈團)[9]의 단원 훈련용 교재 내용에 의하면 "제국주의 제도 개혁을 주장한다는 점에서 일본의

---

7) 같은 책 370면.

8) 우리가 알다시피 일본 국토 밖에서는 코민테른의 반제국주의 노선에 참가하여 활동한 일본인 사회주의자들이 있었고, 중국공산군이나 조선의용군의 포로가 되었다가 사상전환을 하여 일본제국주의와 투쟁한 일본인들이 있었다.

9) 의열단의 사회주의 단체화 과정에 대해서는 강만길 「의열단의 성격 변화」, 『조선민족혁명당과 통일전선』, 和平社 1991 참조.

각 무산(無産)정당을 어느정도까지 우군으로 간주할 수 있다. 진정한 우군은 혁명적 수단으로써 일본제국주의를 전복하려 하는 사회주의 각 파이다"[10]라고 하여 반제국주의 노선인 이상 일본 쪽의 정치세력도 조선민족해방운동의 우군으로 간주한 경우를 볼 수 있다.

특히, 1935년 코민테른 제7차 대회가 인민전선론·통일전선론을 제시한 후에는 조선민족해방운동세력의 좌우익전선이 인민전선론과 중국의 제2차 국공합작에 영향받으면서 조선민족해방운동전선의 좌우익세력 사이에 통일전선운동이 일어났고, 이 과정에서 그 이론가들이 일본을 포함한 "각국 무산민중과의 연합전선" 수립을 강조하기도 했다.[11]

요컨대, 일본제국주의가 난무하던 제1차 세계대전 후부터 20세기 전반기까지 침략국 일본의 일부 양심적 지식인들이 조선의 민족해방을 지지했고, 식민지 조선의 민족해방운동전선 쪽에서도 일본 피지배 민중세력과 반제국주의 연합전선을 기도한 경우가 있었음을 확인할 수 있다.

6. 맺음말

제1차 세계대전 후 식민지 상태에 있었던 조선에서 유일한 역사적 가능성은 민족적 해방과 독립이었다. 조선민족은 이와 같은 역사적 가능성을 위한 기회 포착에 민감했고 그것은 3·1운동으로 폭발했다. 이 운

---

10) 한홍구·이재화 엮음 『한국민족해방운동사자료총서』3, 京沉文化社 1988, 457~58면, '조선의열단의 정치결의안'.

11) 예를 들면 이광제(李光濟)가 조선민족혁명당 기관지 『민족혁명』 제3호에 쓴 「革命要素와 基本的 政策」, 『思想情勢視察報告集』3, 386면.

동은 조선 민족해방운동사의 단계를 한층 제고하고 '통합'임시정부의 성립같이 좌우익전선을 통일하는 최초의 계기가 되기도 했다. 그러나 전승국 일본의 식민지 조선이 해방될 수는 없었다.

3·1운동 이후에도 민족해방운동의 추진과정 자체가 조선민족사의 발전과정이었지만, 한편 그것은 조선의 민족사가 특히 동북아시아 여러 민족과 연대하여 발전하게 되는 출발점이 되었다. 제국주의 일본의 식민지배 아래에 있는 조선민족의 해방운동은 반제국주의 노선을 분명히함으로써만 가능했고, 따라서 그 민족해방운동은 당연히 동북아시아지역의 반제국주의 연합전선 구축을 기도하는 길로 나아갔다.

제1차 세계대전 후 식민지 조선의 유일한 가능성이었던 민족해방운동이 그 이전의 단순한 반일운동에서 반제국주의운동으로 나아간 것은 하나의 진전이었다. 그리고 조선과 동북아시아의 역사적 가능성이란 측면에서 보면 당시 이 지역의 유일한 식민지였던 조선의 민족해방운동을 축으로 하여 일본제국주의를 대상으로 하는 반제국주의 국제연합전선을 형성하는 일이 요긴했다.

러시아의 혁명 성공, 조선의 3·1운동 폭발, 중국의 혁명사업 추진, 타이쇼오 데모크라시라고 불리는 일본 내부의 민주주의적 상황 진전 등이 하나의 연대관계를 이룸으로써 동북아시아에서 일본제국주의의 강대화를 저지하고 나아가서 그것을 소멸시킬 것이라고 기대되었다.

조선민족해방운동전선 내부의 좌우익 통일전선 형성, 조선민족해방운동과 소련정부 및 중국 혁명세력과 연대관계 성립, 조선민족해방운동세력과 일본 민중세력의 연대론 등으로 제1차 세계대전 후 동북아시아에서 반제국주의 연합전선을 형성할 가능성도 일부 전망할 수 있었다. 그러나 1930년대로 들어서면서 일본제국주의의 파쇼화가 촉진되고 이후의 동북아시아지역이 만주사변, 중일전쟁, 미일전쟁, 소일전쟁으로 치닫게 되었으며, 이 과정에서 일본제국주의는 패망하고 조선은 남북으로 분단되고 말았다.

21세기를 바라보는 시점에서의 동북아시아지역의 역사적 과제 역시 제국주의 침략으로 식민지가 되었다가 분단된 한반도지역의 주체적·평화적 통일과, 동북아시아지역 내부에 다시 나타날 조짐이 있는 경제적·군사적 패권주의와 침략주의를 저지하기 위한 강력한 반침략주의 국제 연대관계의 형성이라고 할 수 있을 것이다.

일제 침략전쟁의 성격과 그 피해

1. 머리말

일제 식민지배에서 일단 벗어난 지 반세기에 접어든 지금까지 식민지배 청산문제가 운위된다는 사실 자체가 '역사적'인 일이라 할 수 있다. 그동안 이 문제가 여러가지 면에서 운위되어왔지만, 지금의 시점에서 다시 생각해보면 결국 민족분단 자체가 바로 식민지배의 미청산 그것이며 따라서 식민지배의 청산은 결국 민족의 주체적·평화적 재통일에서 이루어질 수밖에 없다는 역사인식이 중요할 것 같다.

민족 재통일의 전망이 조금은 밝아지고 있는 것 같은 지금, 식민지배 청산문제를 다시 조명해보는 것은 그것이 민족 재통일의 방향을 설정하는 데 불가결한 밑거름이 된다는 점에서 더 큰 의미가 있다. 식민지 반세기의 역사는 바로 분단 반세기의 역사로 이어졌으며 분단체제의 청산이 곧 식민체제의 청산임을 이해할 때 역사인식의 바른 길이 열리게 됨을 지적하지 않을 수 없다.

이런 관점에서 일제 식민지배의 절정이었던 파쇼 침략전쟁이 우리 민족사에 어떤 영향을 끼쳤는가 하는 문제에 대한 재검토 역시 달라질 수밖에 없다. 다시 말하면 지금까지 우리 역사학이 추구해온 두 가지 시각, 즉 식민지배 청산문제를 분단시대 앞단계로 보는 눈과 분단청산기라는 역사적 단계로 보는 눈은 다르게 마련이다. 한층 더 객관적인 관점이 요청된다는 말이지만, 이 경우 객관적 관점이란 결코 식민지배 자체에 대한 관용이나 망각, 또는 묵인이 아니라 한 단계 높은 냉철한 과학적·미래지향적 시각과 인식이어야 한다는 말이 되겠다.

역사적 관점에서 일제 식민지배의 피해는 우리 역사가 근대사회로 접어드는 길목에서 반세기 동안이나 정치적으로 민주주의를 실험하고 그 훈련을 쌓을 기회를 박탈당한 점이며, 경제적으로는 민족자본의 축적에 의한 자율적 산업혁명의 기회를 박탈당한 점이며, 사회적으로는 민족분열의 소지가 생겨나고 계급적 대립이 깊어진 점이며, 문화적으로는 민족성과 주체성과 자존심을 훼손당한 점이라 요약할 수 있다.

그러나 일제 식민지배와 그 절정이라고 할 수 있는 파쇼 침략전쟁기는 역시 비분강개적·매도적 차원을 넘어 과학적이며 미래지향적인 차원에서 비판하고 재음미할 때만 옳은 의미의 역사성이 깃들 수 있다는 점을 다시 한 번 강조하지 않을 수 없다.

2. 우리 민족사에서 중일전쟁과 태평양전쟁의 의미

민족해방운동 측면의 의미

우리 민족사에서 일제의 본격적 침략전쟁인 중일전쟁과 그 연장선상에 놓인 태평양전쟁의 의미는 몇 부분으로 나누어볼 수 있다. 첫째 민족해방운동전선에서는 민족해방을 한층 더 앞당기는 전쟁으로 인식했다는 점이다. 좌우익 전선을 막론하고 독자적 투쟁으로 민족해방을 달성하는 길은 멀게 인식되었지만 중일전쟁·미일전쟁·소일전쟁으로 확대될 것을 전망하면서 반파쇼·반침략전쟁군의 일원으로 참전하면 민족해방을 앞당길 수도 있다는 고무적 상황으로 인식한 것이다.

민족해방운동전선의 일부는 이미 '만주사변' 발발에 고무되어 전선통일을 지향하면서 한국대일전선통일동맹·조선민족혁명당 등을 결성했지만, 일제의 침략전쟁이 중일전쟁으로 확대됨으로써 전선 전체의 정치적·군사적 통일을 이루었고, 세계사 속의 반파쇼 인민전선 발전에 영향받고 고무되어 민족통일전선 형성의 길로 나아갔다. 중국 관내 전선에서 한국광복운동단체연합회와 조선민족전선연맹의 성립, 임시정부의 연립정부화, '만주' 전선에서 조국광복회의 성립, 국내 공산당재건운동의 인민전선론 수용과 건국동맹의 성립 등은 모두 일제의 패망과 민족의 해방을 앞당기고, 민족통일국가의 건설에 대비하기 위한 전선통일운동의 전개과정이었다.

민족개량주의 측면의 의미

반면, 국내 민족개량주의세력에게 중일전쟁과 태평양전쟁의 의미는 민족해방운동전선의 그것과는 전혀 다르게 나타났다. 1910년대 민족해방운동론은 절대독립론과 독립전쟁론이 주류였고 일부 실력양성론이 이어졌다면, 3·1운동 후 1920년대에는 절대독립론과 독립전쟁론이 유지되고 좌익전선이 본격적으로 형성되는 한편, 민족분열정책인 '문화정치'의 영향으로 대체로 실력양성론세력이 확대되면서 타협적·비타협적 노선으로 나뉘었다. 그리고 1920년대 후반기에는 비타협주의세력과 좌익전선이 민족협동전선을 성립했음은 다 아는 일이다.

그러나 1930년대로 들어서면서 일본제국주의가 파쇼화하는 조건 아래서 타협적 세력의 일부가 친일노선으로 전환되었고, 특히 중일전쟁을 도발한 일본제국주의가 파쇼체제로 전환되면서 1920년대 이래의 타협주의세력은 적극적으로 친일화하였다. 구한말부터 전체 식민지시대에 걸쳐 친일세력은 크게 보아 3단계로 확대되었다고 볼 수 있다.

그 첫단계는 한일'합방' 때의 고급관료와 이씨왕조 왕족 중심으로 형성된 친일파로서 이들은 '합방'과정에서 일제 쪽에 이용되었다. 두번째 단계는 3·1운동 후 일제의 '문화정치' 아래서 노농계급의 성장에 위협을 느낀 일부 자산계급·지식인·종교인 중심으로 친일파가 확대되었다. 이들은 1920년대 식민통치의 제2기, 즉 민족분열정책 추진과정에 이용되었다.

1930년대 이후의 세번째 단계, 특히 중일전쟁기와 태평양전쟁기에 걸쳐 형성된 친일세력 역시 자산계급·지식인·종교인 중심으로, 양적으로도 크게 확대되었고, 그 친일논리에서도 일정하게 단계적 변화를 나타냈다. 첫번째 단계의 친일논리가 청일전쟁·러일전쟁을 핑계로 한 이른바 '동양평화론' 위주였다면 두번째 단계의 논리는 독립전쟁불가론, 즉시독립불가론, 참정권획득론, 자치권획득론, 제한적 민족문화보존론을 바탕으로 한 것이었다.

그러나 세번째 단계인 중일전쟁기와 태평양전쟁기의 '국민총동원체제'에 이용된 친일파의 논리는 첫번째 단계와 두번째 단계 친일론의 필연적 귀결점인 '내선일체론(內鮮一體論)'에 부응하는 철저한 '황국신민화론(皇國臣民化論)'이다. 이것은 일본제국주의의 파쇼체제화와 침략전쟁의 본격화, 그리고 이른바 동아공영권과 대동아공영권의 수립과 확대에 따르는 한반도 주민에 대한 전쟁협력 강요론이었고, 조선의 친일세력이 겉으로 내세운 것은 철저한 '황국신민'화에 의한 '차별탈피론'이었지만 사실상 민족해방은 물론 민족적 독자성 자체를 영원히 부인하는 완전한 반민족적 논리로 전락한 것이었다.

국내 일반민중세계의 의미

국내 민중세계에서 중일전쟁과 태평양전쟁의 의미는 한마디로 말해서 희생뿐이었다. 일제의 철저한 탄압과 통제 때문에 해외 민족해방운동전선이나 국내 공산당재건운동과의 연결이 거의 봉쇄되었고, 대규모 민중운동의 전개가 불가능한 조건 속에서 일방적 전쟁협력만이 강요되는 상황에 놓일 수밖에 없었다. 다만 민중세계가 역사성을 유지한 부분은 일제 파쇼체제의 전쟁협력 강요를 소극적으로나마 기피하고 비록 유언비어의 형태로나마 일정한 저항성을 견지했다는 점이다. 그리고 노농운동의 극히 제한된 부분이 혁명적 노농운동과 일정하게 연계되었고, 건국동맹이 노농조직을 기도하는 정도였다.

민중세계는 파쇼체제·전시체제 아래서 기아상태까지 몰고간 공출제도로 대표되는 생산물 수탈, 전쟁노동력으로 징용·보국대·근로봉사 심지어는 종군위안부 강제동원, 징병제도 실시로 인한 침략전쟁 종군, 저축 강요·공채(公債) 강매를 통한 철저한 경제적 수탈, 황국신민화정책의 강행으로 민족적 자존심의 극한적 훼손 앞에 팽개쳐진 상태였다. 일본제국주의는 '내선일체론' '제2내지(內地)론' 등을 내세우며 조선인의 전쟁협력을 강요했고 친일세력이 거기에 부동(符同)해 민중세계 전체는 민족말살정책과 침략전쟁의 희생대상으로만 남았을 뿐이었다.

중일전쟁과 태평양전쟁이 우리 민족에게 주는 의미는 이와같이 민족해방운동전선과 반민족적 세력, 그리고 민중세계에서 각각 달랐다. 국토가 완전식민지가 되면서 해방구(解放區)가 없어서 해방운동세력과 민중세계가 연결점을 가지기 어려웠다. 이로 인해 민족해방운동전선 자체의 통일이 어려워졌고, 한편 해방운동전선과 민중세계의 연결이 거의 불가능했다는 사실이 매우 중요하다. 왜냐하면 일본제국주의의 패망 과정에서 민족해방운동세력의 역할도 그만큼 제한될 수밖에 없었기 때문이다. 나아가 그 사실은 일제 패망 후의 민족국가건설 과정에서 반민족세력의 숙청 및 민족해방운동세력과 민중세계의 유기적 결합마저 어렵게 한 원인이 되기도 했다.

3. 민족사에 끼친 일제 침략전쟁의 해독

사상통제 강화와 황국신민화정책

일본제국주의가 한반도를 식민지로 만든 정치적·군사적 목적은 흔히 지적되는 것처럼 영토를 확장하여 대륙침략의 발판으로 삼으려는 것이었으며, 그 경제적 목적은 일본자본주의의 원료공급지와 상품시장을 확보하려는 것이었다. 그리고 원료공급지의 역할 중 가장 중요한 것은 그곳에서 값싼 식량을 지속적으로 공급받아 일본자본주의 발달을 위한 저임금정책을 유지하는 일이었다. 1910년대의 '토지조사사업'과 20년대의 '산미증식계획(産米增殖計劃)'은 모두 이같은 목적 아래 이루어진 것이었다.

일본제국주의는 1930년대로 들어서면서 10년대와 20년대를 통해 준비한 대륙침략정책을 본격적으로 실시했고 그에 따라 식민지 한반도의 정치적·경제적 역할도 달라지게 되었다. 10~20년대의 주된 역할이 식량공급지였다면 30년대 이후는 침략전쟁을 위한 전초기지·병참기지로 역할이 변하게 된 것이다. 이에 따른 한반도 주민에 대한 정치적·경제적 피해와 희생도 그만큼 가중되었다.

먼저, 무엇보다도 민족해방운동 탄압을 강화하기 위해 사상통제(思想統制)를 강화했다. 일제의 파쇼화와 대륙침략의 본격화를 민족해방을 앞당기는 계기로 인식한 민족해방운동전선이 투쟁을 활발하게 전개하자 일본제국주의는 중일전쟁과 태평양전쟁기에 걸쳐 조선사상범보호관찰법(朝鮮思想犯保護觀察法, 1936)·조선불온문서임시취체령(朝鮮不穩文書臨時取締令, 1936)·군기보호법(軍機保護法, 1937)·조선사상범예방구금령(朝鮮思想犯豫防拘禁令, 1941)·조선임시보안령(朝鮮臨時保安令, 1941)·조선총독부재판소전시특례(朝鮮總督府裁判所戰時特例, 1944)·조선전시형사특별령(朝鮮戰時刑事特別令, 1944) 등을 차례로 만들어 민족해방운동에 연결될 수 있을 법한 친일화하지 않은 조선사람은 숨도 크게 못 쉬게 했다.

일본제국주의는 민족해방운동에 대한 탄압을 강화하는 한편 침략전쟁에 대한 한반도 주민의 반대를 저지하고 협력을 강요하기 위해 '일선동조론(日鮮同祖論)' 및 '내선일체'를 강조하면서 국가총동원법(國家總動員法)을 조선에도 적용하고(1938) 국민정신총동원조선연맹(國民精神總動員朝鮮聯盟)을 결성하여(1938) 조선사람에게도 이른바 황국신민서사(皇國臣民誓詞)를 외우게 하고 천조대신(天照大神)이란 일본 조상신의 신주(神主)를 모시게 하며 창씨개명(創氏改名), 일장기 게양, 신사참배(神社參拜), 궁성요배(宮城遙拜), 조선어 사용금지, 일본어 상용 등을 강요하면서 황국신민화정책을 강행했고 일본정신발양주간(日本精神發揚週間)·근로보국주간(勤勞保國週間)·저축보국주간(貯蓄保國週間) 등을 만들어 일사불란한 전쟁협력을 강요했다.

경제수탈의 강화

재정적인 면에서 보자면, 1910년부터 1945년까지 일본정부에서 조선
총독부 특별회계로 실제 전입된 보충금(補充金) 총액이 4억6천8백만엔
정도였던 데 비해 같은 기간에 조선총독부 특별회계에서 일본정부의
제회계(諸會計)로 전출된 금액은 무려 26억7천2백만 엔이나 되었다는
연구 결과가 있다. 일본제국주의는 한반도 식민지배를 통해 재정상 투
자액의 약 5.7배를 착취했으며, 이와 같은 착취는 특히 중일전쟁·태평
양전쟁기에 집중적으로 이루어졌다.

침략전쟁 시기의 일본제국주의는 전쟁비용을 조달하기 위해 조선에
서 조세징수액을 급증시키고 조선은행권(朝鮮銀行券)을 남발하여 인플
레이션을 격화시켰다. 예를 들면 1939년에 1억4천여만 엔이던 징세액
은 1941년에는 5억4천여만 엔으로 증가했으며, 조선은행권 발행고도
1943년에 14억6천8백만 엔이던 것이 1945년 6월에는 43억3천9백만 엔
으로 2년간에 무려 3.8배 이상 증가했다. 조선은행권 지수(指數)는 1936
년을 100으로 했을 때 1945년 6월에는 208로 올랐으나 같은 시기 일본
은행권 지수는 140에 지나지 않았다.

침략전쟁 기간 동안 일본제국주의의 한반도에 대한 농업부문 착취는
식량공출제도(食糧供出制度)의 강행에서 단적으로 나타났다. 전시 식량
조달을 목적으로 1940년부터 공정가격에 의한 공동판매 형식으로 시
작된 공출제도는 1941년에는 강제화했고 1944년에는 공출미의 사전할
당제로 되었다. 그 결과 1941년에는 연간 총생산량의 37%, 1944년에는
74.5%의 미곡을 강탈했고, 보리·밀 등 잡곡도 총생산량의 22.2%를 공
출로 강탈해갔다.

한편, 공업부문에서는 1930년대 이후 침략전쟁을 수행하면서 일본 제국주의는 한반도를 '동아광역경제권(東亞廣域經濟圈)'의 이른바 '중심지도국(中心指導國)'인 일본 본토와 권내(圈內) 제경제권(諸經濟圈)을 연결하는 간선(幹線)루트, 이른바 '대륙루트'의 중심지역으로 보았다. 그래서 한반도를 대륙전진병참기지(大陸前進兵站基地)로 만들기 위해 조선의 각종 자원을 적극적으로 약탈하면서 일본 독점재벌의 조선에 대한 공업투자를 확대하는 한편, 조선공업조합령(朝鮮工業組合令, 1938) 을 제정하여 공업조합을 관제화하고 기업정비령(企業整備令, 1942)을 내려 겨우 명맥만을 유지해오던 조선인 기업을 해산하거나 일본인 기업에 강제로 흡수했다.

완전식민지 상태에서 옳은 의미의 민족자본이 존재하기란 거의 불가능한 일이었지만, 이로써 일부 남아 있었던 예속성(隸屬性)이 비교적 약한 조선인 기업마저 모두 폐쇄 혹은 흡수당함으로써 일제가 패망할 무렵 한반도에는 옳은 의미의 민족자본은 말할 것도 없고 비교적 예속성이 약한 조선인 기업마저 남아 있을 수 없었다. 민족해방운동전선의 좌익전선은 물론 그 우익전선도 민족국가 건설계획에서 토지와 함께 중요기업의 국유화정책을 채택한 이유가 바로 여기에 있었다고 볼 수 있다.

전쟁인력의 강제동원

일본제국주의는 한반도를 완전식민지로 강점한 후 회사령(會社令, 1910)을 공포하여 조선인 자본의 산업자본화를 막는 한편 이른바 '토지조사사업(1910~1918)'을 강행하여 토지를 강탈하고 조선 농민의 소작인화와 토지 이탈을 촉진했다. 원시축적 과정인 토지조사사업의 결과 많은 농민들이 토지에서 유리되었으나 일본자본주의 자체의 후진성 때문에 그들을 식민지자본주의의 값싼 노동력으로 흡수할 수 없었고, 다만 그 일부를 식민지 기초시설 공사의 일고노동자(日雇勞動者)로 사용했을 뿐이었다.

1930년대의 침략전쟁기로 들어서면서 식민지 공업화가 일부 이루어지자 공장노동자가 어느정도 증가해갔으나 아직도 공사장 일고노동자형의 노동력이 대량으로 남아 있었고, 일본제국주의는 그것을 관알선(官斡旋) 모집, 징용 등으로 전쟁노동력을 강제동원했다. 통계를 정확히 파악하기란 대단히 어려운 일이지만, 일본 쪽의 통계에 의해서만도 1934년부터 45년까지 '관알선' 동원이 약 53만 명, 징용동원이 약 490만 명이어서 총 500만 명 이상이었다. 침략전쟁기의 조선인 인력동원은 남자에게만 해당된 것은 아니었다. 전쟁 막바지에는 여자정신대근무령(女子挺身隊勤務令, 1944)을 발표하여 12세에서 40세까지의 여자 수십만 명을 강제동원하여 일본과 조선의 군수공장에서 노동을 시키는 한편 중국과 남방의 전투지구에 보내 이른바 종군위안부로 만드는 만행을 저질렀다.

한편, 일본제국주의는 조선인의 저항이 두려워 조선 청년층을 병력으로 사용할 엄두를 내지 못하고 있었으나 중일전쟁 후 침략전쟁의 확대로 병력부족에 몰리게 되자 식민지 청년들에게 무기를 맡기는 위험을 무릅쓰고, 분분한 찬반논의 끝에 육군특별지원병령(陸軍特別志願兵令, 1938)을 공포하여 조선인을 병력으로 동원하기 시작했다. 일부 친일파와 몰지각한 조선인이 자발적으로 지원하는 경우도 없지 않았으나 전체적으로 보아 일본 측의 교묘한 술책과 전시하의 농촌 피폐에 견디지 못한 청년들이 '살길을 찾아' 지원하는 경우가 더 많았다.

지원병제 실시 자체가 이른바 내선일체 표방의 한 부분이었고 조선인에 대한 징병제 실시의 예비단계였다. 징병제 실시 이전 1943년까지,

이른바 학도지원병을 합쳐 약 23만6천 명의 조선 청년이 지원병으로 동원되었고, 징병제도(1944)가 실시된 후 약 20만 명의 조선 청년이 일본의 육해군 현역병으로 징집되어 침략전쟁의 마지막 희생물이 되었다.

4. 침략전쟁이 우리 민족사에 남긴 후유증

반민족적 정치세력의 양성

20세기 전반기, 약 40년에 걸친 일본제국주의의 한반도 식민지배기간은, 앞에서도 지적한 것처럼 한반도지역이 정치적으로 대한제국의 전제주의 지배체제를 청산하고 인민주권주의체제를 이루어가는 시기였고 대한제국 시기에는 실제로 공화주의 정치운동이 일부 일어나고 있었다. 그러나 일본의 식민지로 전락함으로써 인민주권주의 정치체제의 발달은 봉쇄되고, 식민지시기 내내 조선에는 일본 본국 정도의 의회제도도 적용되지 않은 채 총독지배의 전체주의·군국주의 체제가 그대로 지속되었다.

식민지시기 동안 한반도 전체가 군인출신 일본총독의 전체주의 군국주의 지배체제 아래 놓임으로써 주민 모두 민주주의적 정치 경험과 훈련을 쌓을 수 없었던 반면, 일본제국주의는 식민지배체제를 유지하기 위해 자산계급과 지식인을 중심으로 친일적·반민족적 정치세력을 양성·보호했고, 그 세력은 침략전쟁기를 통해 오히려 확대·강화됨으로써 이들과 민중세계 간에 이해의 대립이 한층 더 심해졌다. 민족해방운동의 우익전선까지도 민족해방을 혁명으로 인식하고 투쟁했지만, 불행하게도 일제의 패망은 혁명적 방법으로 오지 않았다.

민족해방이 혁명적 방법으로 달성되지 않음으로써 식민지시기에 양성된 반민족세력은 온존(溫存)한 채로 오히려 정치세력으로 재생되면서 일제 패퇴 후 민족국가 건설작업이 이루어질 수밖에 없는 상황이 되었다. 이 과정에서 식민지시기에 생겨난 민족분열 요인은 더욱 심화되었으며, 그 결과는 결국 민족분열의 고착, 나아가 분단체제의 성립으로 연결되었다.

반민족적 경제세력의 양성

경제적으로 한반도지역의 20세기 전반기는 민족자본의 발달로 자율적 산업혁명이 일어나야 할 시기였다. 그러나 일본제국주의에 의한 토지조사사업과 산미증식계획, 병참기지화정책의 연속으로 한반도지역은 어느 부분에서도 민족자본의 성장이 철저히 봉쇄된 채 파행적 근대 경제체제가 유지되었을 뿐이다. 농업부문에서는 일본제국주의의 광범위한 정책에 의해 반봉건적 지주제가 그대로 유지되었을 뿐만 아니라 이른바 동적(動的) 지주층은 적극적 친일세력으로 재생되었다.

한편, 공업부문에서는 병참기지화정책에 편승한 일본 독점재벌의 횡포와 일제의 정책적 탄압으로 일부 반민족적 예속자본만이 남았을 뿐이다. 옳은 의미의 민족자본이 성장하지 못했다는 점을 깨달은 민족해방운동의 좌익전선과 우익전선이 민족국가건설 과정을 내다본 경제정책에서 합일점을 찾게 되었다는 사실은 앞에서 언급한 바와 같다.

20세기 전반기 식민지시기의 일본제국주의가 반민족적 정치세력을 양성한 것과 더불어 반민족적 경제세력은 1910~20년대보다 1930년대 이후, 즉 일제 침략전쟁기에 집중적으로 양성되었다. 이 시기에 예속성이 약한 모든 경제세력은 도태되어 사회적 측면에서 민족분열을 더욱 조장했고, 그것은 일제가 패퇴한 후 민족국가건설운동 과정에서 미소 양군의 분할점령과 함께 민족분열과 분단체제 성립의 결정적 원인이 되었다.

일제 패퇴 후 민족국가건설운동 과정에서 민족분열의 원인을 미소 양군의 분할점령과 38도선 획정으로 보는 경우가 많지만, 일제식민지 시기에 양성된 반민족적 정치·경제 세력이 일제 패퇴 때까지 온존했다는 사실, 그것이 8·15 후의 민족국가건설운동 과정에서 오히려 재생산되었다는 사실이 더 중요한 원인임을 간과할 수 없다.

일제의 패망과 한반도분단의 책임

영국·미국의 후원을 받아 청국·러시아와 전쟁을 하고 한반도를 식민지로 만든 일본제국주의는 '만주사변'을 계기로 영·미제국주의와 맞서게 되었다. 결국 중일전쟁을 거쳐 태평양전쟁으로 영·미제국과 전면전쟁을 펴게 되었고, 미국의 원자탄 투하와 소련의 참전 때문에 패전의 길로 치닫게 되었다. 미국의 원자탄 투하 때(1945. 8. 6)까지 포츠담선언 수락을 거부하던 일제의 전쟁당국자들은 소련 참전 직후 열린 이른바 어전회의(御前會議, 8. 10)에서 포츠담선언 수락을 연합국 쪽에 전문(電文)으로 알렸다.

원자탄 투하에서 소련 참전까지 3일 동안 일제 전쟁당국자들이 주장한 전쟁계속론이 결국 소련에 대일참전의 기회를 주게 되어 소련군의 한반도 진공(進攻)을 가능하게 했다. 뒤이은 포츠담선언 수락 전문으로 소련군은 홋까이도오(北海島) 같은 일본영토에는 상륙할 수 없게 되었고, 최전방부대가 아직 오끼나와에 있던 미국은 소련군의 한반도 전체 점령을 막기 위해 일본군 무장해제선으로서 38도선을 제의하게 되었으며, 소련이 이를 수락함으로써 한반도 분단의 가장 중요한 요인이 마련되었다는 사실을 지적해야 한다.

다시 말하면 일제 침략전쟁 당국자들의 포츠담선언 수락 전문이 연합국으로 발신된 시점은 바로 소련이 참전하여 한반도의 일부를 점령하게 한 시점인 동시에, 장차 소련군이 한반도 전체를 점령하고 나아가서 일본영토의 일부를 점령함으로써 한반도가 아닌 일본을 분단할 수 있는 조건을 사전에 막을 수 있는 시점이었다는 사실이 중요하다.

영국과 미국의 도움으로 러시아와의 전쟁을 유리하게 끝내고 한반도지역을 식민지로 만든 일본은 침략전쟁에 패배하여 한반도 지배를 끝내는 시점에서 대륙세 소련이 한반도의 북반부를 점령하고 해양세 미국이 그 남반부를 점령하는 조건을 만듦으로써 식민지배에서 벗어나는 한반도지역이 미소 양군에 의해 분할 점령되는 조건을 만들어놓았다.

일본은 한반도지역을 반세기 동안이나 식민지배하여 정치·경제·사회·문화적 발전을 저해한 책임이 있을 뿐만 아니라 침략전쟁의 패배로 한반도지역이 식민지배에서 벗어나면서 바로 분단되고 뒤이어 민족상잔의 비극을 겪게 되는 역사적 책임까지 있는 것이다. 따라서 일본의 식민지배 책임은 바로 한반도지역의 자주적이고 평화적인 재통일이 달성될 때 일단 청산되는 것이라 할 수 있다. (2000년 11월)

김구는 왜 암살되었는가

1. 사실규명 차원의 진상과 역사적 진상

해방 후 4, 5년간 송진우(宋鎭禹)·여운형(呂運亨)·장덕수(張德秀)·김구(金九) 등 거물급 정치인들이 암살되어 그 진상파악을 위해 상당히 노력하였으나 제대로 밝혀지지 않은 경우가 많았다. 그러나 김구 암살사건의 경우는 국회에 진상조사위원회가 구성되고 암살범의 증언도 여러 차례 있어 그를 죽이라고 한 장본인이 누구인가를 알아내지는 못했다 해도 다른 경우보다는 그 진상이 상당히 밝혀진 셈이다. 그렇지만 어떤 사건에 대한 사실규명 차원의 진상과 역사적 진상을 구분해서 말할 수 있다면, 김구 암살사건의 경우도 사실규명 차원의 진상 혹은 정치적 측면에서 본 진상은 어느정도 구명되었다 해도 역사적 관점에서 본 진상은 제대로 설명되지 않은 것이 아닌가 한다.

암살당할 당시의 김구는 민족운동가이면서도 현역정치인이었기 때문에 사실규명 차원의 진상이나 정치적 측면의 진상만 밝혀지면 된다고 생각할 수도 있겠으나 그렇지 않다. 김구암살사건은 역사적 관점에서 진상이 구명되어야 그것이 가진 옳은 의미의 진상이나 성격이 제대로 밝혀질 수 있으며, 그래야만 사건의 온전한 전모가 드러날 수 있다. 역사적으로 보면 구체적으로 누가 죽였는가 하는 것보다 어떤 역사적 조건이 그를 죽게 했는가 하는 문제를 밝히는 일이 더 중요하다고 할 수 있다.

남북협상파의 거두인 김구가 이승만정권에 걸림돌이 되었고 이 때문에 이승만정권의 정부 및 군부의 하수인들이 안두희를 시켜 살해하게 했다는 식의 사실규명 차원의 진상이 아닌, 역사적 진상을 제대로 밝히기 위해서는 민족해방운동전선과 해방 후 정국에서 같은 우익 쪽 지도자였던 김구와 이승만의 처지 사이에 어떤 차이점이 있었는가를 정확하게 이해하는 일이 앞서야 한다. 나아가서 해방정국에서 두 사람의 노선 차이 등을 제대로 이해해야 한다.

임시정부 시절의 김구는 전체 민족해방운동 참가자 중에서도 가장 우익 쪽에 속하는 사람이었다고 할 수 있으며, 그가 주석이 된 후 임정은 상당 기간 우익 중심으로 유지되었다. 그러나 일본제국주의가 머지않아 패망할 것으로 전망되자 그는 임정을 좌우익 통일전선정부로 만들어갔다. 민족해방운동전선에는 현실적으로 좌익도 있고 우익도 있었지만 해방 후 귀국해서 두 개의 민족국가가 세워지리라고는 꿈에도 생각하지 않았다. 따라서 미리 임정 중심으로 민족해방운동전선을 통일해야 할 필요가 있었던 것이 첫째 이유이며, 임정이 연합국의 승인을 받아야 하는데 좌우익 통일전선 정부가 아니고는 승인받기 어려웠던 것이 그 둘째 이유였다.

1944년에 임정은 김구 당수의 한국독립당과 김규식(金奎植)·김원봉(金元鳳) 중심의 조선민족혁명당, 그리고 무정부주의단체 등이 참가한 통일전선 정부가 되었다. 한 걸음 더 나아가서 임정이 중국공산군 근거지인 연안(延安)에 있던 우리 민족해방운동단체 조선독립동맹과도 통일전선을 이루기 위해 국무위원 장건상(張建相)이 연안에 가서 통일전선에 합의했으나 바로 해방이 됨으로써 성사되지는 않았다. 김구가 중국 관내지역의 민족해방운동전선에서 활동하면서 좌익세력과 통일전선을 이루기 위해 노력했고 또 일부 성공했다는 점에서 미국에 있던 이승만과는 전혀 달랐다. 해방 후 38도선이 생기고 미소 양군이 분할 점령하면서 좌우익이 대립한 상황에서 좌익세력과 함께 하나의 통일민족국가를 수립할 수 있는 가능성이 이승만보다 김구 쪽이 훨씬 높았다고 할 수 있다.

2. 김구 반탁과 이승만 반탁의 차이

우리 민족해방운동전선만의 힘으로 해방되지 못함으로써 연합국들이 해방 후의 한반도를 신탁통치하기로 결정했고, 38도선을 경계로 미소 양군이 분할 점령하면서 민족분단의 위험이 높아지게 되었다. 좌우익이 타협 혹은 연합하여 연립으로 임시정부를 구성하고 신탁통치를 받았다면 바로 38도선을 없애는 일이 가능했는가, 아니면 5년간의 신탁통치를 거부하다가 결과적으로 분단국가들이 성립되고 민족상잔을 겪음으로써 50년 이상 분단상태가 되고 말았는가 하는 문제를 냉철하게 되돌아봐야 한다. 한편, 5년간 신탁통치할 4개국 중 자본주의국가는 미·영·중 3개국이고 사회주의국가는 소련 1개국뿐이었는데 왜 우익이 반탁을 하고 좌익이 찬탁을 했는가 하는 문제들도 제대로 설명되지 않은 채 남아 있다.

김구가 주석인 임정은 해방 전 중국에서도 연합국들의 한반도 국제공동관리안 즉 신탁통치안에 반대하고 연합국의 승인을 받아 해방 후 총선거를 관리하는 명실상부한 임시정부가 되고자 노력했다. 그러나 중경(重慶)의 임정은 결국 연합국의 승인을 받지 못한 채 그 요원들이 개인 자격으로 귀국할 수밖에 없었다. 그럼에도 귀국한 임정은 스스로 정부 역할을 하기 원했고, 그러기 위해서는 신탁통치를 반대하지 않을 수 없었다. 왜냐하면 연합국들은 신탁통치를 한다 해도 중국에서 돌아온 임정을 통해서가 아니라 미소공동위원회에서 만든 새로운 임시정부를 통해서 신탁통치하려 한 것이다.

해방 전과 달리 38도선이 그어지고 미소 양군이 분할점령한 조건 아래서도 김구가 주석인 임정은 남북한 전체의 즉시 독립을 주장하면서 국제공동관리론 반대운동의 연장으로 반탁운동을 주도하였다. 이렇게 되자 중국에서 통일전선 임정에 참가했던 좌익세력의 대부분은 찬탁노선에 가담하면서 탈퇴했고 임정은 다시 반탁하는 우익만의 임정이 되었다. 그리고 이승만과 국내 지주세력 중심의 한국민주당이 반탁노선에 합류함으로써 우익의 반탁노선과 좌익의 찬탁노선이 극명하게 대립하였다.

38도선을 경계로 미소 양군이 분할 점령하고 좌우익의 찬탁·반탁 대립이 극렬한 상황에서는 민족분단의 위험이 커질 수밖에 없었다. 해방 전 중국에서 임정이 한반도 국제공동관리를 반대한 것은 38도선도, 미소 양군의 분할점령도 없는 조건에서 명실상부한 임정의 자격을 획득하기 위한 방책이었을 뿐 해방 후의 반탁과 같이 민족분열을 가져올 위험이 있었던 것은 아니었다. 그러나 38도선이 그어지고 미소 양군이 분할 점령한 상황에서 신탁통치 반대는 곧 민족분단으로 연결될 가능성이 커서 국제공동관리 반대의 연장으로서 신탁통치 반대, 즉 독립운동의 연장으로서 신탁통치 반대가 되기는 어려웠다.

좌익과의 타협에 의한 남북 통일정부 수립을 일찍 포기한 이승만·한민당 연합세력의 반탁은 자연히 남쪽만의 단독선거에 의한 단독정부 수립 노선으로 갈 수밖에 없었다. 이 세력은 해방 전의 민족해방운동전선에서 좌익과 타협을 해본 경험도 없을 뿐만 아니라―미국에만 있었던 이승만은 말할 것 없고 해방 후 한민당을 결성한 핵심세력은 일제시대 국내에서 성립된 좌우익 통일전선단체 신간회에도 참가하지 않았다―한민당세력의 상당 부분은 좌익이 친일세력 즉 숙청대상으로 지목하고 있었다.

이승만 역시 민족분단을 막기 위해 남북통일의 좌우익 연립정부나 극우와 극좌 세력을 배제한 중도파정부가 수립되는 경우 상징적인 존재로 추대되는 것은 혹시 가능하다 해도 실제로 정권을 잡기는 어려운 상황이었다고 할 수 있다. 즉 이승만·한민당 세력은 단독선거에 의한 단독정부 수립, 즉 분단국가 수립만이 한쪽 정권이라도 쥘 수 있는 유일한 길이었다.

그러나 김구의 경우는 달랐다. 비록 개인자격으로 귀국했지만 임정이 해방 후에도 임시정부 역할을 할 수 있기를 바랐고, 그러기 위해서는 신탁통치를 반대할 수밖에 없었다. 다시 말하면 이승만·한민당의 반탁은 남한 단독정부 수립도 불사하는, 어쩌면 단정 수립을 목적으로 하는 반탁노선이었지만, 김구의 반탁노선은 신탁통치 반대와 단독정부 수립 반대 두 가지 목표를 함께 가진 노선이었다고 할 수 있다. 그러나 38도선이 그어지고 미소 양군이 분할 점령한 조건 아래서는 신탁통치를 반대하면서 남북 통일국가를 수립하기란 현실적으로 어려운 일이었다. 신탁통치를 반대하는 경우 분단국가를 수립하는 길밖에 없었고, 신탁통치를 찬성하는 경우 김구 중심의 임정이 아닌 좌우 정치세력 연합의 다른 임정이 수립될 수밖에 없었다고 하겠다.

김구는 당초 자신의 임정이 해방 후의 민족국가 건설과정을 주관하는 임시정부 노릇을 하기 위해 적극적으로 신탁통치를 반대했고, 그것이 이승만과 한민당 진영을 강화시키는 결과가 되었다고 할 수 있다. 그러나 이승만과 한민당 연합세력의 반탁노선은 곧 남한 분단국가 수립노선으로 연결되었고, 반탁노선이면서도 남한만의 분단국가 수립을 반대하던 김구는 통일국가 수립노선을 견지하여 김규식과 함께 평양의 남북협상 길에 오르게 되었다.

이 시점의 김구는 신탁통치를 찬성하면 그의 '종교'였다고 할 수 있을 임정의 위치가 상실될 수밖에 없고, 신탁통치를 반대하면 민족이 분단될 수밖에 없는 기로에 서게 되자, 결국 통일민족국가 수립 노선을 택하게 되었다. 그리고 그 노선이 실패한 후 이승만 분단국가 권력 아래서도 그는 타협하지 않고 계속 통일민족국가 건설노선을 고수하며 분단국가의 정통성과 정당성을 부인하다가 결국 암살당하게 된다.

3. 이승만정부의 성립과 김구

외국의 지배를 받다가 해방된 민족사회에 최초로 성립되는 정권은 일반적으로 민족해방운동세력이 담당하게 마련이지만, 이승만정권의 경우는 그렇지 못했다. 좌익세력은 말할 것 없고 민족해방운동전선의 정통성이 있는 임정세력의 지지도 받지 못한 채 국내 지주세력과 친일관료들을 바탕으로 하여 성립된 정권이었다. 이에 반해, 북쪽에는 동북항일연군에서 투쟁했던 세력과 중국 팔로군과 함께 일본군과 싸웠던 조선의용군세력을 중심으로 정권이 성립되어 이승만정권의 역사적 정통성은 그 취약함이 한층 더 드러났다.

이승만정권으로서는 김구·김규식 등 임시정부세력의 지지를 받는 일이 요긴했으나 이 세력은 이승만정권이 성립된 후에도 반분단운동을 계속하면서 임시정부의 정통성이 이승만정권에 계승되는 것을 저지했다. 또한 김구는 김규식과 함께 이승만정권 성립이 확정된 후에도 '통일독립촉진회'를 조직하여(1948. 7. 21) '분단독립'이 아닌 '통일독립'만이 옳은 독립임을 강조하면서 민족문제의 자주적 해결을 주장했다. 그러면서 김구는 그해 빠리에서 열린 유엔총회에서 미국 중심세력이 이승만정부를 한반도의 유일 합법정부로 인정할 것에 대비해 김규식을 파견하려 했으나 여의치 못하자, 김규식과 함께 유엔총회에 서한을 보내 "남북을 통한 진정한 민주주의 정부를 조직"해야 한다고 강조했다. 이승만 단독정부가 성립된 후에도 김구는 유엔에 대해 계속 남북 통일정부 수립을 주장한 것이다.

이에 대해 이승만정부의 대변인은 "금일 한국대표 장면(張勉)씨 일행이 빠리에 파견된 이상 유엔총회와의 교섭은 이 대표간에만 위임된 것이다. 그러므로 정부를 무시하고 외교에 관여한다면 사법이 간과할 수 없는 일이다"라고 하며 법으로 처단할 것이라 위협했다. 또 이승만정부는 "현재 서울에 있는 대한민국 정부는 즉 남북을 대표한 통일정부임을 유엔이 지금 와서 거부할 수 없는 경우인 것이다. 그럼에도 불구하고 남북협상을 주장해서 공산분자와 합작을 구실삼으며 소련 지지를 표시하여 민국 정부를 백방으로 반대한다"고 비난했다. 그리고 이승만정부는 '여순군란'이 '공산주의자가 극우 정객들과 결탁'해서 일으킨 것이라 발표했고, 이에 대해 김구는 "극우분자가 그 반란에 참여해왔다는 말을 이해할 수 없다"고 반박했다. 정부가 말한 '극우 정객'은 곧 김구를 가리킨 것이었기 때문이다.

1949년에 들어서서 6월 26일 암살당할 때까지 김구의 활동은 두 가지 면에서 대단히 활발했음을 볼 수 있다. 하나는 물론 평화통일을 위한 활동이며 또 하나는 한반도에 분단국가들이 성립된 후에도 평화적으로 통일정부를 수립하기 위해 유엔이 다시 조직한 유엔신한국위원단과의 접촉이다. 김구는 이 해의 1월 1일 연두소감을 발표한 후 1월 4일, 18일, 23일, 2월 15일, 그리고 4월 19일, 20일, 22일, 29일, 5월 10일, 22일 등 모두 10회에 걸쳐 북쪽과 교섭하여 평화통일 문제에 대한 담화 발표와 기자회견을 했다.

그리고 1월 13일에 유엔신한국위원단 중국대표가 김구·김규식을 방문한 것을 비롯하여, 2월 11일에는 김구가 유엔신한국위원단에 대해 적극 지지 메시지를 보냈고, 이후 3월 12일에 그 관계자가 김구를 방문했으며, 3월 25일에는 역시 유엔신한국위원단 관계자가 김구·김규식을 방문했고, 5월 29일에도 그 내용은 알려지지 않았지만 유엔신한국위원단 쪽에서 김구와 협의했으며, 5월 31일에도 유엔신한국위원단 쪽에서 김구를 초청하여 통일에 관한 의견을 청취했다. 이 기간 동안 김구가 당수인 한국독립당도 계속 평화통일안을 제기하고 유엔신한국위원단의 활동을 지지하는 성명들을 냈다. 이것은 반분단 통일민족국가 수립 활동이었고 보기에 따라서는 반이승만정부 활동이었다고 할 수 있다.

4. 누가 왜 김구를 암살했는가

김구와 유엔신한국위원단이 빈번히 접촉하면서 어떤 말이 오갔는지는 아직 분명하게 밝혀지지 않았다. 이 시기의 한 신문기사에서는 "유엔 한위 사무국보좌관이 지난 12일(3월) 오전 10시경 경교장으로 김구 씨를 방문하고 장시간 요담한 바 있었다 한다. 그런데 동 방문은 개인자격으로 행하여진 것이라 하며 그 내용에 대해서는 당사자는 언급을 거절하고 있으나 모 소식통이 전하는 바에 의하면 남북 평화통일 문제와 북방 접촉에 관한 것이라고 전했다"라고 했다. 미소 양군 철수와 남북 협상에 의한 통일국가 수립을 주장한 것인데, 당시로서는 적어도 겉으로는 북에서 주장하던 내용과 흡사했고 이승만정부의 실체를 부인하는 방안이었다고 할 수 있다.

김구가 주장한 미소 양군 철수와 남북협상에 의한 통일국가 수립은 지극히 당연한 민족적 길이었다. 그러나 그것은 당시 김일성정부가 주장하는 통일민족국가 수립 방안과 겉으로 일치하는 점이 많았고, 반면 이승만정부에게는 치명적인 방안이었다. 김구가 살해된 이유는 바로 이 점에 있었다고 하겠다. 1961년 4월 '백범김구선생시해진상규명위원회'가 암살범 안두희를 조사한 결과 그가 내세운 살해 명분은 김구가 공산주의자이며, 김일성과 내통하고, 대한민국 정부의 전복 음모를 획책했다는 것이다.

외국군 철수와 남북협상에 의한 평화적 통일은 곧 김일성정권 노선과 일치하는 이승만정부 전복 음모로 간주되었으며, 이 때문에 앞의 진상규명위원회가 내린 결론과 같이 이승만정부의 국방부 제4국·헌병사령부·포병사령부·육군본부 작전과·서울시경찰국 등이 동원되어 한낱 하수인에 불과한 안두희를 한국독립당에 입당시켜 김구를 암살하는 데 성공한 것이다. 그렇게 보면 김구는 한때 같은 반탁노선에 섰던 이승만이 추진하는 분단국가 성립을 온몸으로 막으려다 희생된 것이라 할 수밖에 없으며, 그의 예언대로 분단국가들 사이에 민족상잔 6·25전쟁이 발발함으로써 더욱 엄청난 희생자가 났다.

김구가 살아 있으면 1950년 5월에 실시될 제2대 국회의원선거를 통해 한독당을 포함한 넓은 의미의 중도파세력이 대거 남한 정계에 진출할 가능성이 있었기 때문에 사전에 암살했다는 '정치적' 해석도 있지만,

김구가 암살된 후에도 제2대 선거에서 중도파가 대거 당선되었다. 당시 대통령은 국회에서 간선(間選)되었기 때문에 1950년 제2대 대통령선거에서 이승만이 재당선될 가능성이 전혀 없었다 해도 과언이 아니었으므로 이승만은 이른바 정치파동을 일으키고 발췌개헌안을 통과시켜 직선제로 개헌함으로써 재당선되어 독재체제를 강화해갔다.

김구 암살은 이승만정부가 성립된 10개월 후인 1949년 6월 26일 안두희에 의해 저질러졌다. 그러나 이 암살사건의 원류는 멀리 민족해방전선에서 김구와 이승만의 역할과 경험의 차이, 그리고 해방정국에서 민족국가 수립노선의 차이, 단독정부 권력을 유지하려는 이승만과 그것을 인정하지 않고 기어이 민족통일정부를 수립하기 위해 신명을 다한 김구와의 갈등에서 빚어진 결과라 할 것이다.

역사에는 물론 가정이 허용되지 않지만, 가령 김구 중심의 임정세력이 귀국한 후 38도선이 그어지고 그 북쪽을 소련이 점령하고 있으며 또 좌익세력이 엄존하는 현실적 조건 아래서 임정 정통성을 고집스럽게 지키려 할 경우 민족분단의 위험이 있음을 좀더 일찍 파악하고, 그것을 막기 위해 임정 정통성을 포기 혹은 유보하고 과감히 신탁통치에 응함으로써 좌익과의 타협에 의한 좌우연립임시정부 같은 것을 수립할 수 있었다면 민족분단도 막고 김구 암살도 피할 수 있지 않았을까 하고 가정해본다. 특히 엄청난 민족적 희생을 바친 분단시대 반세기를 지낸 후 이제야 남북 정상회담으로 협상통일이 다시 시작되고 있으니 말이다. (2000년 8월)

6·25전쟁, 어제와 오늘과 내일

1. 왜 6·25전쟁이라 하는가

1950년 6월부터 1953년 7월까지의 3년간 한반도에서 계속된 전쟁을 지금 남쪽에서는 흔히 '한국전쟁'으로 부르는데, 그것이 역사학적 용어로서 타당한가 하는 문제를 생각해봐야 한다. 역사학적 처지에서는 어느 사건에 대한 명칭 자체가 곧 그 성격을 나타내는 것이어야 하고, 그 때문에 같은 사건이면서도 역사적 해석이 달라짐에 따라 명칭도 바뀌게 마련이다. 과거의 '사옥(邪獄)'이 지금은 '박해(迫害)'로, 과거의 '동학란'이 지금에는 '동학혁명' 혹은 '갑오농민전쟁' 등으로 불리는 것이 그 좋은 예이다.

한반도에서 1950년 6월에 시작하여 3년간 계속된 이 전쟁은 남쪽에서는 종래 '6·25동란(動亂)' 혹은 '6·25사변(事變)' 등으로 부르다가 최근에는 대체로 '한국전쟁'이라 부르고 있다. 우선 사전적 풀이로 보면 '동란'이란 "폭동, 반란, 전쟁 따위로 말미암아 사회가 질서를 잃고 어지러워지는 일"을 가리키며, '사변'은 "경찰의 힘으로 막을 수 없는 난리"

"상대국에 선전포고 없이 침입하는 사태"라 한다. 이런 풀이로 보면 '6·25동란'이란 용어는 북쪽에 의해 저질러진 반란이란 뜻이 더 강한 것 같고, '6·25사변'이란 북쪽에 의한 침략이란 뜻이 더 강하지만, 어떻든 모두 북쪽을 국가로 인정하지 않는 의미를 가지고 있다. '동란'이니 '사변'이니 하는 용어는 한자사용권인 아시아지역에서 쓰던 말이어서 유럽이나 미국 등 중심의 국제사회에서는 '전쟁'으로 통할 수밖에 없는 상황이다. 또 실제로 국제전으로 확대되기도 했다.

한편 북쪽에서는 이 전쟁을 '조국해방전쟁'으로 부르고 있다. 일본제국주의가 패망한 후 38도선 이남을 강점하여 식민지로 만든 미국제국주의가 38도선 이북지역까지 식민지로 만들기 위해 1단계로 남쪽 군대를 시켜 38도선 이북지역을 침략했고, 이 때문에 북쪽 군대가 남쪽 군대의 무력침략을 물리치고 조국의 자유와 독립을 고수하기 위한 투쟁에 나섰으며, 따라서 이 전쟁이 곧 조국해방전쟁이라는 것이다. 남쪽이이 전쟁을 '6·25전쟁' 혹은 '6·25사변'이라고 하는 것도 어디까지나 남쪽 처지에서 규정한 성격을 반영한 이름이며, 북쪽이 '조국해방전쟁'이라 한 것도 역시 북쪽 처지에서 본 이 전쟁의 성격을 나타내고 있는 것이다.

한반도의 남북이 아닌 외국에서는 이 전쟁을 어떻게 부르고 있을까. 구미지역에서는 'Korean War'로, 중국이나 일본 같은 아시아지역에서는 대체로 '조선전쟁'으로 불렸는데 이 '조선'도 한반도 전체를 가리키는 용어다. 요즈음 남쪽에서 '한국전쟁'이라고 하는 것은 'Korean War'를 번역한 것이라 할 수 있겠는데, 'Korean War'를 '한국전쟁'으로 번역하는 것은 문제가 있다.

우선 영어의 'Korea'는 한반도 전체를 가리키는 말이 될 수 있지만 한글로 표기된 '한국'은 그렇지 못하기 때문이다. 학문적·객관적 입장에서 보면 '한국'은 '6·25전쟁' 전에는 38도선 이남을, 그리고 전쟁 후에는 휴전선 이남을 가리키는 명칭이지 한반도 전체를 가리키는 말은 아니기 때문이다. 대한민국의 헌법에는 물론 38도선 이북지역도 영토에 포함한다고 했지만, 남북이 별개 국가로서 모두 유엔에 가입한 지금의 상황에서 볼 때 그것은 현실적·객관적·역사적 사실이 못된다.

역사학이 1950년에 한반도에서 일어난 전쟁을 '한국전쟁'이라 이름 붙일 경우, 그것이 휴전선 이남에 존재하는 국가인 한국이 다른 나라와 싸운 전쟁을 말하는지, 아니면 38도선 이남에 존재하는 한국 안에서만 일어난 전쟁을 말하는지 분명하지 못하다. 또 설령 편의상 '한국'을 한반도 전체를 가리키는 것으로 간주한다 해도 1861년에 미국의 남쪽과 북쪽이 싸운 전쟁을 미국전쟁이라 하지 않고 일종의 내전으로 보아 남북전쟁이라 하는 경우 등을 생각하지 않을 수 없다.

남쪽에서 붙인 '6·25동란' '6·25사변'이나 북쪽에서 붙인 '조국해방전쟁'이란 명칭이 모두 남쪽의 입장 혹은 북쪽의 입장에서 붙인 이름이어서 객관성을 인정하기 어렵기 때문에, 특히 남쪽 학자의 경우 국제학계에 나가 이 전쟁을 말할 때 외국학자들이 말하는 'Korean War'를 그대로 썼고 국내에서는 그것을 번역한 '한국전쟁'이란 말을 써온 셈이다. 그런데 이 명칭이 바르지 못하다면 앞으로 이 전쟁의 우리식 이름을 어떻게 붙일 것인가 하는 문제가 생긴다.

그뿐만 아니다. 이제 한반도의 남북은 지금까지의 상호대결적 역사인식에서 벗어나 화해·공존적 역사인식으로 바꾸어가야 하는 단계에 들어서고 있다. 1950년에 일어난 이 전쟁을 '6·25사변'은 말할 것 없고 '한국전쟁'으로도 또 '조국해방전쟁'으로도 고집할 수 없는 상황으로 들어서고 있는 것이다. 남북이 지금 지향하고 있는 화해·협력 평화통일 과정에서 민족분단 역사 전체를 통해 가장 불행한 일이었던 1950년의 이 전쟁을 무엇이라 부르고 어떻게 가르칠 것인가 하는 문제가 남북 역사학계의 큰 과제로 떠오르고 있다. 이 전쟁에 대해 남과 북이 함께 사용할 수 있는 객관적·역사학적 명칭을 정할 필요가 절실해지고 있는 것이다. 남북 역사학계의 합의에 의한 역사학적 명칭이 나올 때까지 일단 편의상 '6·25전쟁'으로 부르고자 한다. '동란'이나 '사변'이란 용어보다 전쟁으로 보는 것이 옳다고 생각한다. 남북 화해·협력·공존을 지향하는 지금의 관점에서는 이 전쟁을 '한국전쟁'으로도 '조국해방전쟁'으로도 보기 어렵기 때문이다.

2. '6·25전쟁'을 침략전쟁으로만 봐야 할까

6·25전쟁은 지금까지 대체로 침략전쟁으로 생각해왔다. 그렇기 때문에 이 전쟁을 말할 때는 으레 남침이냐 북침이냐 하는 문제가 먼저 논의되었다. 38도선을 경계로 양분되어 대립해 있던 한반도를 둘러싼 국제세력들 중 남쪽과 미국·일본 등은 대개 남침전쟁으로, 반대로 북쪽과 중국·소련 등은 북침전쟁으로 주장해왔다. 약 3년 동안 계속된 이 전쟁에서 쌍방을 합쳐 약 150만 명이 사망하고 약 360만 명이 부상했으며 한반도 전체가 초토화되었다. 그리고 1948년에 남북 분단국가들이 성립된 후에도 어느정도 잔존했던 평화통일세력이, 그리고 평화통일 가능성이 이 전쟁으로 완전히 소멸하면서 남북 분단과 대결 구도가 확실해졌다.

이후 반세기 이상 6·25전쟁은 학문적으로도 또 교육적으로도 남침이냐 북침이냐 하는 문제를 중심으로 다루어져왔다. 한반도의 남쪽을 포함한 미국 등 자본주의사회 학계의 경우 남침론을 바탕으로 하여 이 전쟁은 소련의 공산주의세력 확대정책과 김일성정권의 적화통일정책이 맞물려서 도발되었다고 보았다. 이른바 전통주의적 관점이란 것이 그 것이다. 그러다가 자본주의권 학계에서도 이른바 수정주의적 관점이 나타나기 시작했다. 즉 미국에 의한 남한 정권의 수립 자체가 한반도 주 민들의 혁명적 민족주의운동 및 통일민족국가 수립운동을 방해한 것이 며, 미국이 북쪽 김일성정권을 붕괴시키기 위해 이 전쟁을 유발했다는 설이 그것이다.

그러다가 소련 붕괴 후 러시아에 의해 소련시대의 문서들이 일부 공 개되면서 종래의 전통주의적 해석이 한층 더 실증성을 얻으면서 이른 바 신전통주의적 해석에 힘이 실리고 있는 현실이다. 소련과 북쪽 정권 이 공산주의세력권을 확대하기 위해 전쟁을 도발했다는 전통주의적 관 점이건, 미국이 전쟁을 유발했다는 수정주의적 관점이건, 다시 반전된 이른바 신전통주의적 관점이건, 이 전쟁을 침략전쟁이란 개념에 한정 해서 보는 점에는 큰 차이가 없다고 할 수 있다.

최근에는 북쪽의 전쟁 개시 날짜까지 미국이 정확하게 알았으면서 도, 2차대전 때 남은 무기를 소비하기 위해 전쟁을 유발했다는 미국 정 보계통 종사자의 회고록까지 나왔다. 미국이나 일본을 중심으로 하는 외국 학계가 남침이냐 아니면 남침 유발이냐 하는 점에 한정해서 이 전 쟁을 보고 있는 것은 우리로서는 어쩔 수 없는 일이다. 그리고 외국 학 계의 경우 이 전쟁에 대한 관점이 그런 수준에 한정되더라도 별 문제 될 것이 없을 수 있다. 전쟁 원인을 실증적으로 규명한다는 명분을 앞세워 남침이냐 북침이냐를 밝히는 일만으로도 학문적 욕구를 충족할 수 있 기 때문이다. 그러나 이 전쟁을 침략전쟁이란 관점으로 한정해서 보면 그 뒤에는 어쩔 수 없이 원한과 증오와 적개심, 나아가서 복수심이 따르 게 마련이다.

한반도지역은 21세기로 들어서면서 20세기 후반기의 남북 대결구도를 청산하고 화해·협력·공존의 길로 들어서려 하고 있다. 그 길에 가장 큰 걸림돌이 되는 것은 남북 사이에 쌓인 원한과 상처들이며 그 가장 중요한 부분은 1950년의 민족상잔의 6·25전쟁에서 생겨난 것이다. 이 전쟁의 성격과 의미를 어떻게 규정하느냐 하는 문제는 앞으로 한반도지역의 평화적 통일은 물론 동아시아 전체의 평화 진전과 직결되어 있다. 6·25전쟁이 20세기 후반기 동아시아의 평화를 해친 불행한 사건이었던 것은 사실이지만, 그 전쟁의 역사적 성격을 어떻게 이해하느냐 하는 문제와 앞으로 한반도지역 및 동아시아 전체의 평화 여부 문제가 연결되어 있다면, 침략주의자나 제국주의자가 아닌 평화주의자의 처지에서는 6·25전쟁의 성격 이해에 신중을 기하지 않을 수 없다.

3. 6·25전쟁을 통일전쟁으로 봐야 할 것이다

6·25전쟁을 침략전쟁으로 보면 그 뒤에는 원한과 증오와 적개심과 복수심이 따르게 마련이라고 앞에서 말했지만, 관점을 조금만 달리하면 이 전쟁은 침략전쟁으로 보기보다 통일전쟁으로 볼 수 있게 된다. 그리고 6·25전쟁을 단순히 침략전쟁으로 보는 경우와, 역사적·민족적 처지 및 지정학적 위치상으로 분단되어서는 안 될 조건이기 때문에 수천 년 동안 같이 살아온 한민족사회가 한때의 악운과 실수로 부자연스럽게 분단된 상황을 극복하기 위해, 비록 전쟁의 방법으로라도 통일하려 했던 불가피한 전쟁으로 보는 경우는 역사인식상에 큰 차이가 있음을 알 수 있다.

한반도는 동북아시아의 대륙과 해양 사이에 길게 걸쳐 있다. 대륙 쪽의 중국이나 러시아가 모두 지구상의 거대국가임은 말할 것 없고, 해양 쪽의 일본도 면적이나 인구 수나 국세가 한반도보다는 우세하며 그 배후에는 미국이란 세계 최강대국이 있다. 제2차 세계대전이 끝나면서 전승국이 된 미국과 소련이 동아시아에서 세력균형을 이루기 위해 한반도를 분단했지만, 대륙 쪽에서는 중국과 소련이 동맹관계에 있고 해양 쪽에서는 일본이 미국의 점령 아래 있는 조건에서, 한반도가 남북으로 분단되어 그 북반부가 중·소 세력권에, 그 남반부가 미·일 세력권에 들어간 상황에서는 한반도의 평화로운 발전은 물론 동북아시아 전체의 평화도 보장될 수 없었다.

한반도가 통일되어 중·소 대륙세력에도 미·일 해양세력에도 포함되지 않고 완충지대적 역할을 하는 것이 이상적인 구도이지만, 그것에 앞서 한반도가 일단 통일되는 일이 전체 한반도 주민의 생활을 안정시키고 2차대전 후의 동서대립을 완화하는 방법이 될 수 있었다. 다만 한반도가 대륙 쪽 중·소 세력권에 포함되지 않고 해양 쪽 미·일 세력권에 포함되지도 않는 그런 통일이 바람직했지만, 6·25전쟁이 발발한 1950년의 시점에서는 그것이 결코 쉬운 일은 아니었다. 그런데도 한반도의 통일이 현실적으로 절실히 필요해졌기 때문에 6·25전쟁이 발발했다고 할 수 있다. 6·25전쟁을 겪어본 후에는 한반도가 전쟁의 방법으로는 통일될 수 없는 지역임을 알게 되었다 해도, 그 전쟁을 겪기 이전에는 전쟁통일이 가능하다는 판단이 있을 법했다고나 할까.

6·25전쟁은 어느 쪽에서 먼저 시작했건 침략전쟁으로만 볼 것이 아니라 통일전쟁으로 봐야 한다고 말할 수 있다. 그것이 통일전쟁이 아니었다면 설령 남군이 북침했다 해도 북군이 그것을 계기로 통일하려는 의지가 없었을 경우 북침한 남군을 38도선 이남까지만 물리치면 됐지 부산까지 쳐내려갈 이유가 없을 것이다. 반대로 북군이 남침한 경우도

북군을 역시 38도선 이북까지만 물리치면 됐지 남군이 압록강이나 백두산까지 진격할 이유가 없는 것이다. 남침이냐 북침이냐를 따지는 일도 중요하겠지만 그것이 무엇을 위한 전쟁이었느냐를 알려고 하는 일이 더 중요하지 않을까 한다. 북군이 부산까지 해방하려 하고 남군이 백두산에 태극기를 세우려 한 것은, 어느 쪽을 막론하고 부자연스럽게 분단된 국토와 민족을 통일하기 위해서였다고 할 수밖에 없을 것이다.

실제로 6·25전쟁은 처음에는 북군에 의해 한반도 전체가 통일될 뻔했다가 미군을 중심으로 하는 유엔군의 참전으로 안 되었고, 다음에는 반대로 남군과 유엔군에 의해 한반도 전체가 통일될 뻔했다가 이번에는 중국공산군의 참전으로 안 되었다. 그러나 한반도의 남북이 6·25전쟁을 통해 각기 한 차례씩 실제로 통일할 뻔했다는 사실이 중요하다. 다시 말하면 6·25전쟁이 일어난 지 반세기가 된 지금에는 이 전쟁을 누가 먼저 도발했는가를 규명하는 일보다 오히려 부자연스럽게 분단된 한반도가 이 전쟁으로 처음에는 북군에 의해 실제로 통일될 뻔했고 다음에는 남군과 유엔군에 의해 실제로 통일될 뻔했던 사실, 즉 통일을 하기 위한 전쟁이었다는 사실을 아는 일이 중요하다고 생각한다.

4. 6·25전쟁은 우리에게 무엇을 가르치는가

6·25전쟁을 침략전쟁으로만 볼 것이 아니라 통일전쟁으로 봐야 한다고 생각하고 나면 통일하기 위해 처절한 전쟁까지 했는데도 왜 통일되지 않았는가 하는 문제를 생각해보지 않을 수 없다. 처음에는 북군에 의해 통일될 뻔했다가 미국군 중심 유엔군의 참전으로 안 되었고, 다음에는 남군과 유엔군에 의해 통일될 뻔했다가 중국공산군의 참전으로 안

되었는데, 한반도가 전쟁에 의해 즉 어느 한쪽 세력의 정복으로 통일되려 하는데 왜 외세인 유엔군과 중국군이 참전하여 불가능하게 했는가를 생각해보게 된다. 한마디로 말하면 그것은 한반도의 지정학적 위치 때문이라 할 수밖에 없지 않을까 한다.

중국에서 사회주의혁명이 성공한 상황에서 한반도마저 사회주의세력에 의해 통일되면, 미국의 처지에서는 동아시아에서 일본의 안전이 위태롭게 되며, 일본의 안전은 곧 자국의 안전과 직결된다고 봤기 때문에, 당시 자국의 영향력 아래 있었던 유엔을 움직여 그 이름으로 참전하게 되었다고 할 수 있다. 한편 유엔군이 인천상륙 이후 38도선을 넘어 북진하게 되자 중국은 적대관계에 있는 미국과 남한 군사력이 한반도를 통일할 경우 자국의 안전이 크게 위협받을 것을 우려하여 참전함으로써 남한군과 유엔군에 의한 한반도의 군사적 통일을 저지했다. 중국군만으로 미국군 중심 유엔군과 남한군에 의한 전체 한반도 점령을 막을 수 없는 상황이 되었다면 아마 소련이 참전하지 않을 수 없었을 것이며, 그 결과 제3차 세계대전으로 확대될 가능성이 컸을 것이다.

소련의 제의와 미국의 호응으로 휴전이 성립된 것은 6·25전쟁이 제3차 세계대전으로 확대되는 것을 방지하려는 것이기도 했지만, 한편 한반도 전체가 전쟁의 방법으로는 어느 쪽으로도 통일될 수 없음을 알았기 때문이라 할 수 있다. 그렇게 보면 6·25전쟁은 분단된 한반도의 어느 한쪽이 다른 한쪽을 전쟁의 방법으로 통일하는 것은 불가능하다는 사실을 그 남북 주민들과 주변 강대국들에게 실제로 증명해준 전쟁이었다. 동아시아의 대륙과 해양 사이에 세로로 놓인 한반도지역은, 그 남북 끼리는 물론 외세까지 개입해도 전쟁의 방법으로는 통일될 수 없다는 사실이 6·25전쟁으로 증명됨으로써 결국 한반도 평화통일론이 나오게 되었고 지금은 그것이 상식이 되었다.

21세기로 들어서면서 한반도의 남북 분단국가는 이제 전쟁통일론도 흡수통일론도 모두 극복하고 화해·협력에 의한 협상통일을 지향하고 있다. 그렇다고 해서 처절했던 6·25전쟁이 한반도의 역사 위에 실재했음은 영원히 부인할 수 없다. 그러나 그 전쟁에 대한 역사적 관점은 변할 수밖에 없다. 언제까지나 증오와 원한과 적개심과 복수심만을 유발하는 동족상잔의 침략전쟁으로만 볼 것이 아니라, 비록 방법상으로 좋지 않았고 또 성공하지도 못했지만, 그래도 부자연스럽게 분단된 국토와 민족을 통일하려 한 전쟁이었다고 보는 역사인식으로 전환하는 것이 중요하다고 생각한다.

거듭 강조하지만 6·25전쟁을 침략전쟁으로 보지 말고 통일전쟁으로 인식할 때 비로소 전쟁의 방법으로는 통일될 수 없는 한반도적 조건이 이해될 수 있으며, 그럴 때 평화통일론이 정당성과 역사성을 가지게 되는 것이다. 6·25전쟁이 1950년 6월부터 1953년 7월까지 한반도에서 계속된 전쟁이라는 사실은 어느 시대나 다름없다. 그러나 민족의 다른 한쪽을 침략자요 적으로 인식할 필요가 절실했던 북진통일론이 판을 치던 시대의 6·25전쟁 인식과, 민족의 다른 한쪽을 적이 아닌 동족으로 협상통일 대상으로 인식해야 할 필요성이 절실한 평화통일론이 정착해가는 시점의 6·25전쟁 인식이 달라야 함은 말할 나위가 없다. 한마디로 말해서 침략전쟁으로 보던 역사인식에서 통일전쟁으로 보는 역사인식으로 전환되어야 하는 것이다. (2000년 5월)

'3·1민주구국선언'의 역사적 성격

1. '3·1민주구국선언'의 배경

1976년 3월 1일 오후 6시 명동성당에서 발표된 '3·1민주구국선언'은 좁혀서 보면 '반유신' 선언이라 할 수 있다. 따라서 '3·1민주구국선언'의 역사적 배경을 이해하려면 '반유신' 운동에 대한 이해가 앞서야 할 것 같다. 박정희(朴正熙) 등이 일으킨 군사쿠데타는 그를 중심으로 하는 일부 군부의 정치적 집권욕이 가장 큰 원인이지만, 한편으로는 4·19운동 후 급격히 확산된 평화통일운동에 대한 군부 일부와 미국 쪽의 불안도 큰 원인이었다고 할 수 있다.

정권의 민간 이양을 약속한 이른바 '혁명공약'을 스스로 위반하여 군복을 벗고 '민정'에 참가한 박정희는 경제건설을 핑계로 1969년에 3선개헌을 강행했고, 1971년 대통령선거에서 야당의 김대중(金大中) 후보에게 고전한 후 1972년에 '10월유신'을 단행했다. 유엔에서의 제3세력의 대거 진출과 미소, 미중 화해정책 등에 위협을 느낀 박정권은 김일성(金日成)정권과 함께 7·4공동성명을 발표하고, 통일교섭을 적극적으로 하기 위해 내부 체제를 강화한다는 평계로 '유신'을 단행한다고 했다. 그러나 '유신'은 특히 3선개헌 이후 국내에서 광범위하게 일어난 민주화운동을 탄압하고 영구집권의 길을 열기 위한 조처에 지나지 않았다.

'유신'을 강행한 가장 중요한 목적은 대통령직선제를 폐지하고 '통일주체국민회의'에 의한 간접선거제를 실시하는 데 있었다. 박정희는 국회를 해산하고 계엄령을 선포했으며 대학을 휴학시키고 언론을 통제한 속에서 '유신'헌법을 만들어 국민투표에 부치고 통일주체국민회의의 간접선거를 통해 제8대 대통령으로 당선되었다. '유신'체제라는 것은 막연한 독재체제가 아니라 그 모법(母法)이라 할 수 있을 '유신'헌법 속에 체제의 속성이 담겨 있었다. 따라서 그 내용을 알지 않고는 '유신'체제를 이해할 수 없으며 '유신'체제를 구체적으로 모르고서는 '반유신'운동을 이해할 수 없다.

유신헌법은 "국민은 그 대표자나 국민투표에 의해 주권을 행사한다"고 하여 대통령이 중요 정책을 국민투표로 합법화할 수 있게 했다. 유신헌법의 또다른 반역사적 성격은 노동3권에 대한 제약을 제도화하고 긴급조치권을 두었다는 점이다. 그리고 구속적부심사제도(拘束適否審查制度)를 폐지하고 자백만으로도 처벌할 수 있게 하여 국민의 기본권을 크게 제약한 점이다.

유신헌법은 또 국회의원 3분의 1을 대통령이 추천하여 통일주체국민회의에서 간접선거를 하도록 했다. 국회의원의 3분의 1을 사실상 대통령이 임명하게 한 것이다. 그리고 입법부의 국정감사권을 없애고 연간 회기를 150일로 제한했다. 입법부는 기능이 크게 축소되면서 행정부에, 특히 대통령에게 더욱 예속되었다. 사법부의 법관 임명권도 대통령이 가지게 했다. 대통령의 권한은 일방적으로 비대해져서 3권을 거의 장악한데다 통일주체국민회의에서 간접선거를 하고 임기마저 6년으로 연장했으며, 중임 제한조항을 없애서 실질적으로 영구집권을 가능하게 했다.

한편 '3·1민주구국선언'을 낳은 반'유신'운동의 뿌리도 깊은 것이었다. 박정희 군사쿠데타 후의 탄압과 공포 분위기에 눌려 있던 민주화운동세력이 일제히 행동을 재개한 것은 한일협정 반대운동부터였다. 야당과 종교·문화단체 대표 200여 명으로 성립된 '대일굴욕외교반대 범국민투쟁위원회'가 거국적 투쟁을 벌임으로써 위수령(衛戍令)이 발동되었고, 3선개헌 후의 대통령선거 때도 재야인사들이 '민주수호국민협의회'를 결성하며 박정희 당선저지운동을 감행하였다. 박정희가 당선된 후에도 반독재운동은 계속되었다. 이같은 반독재운동에 밀린 박정권이 마침내 영구집권을 위한 유신을 강행하자 그때부터는 반유신운동이 치열하게 전개되었다.

1973년에는 일본에서 반유신운동을 추진하던 김대중의 납치사건을 계기로 남북대화가 중단되고, 1974년에는 장준하(張俊河)를 중심으로 하는 '유신헌법에 대한 개헌청원 100만인 서명운동'이 전개되면서 헌법논의 금지를 규정한 긴급조치 1호가 발동되었고, 곧 민청학련사건이 발표되었다. 이어서 동아일보를 중심으로 하는 신문기자들의 '자유언론실천선언'이 일어났고 윤보선(尹潽善) 등 71명이 서명한 '민주회복국민회의'가 발족됐다. 한편 1970년대로 들어오면서 종교계에서도 목요기도회·금요기도회 등을 통한 반유신운동이 줄기차게 계속되었다.

1975년에 들어와서도 유신헌법 반대운동은 치열하게 전개되었다. 이에 박정희정권은 궁여지책으로 유신헌법에 대해 찬반을 묻는 국민투표를 실시하고 긴급조치위반 구속자 대부분을 형집행정지로 석방하지 않을 수 없었다. 그럼에도 반유신운동은 계속되었고 이에 따라 긴급조치가 9호까지 발동되었다. 반유신운동이 꾸준히 지속되자 박정희 유신정권도 1976년 영일만에서의 석유발견 발표 등으로 국민의 관심을 돌리려 했는가 하면 야당의 일부에 대한 포섭공작을 벌이는 등 반유신운동을 희석화하려는 공작을 계속했다. 이 때문에 1976년경에는 한층 더 큰 돌파력을 가진 반유신운동이 필요했고, 그것이 '3·1민주구국선언'으로 나타났다고 할 수 있다.

2. '3·1민주구국선언'의 성격

앞에서도 말한 것처럼 '3·1민주구국선언' 이전에도 각종 교회나 종교단체에서 민주화 및 반유신 기도회는 자주 또는 정기적으로 열리고 있었다. '3·1민주구국선언'도 명동성당의 3·1절 기념미사에서 낭독되었지만, 그러나 여느 기도회의 설교나 보고, 강연과는 다른 의미가 있는 것임은 말할 나위가 없다. 그 다른 의미를 이해하기 위해서는 우선 이 선언이 이루어진 경위부터 살펴볼 필요가 있다.

한국기독교교회협의회에서 발행한 『1970년대 민주화운동』 제2권의 「3·1민주구국선언사건의 개요」에 의하면 "암울한 현실 속에서 3·1절을 그냥 보낼 수 없다고 판단한 문익환(文益煥) 목사는 2월 12일 3·1절을 기해 발표할 선언문의 초안을 작성하여 다음날 함석헌(咸錫憲)을 방문하여 그의 의견을 물었다"고 했다.

문익환은 구일본군 장교 출신 박정희의 1970년대 유신통치가 일본제국주의자 조선총독의 1910년대 무단통치에 비유할 만한 것이라고 생각했다. 그리고 1919년의 3·1운동이 식민지배를 종식하려고 역사의식이 있는 종교인이 주축이 되어 일으킨 사건임을 알고 있었기 때문에 유신체제를 반대하는 역사의식을 가진 종교인으로서 1976년의 3·1절을 "그냥 보낼 수 없다고 판단"하게 된 것이다.

역시 「3·1민주구국선언사건의 개요」에 의하면 "이처럼 문익환 목사가 3·1절에 발표할 선언서의 초안을 작성하고 있을 때 대통령후보였던 김대중도 2월 21일 독자적으로 선언문을 작성하고 있었다"라고 했다. 1973년에 일본에서 반유신운동을 하다가 납치되어와서 오랫동안 연금상태에 있던 김대중도 1976년 3·1절을 맞으면서 반유신선언을 준비하고 있었고, 문익환과 김대중 등이 준비하던 반유신선언 계획이 전직 대통령 윤보선에게 전달됨으로써 하나로 합쳐지게 되었다.

문익환의 초안이 기초가 된 '3·1민주구국선언'의 내용을 분석해보면 그 역사적 성격을 다음과 같이 몇 가지로 지적할 수 있다.

첫째 '3·1민주구국선언'은 제2의 '3·1독립선언'임을 의식하면서 한일협정으로 시작된 이른바 '경제입국론'이 유신독재체제 성립의 원인이라 인식하고 이를 강력히 비판했다는 점이 두드러진다. '선언'은 "국방력도 경제력도 길러야 하지만 민주역량의 뒷받침이 없을 때 그것은 모래 위에 세운 집과 같다"라고 하고 "현정권 아래서 체결된 한일협정은 이 나라의 경제를 일본경제에 완전히 예속시켜 모든 산업과 노동력을 일본 경제침략의 희생물로 만들어버렸다"라고 비판했다.

둘째 "우리는 국민의 자유를 억압하는 긴급조치를 철폐하고, 민주주의를 요구하다가 투옥된 민주인사들과 학생들을 석방하라고 요구한다"라면서 국민들의 강력한 저항 앞에서 유신체제를 유지하는 비상수단이었던 긴급조치의 철폐를 요구하였다.

셋째 "유신헌법으로 허울만 남은 의회정치가 회복되어야 한다"라고 하여 다소 우회적이고 온건한 표현이지만 유신헌법의 철폐를 요구하고 사법부의 독립을 촉구했다.

넷째 박정희정권의 퇴진을 요구하였다. 유신체제 등장 이후의 엄청난 무역적자와 누적된 외채, 그리고 노조 조직권과 파업권을 빼앗긴 노동자와 농민이 외국자본의 착취에 내맡겨진 실정을 드러내는 한편, 경제부조리와 부패로 인한 경제파탄을 전망하면서 "사태가 이에 이르고 보면 박정권은 책임을 지고 물러날 밖에 다른 길이 없다"라며 박정권의 퇴진을 정면으로 요구하고 나선 것이다.

다섯째는 민족통일의 방향을 제시한 점이다. '선언'은 "민족통일은 오늘 이 겨레가 짊어진 최대의 과업이다" 하고 "승공의 길, 민족통일의 첩경은 민주역량을 기르는 일이다"라고 했다. 1992년의 '남북불가침조약'이 맺어지기까지는 아직도 20년에 가까운 세월을 앞둔, 군사독재정권의 반공주의가 횡포를 부리던 1976년의 시점에서는 '승공'통일 노선의 틀을 넘어서지 못했다. 그러나 민주주의 발달이 통일로 가는 지름길임을 강조하고 있음을 볼 수 있다.

'3·1민주구국선언'의 목적은 결국 긴급조치 철폐, 유신 철폐, 박정권 퇴진을 요구한 선언이라 요약할 수 있으며, 특히 박정권 퇴진을 요구했다는 점에서 정권 쪽의 '분노'를 사게 된 것 같다. 박정권은 1976년 3월 10일에 이 '선언' 사건을 '일부 재야인사들의 정부 전복 선동사건'으로 이름지어 발표하면서 관련자 20명을 대통령 긴급조치 9호 위반혐의로 입건했다.

그리고 "민주회복이라는 명목 아래 정권 퇴진 요구 등을 앞장서 주창함으로써 일반대중이 이에 호응하여 전국적으로 대규모의 봉기를 일으킬 수 있을 것이라고 망상한 나머지 이른바 '민주구국선언'을 발표하기에 이르렀는바, 이들은 동 선언 발표로 청중을 선동하여 시위를 촉발함으로써 민중봉기로 유도, 확산시켜 사회를 혼란에 빠뜨리고 이를 이용하여 현정부를 전복, 정권을 탈취할 것을 획책하였던 것이다"라고 했다.

명동성당에서 열렸던 3·1절 기념미사에서 선언서 낭독으로 끝난 일을 '시위 촉발' '민중 봉기' '정부 전복' '정권 탈취'로까지 확대 해석하여 문제를 크게 만든 것은 '선언서'가 유신헌법 철폐 수준을 넘어서서 박정권의 퇴진을 정면으로 요구한 것에 '흥분'한 때문이었을 것이다. 또한 종교인이나 지식인에 한정되지 않고 전직 대통령과 전 대통령후보 등 중요한 야당 정치인까지 '선언서'에 서명했기 때문이기도 했다. 그러나 정권 쪽이 흥분한 가장 큰 원인은 엄혹한 유신체제 아래서 지금까지 개헌운동에 한정되었던 반유신운동을 정권퇴진운동으로 상승시킨 것이라고 할 수 있다.

3. '3·1민주구국선언'의 영향

'3·1민주구국선언'으로 문익환·김대중 등 11명이 구속되고 함석헌·윤보선 등 9명이 불구속 입건되었다. 이 사건은 3월 10일 검찰에서 발표된 후 5월 4일 제1심 재판을 시작으로 15차의 1심 공판과 10차의 항소심 공판을 거쳐 상고심으로 이어졌다. 1977년 3월 22일 대법원에서 전체 피고인의 유죄를 인정하고 항소심 판결을 확정지을 때까지 1년여에 걸쳐 국내외에 많은 반응을 불러일으켰다. 특히 사건의 주동자들이 기독교계의 저명인들과 국제적으로도 널리 알려진 정치인들이었기 때문에 국내외적으로 미친 영향은 대단히 컸다.

우선 국내의 기독교계는 이 사건을 계기로 수많은 성명서와 질문서·결의문·공개서한·진정서·담화문 등을 발표하여 반유신운동인 '3·1민주구국선언서'사건을 국내외에 널리 알렸다. 그리고 세계교회협의회를 비롯한 각국의 기독교 기관들은 기독교인들이 중심이 된 이 사건을 널리 알림으로써 국제사회의 관심을 집중시켰다.

한편 이 사건은 오랫동안 유신체제적 공포분위기에 눌려 있던 국내

상황에도 돌파구를 마련하는 역할을 했다. 이 사건은 기독교계 반유신운동의 위상을 한층 더 높이고, 이후 기독교산업선교회 등의 활동을 한층 더 활발하게 했다. 이런 추이는 1979년에 들어서 YH노동운동이 기독교산업선교회와 연대하여 민주당과의 공동투쟁으로 발전하게 했고, 그것이 민주당 총재 김영삼(金泳三)의 의원직 박탈로 이어졌다. 또 그것이 부마민중항쟁을 낳았으며 그 결과가 10·26 박정희 암살사건으로 연결되어 결국 박정희정권의 종말을 가져온 것이다.

'3·1민주구국선언'사건은 주로 기독교 성직자와 지식인, 그리고 역시 기독교계에 속해 있는 정치인 등을 중심으로 하는 반유신운동이었다. 그러나 그 운동의 도전 대상은 단순히 유신체제에 한정된 것이 아니라 박정희정권 자체였으며, 결과적으로 박정희정권을 무너뜨리는 데까지 연결되었다고 할 수 있다.

그러면서도 그것이 3·1절을 계기로 감행된 반군사독재·반유신운동이었다는 점에서 또다른 역사적 의미가 있다고 할 수 있다. 이미 잘 알려진 것처럼 3·1운동도 일본제국주의의 혹독한 무단통치 아래서도 그나마 일부 가능했던 교회활동이나 종교집회 등을 통해서 계획될 수 있었고 또 그 단초를 찾을 수 있었다. 그리고 종교인을 중심으로 발단된 3·1운동은 이후 국민 각계각층으로 확산되어 거족적 운동으로 발전했다.

'3·1민주구국선언'은 유신정권이 독재정권으로서 갖출 수 있는 장치를 모두 갖춘 상황에서, 야당을 비롯한 모든 반정부세력이 한정된 저항밖에 할 수 없게 된 상황에서, '제2의 3·1운동'을 지향하면서, 3·1운동이 식민지배의 종식을 요구한 것처럼 독재정권의 퇴진을 요구한 선언이었다. 그리고 그것이 중요한 기폭제가 되어 결국 박정희 독재정권이 무너지는 결과를 가져왔다. 다만 이 '선언'이 3·1운동 같은 거족적 반유신운동을 즉각 유발하지 못했다는 점에 차이가 있다고 하겠다. (2000년 11월)

4

조선혁명간부학교와 육사 이활

1.머리말

흔히 '청포도 시인'으로 알려진 육사 이활(李活)[1]이 평생을 일본제국주의에 항거하며 살다간 민족해방운동전선의 일원이었음은 어느정도 알려진 사실이다. 1904년생인 그가 처음으로 민족해방운동에 투신한 것은 1925년에 중국에 갔다온 이정기(李定基)와 원기(源琪)·원일(源一)·원조(源朝) 등 형제와 함께 비밀결사를 조직한 때부터였던 것 같다.[2]

이후 그는 1927년에 중국 북경(北京)을 다녀온 후 장진홍(張鎭弘)의 조선은행 대구지점 폭탄사건 관련혐의로 3형제와 함께 체포되었고, 1930년에 다시 대구 시내의 배일격문(排日檄文)사건으로 원일과 함께 체포되어 6개월 옥고를 겪었다. 1931년에 다시 중국에 가서 김두봉(金

---

1) 초명(初名)은 원록(源祿), 두번째 이름은 원삼(源三)인데, 활(活)이란 이름은 스스로 지어 부른 것이라고 한다. 스스로 지은 이름이기도 해서, 그의 큰조카 이동영(李東英)이 쓴 「열전(列傳)」에서 "陸史 李活"로 표기한 것을 따른다.
2) 李東英『韓國獨立有功志士列傳』, 六友堂紀念會 1993, 64면.

枓奉)을 만났고, 1932년에는 중국의 문호요 사상가인 루 쉰(魯迅)을 만났으며, 그해 10월에 의열단(義烈團)계가 운영하는 조선혁명간부학교[3]에 입학했다.[4]

그의 항일운동이 이 학교에 입학하기 이전에도 의열단과 같은 일정한 조직과 직접적인 관련이 있었는가를 지금으로서는 밝히기 어렵다. 따라서 어떤 의미에서는 혁명간부학교에 입교하면서부터 이활의 민족해방운동은 본격적으로 또 조직적으로 추진되는 단계에 접어들었다고 볼 수 있다. 특히 의열단계 혁명간부학교의 개교는 한국대일전선통일동맹의 성립과 함께 1930년대 이후 우리 민족해방운동사에서 중요한 의미가 있다.

이 글에서는 이활이 제1기생으로 입교한 조선혁명간부학교가 언제 어떻게 설립된 학교이며 그곳에서 이활은 어떤 교육을 받았는가, 그리고 이활을 포함해서 이 학교 졸업생들 중심의 민족해방운동이 이후 어떻게 발전해갔는지 등을 밝힘으로써 육사 이활이 참가한 민족해방운동이 우리 전체 운동사에서 어떤 위치를 차지하며 또 어떤 의미가 있는가 하는 문제를 설명하고자 한다. 이활 개인의 운동사적 자료가 너무도 부족한 지금, 그가 처음(?) 투신했던 대규모 조직적 민족해방운동단체였다고 할 수 있을 조선혁명간부학교의 역사성을 통해 개인의 운동사적 위치 및 성격을 추적해보는 것도 하나의 방법이 될 수 있을 것이다.

---

3) 이 학교는 중국 국민정부(國民政府) 군사위원회(軍事委員會) 간부훈련반(幹部訓練班) 제6대(隊)로 우리는 주로 조선혁명간부학교, 혹은 의열단군관학교(義烈團軍官學校) 등으로 불렀다.
4) 이동영, 앞의 책 64~65면.

2. 조선혁명간부학교는 어떤 곳이었는가

먼저 일본의 사법기관이 파악한 조선혁명간부학교 입교 이전 그의 경력이 큰조카 이동영(李東英)이 쓴 『열전』[5]의 내용과 다소 차이가 있음을 볼 수 있다. 경찰 취조 때 본인이 진술한 내용으로 작성한 것이 아닌가 하지만, 일본의 정보기관이 파악한 바에 의하면 이활은 1920년 본적지의 공립보통학교를 졸업한 후 영천(永川)의 백학학교(白鶴學校)와 토오꾜오의 마사노리(正則)예비학교를 다녔고, 닛뽄대학(日本大學) 문과전문부를 다니다가 병으로 퇴학했으며, 1926년에는 북경의 '중국대학'에 입학했다가 1927년에 퇴학하고 귀국했다. 그해 10월에 조선은행 대구지점 폭파사건으로 검거되었다가 1929년 5월에 면소(免訴)되었고, 이후 중외일보·조선일보의 특파원이 되어 활약하다가 1932년 3월 10일 중국의 봉천(奉天, 지금의 심양瀋陽)으로 갔고, 북경·천진(天津) 등지에 있다가 그해 10월에 조선혁명간부학교에 입교한 것으로 되어 있다.[6]

일본 쪽의 자료는 또 이활이 혁명간부학교에 입교하게 된 것은 밀양 출신 윤세주(尹世胄)의 권유에 의해서였다고 했다.[7] 윤세주는 김원봉(金元鳳)과 연관되지 않을 수 없고, 김원봉과 윤세주를 말하려면 이활의 민족해방운동을 이해하기 위해서라도 의열단을 말하지 않을 수 없다. 의열단은 널리 알려진 것처럼 1919년 11월에 중국 지린성(吉林省)의 파호문(巴虎門) 밖에서 김원봉·윤세주 등 13명이 모여 조직한 독립운동단

---

5) 같은 책 「民族詩人 李陸史」 참조.

6) 朝鮮總督府 警務局 「軍官學校事件의 眞相」(昭和 9年 12月); 한홍구·이재화 엮음 『한국민족해방운동사자료총서』 3, 京沆文化社 1988, 125면.

7) 같은 자료 255면.

체다.[8]

의열단은 이후 많은 젊은 단원을 확보한 폭력적 독립운동단체로 발전하여 1923년 김상옥(金相玉)의 종로경찰서 폭탄투척, 1924년 김지섭(金祉燮)의 일본 궁성 폭탄투척 등 국내외에서 많은 투쟁을 감행했다. 그러다가 1925년에는 김원봉을 비롯한 그 주요구성원 대부분이 중국의 제1차 국공합작으로 세워진 황포군관학교(黃浦軍官學校)[9]에 입학함으로써 투쟁노선이 바뀌는 계기가 되었다.

황포군관학교를 졸업한 후 김원봉 등은 중국공산군의 하룡(賀龍)부대에 가입하여 북벌전쟁에 참가하였으며, 의열단 자체도 '농공민중(農工民衆)정권 수립'을 목적으로 할 만큼 진보적인 단체로 변하였다. 그들은 당시의 우리 민족해방운동전선에서 추진된 좌우익 민족협동전선운동에 적극적으로 참가하여 '전투적 협동전선'을 지향하면서 '통일적 독립당'의 결성을 주장하고, 국내에서 공산주의운동을 하다가 중국으로 망명한 엠엘(ML)파 간부 안광천(安光泉)과 제휴하여 북경에 레닌주의 정치학교를 설립하여 1930년부터 31년까지 2회에 걸쳐 21명의 학생을 배출했다.[10]

일본이 '만주사변'을 도발함으로써 중국의 항일기운이 높아지게 되자 우리 민족해방운동전선의 항전태세도 바뀌어갔다. 그 구체적인 변화가 역시 민족해방운동전선의 통일을 적극적으로 추진하여 중국 관내지역에 있는 각 독립운동단체들의 연합체를 형성하는 일이었다. 1932년 10월부터 한국독립당·조선혁명당·조선의열단·한국광복동지회 등의 대

---

8) 박태원『若山과 義烈團』, 白楊堂 1947, 26면.

9) 황포군관학교는 소련의 원조와 중국공산당의 협력으로 운영된 국공합작의 상징이며 실체였다.(水野直樹「黃浦軍官學校와 朝鮮의 民族解放運動」, 『朝鮮民族運動史研究』第6號)

10) 강만길『조선민족혁명당과 통일전선』, 和平社 1991, 34~41면 참조.

표가 상해에 모여 의논한 끝에 11월에 한국대일전선통일동맹을 결성하여 명칭 그대로 중국 관내에 있는 우리의 대일전선을 통일했다.[11]

1925년에 이미 "우리 조선사람의 처지로는 민족운동자와 사회운동자의 연락과 합동이 있어야 한다기보다는 민족운동이 곧 사회운동이 되어야 할 것이며 사회운동자가 곧 민족운동자가 되어야 할 것이라 합니다. 조선민중의 생존번영 자유평등을 위하야 분투노력한다는 그 실질문제에서 두 가지 운동이 다른 것이 무엇이었습니까"[12]라고 한 김원봉 중심의 의열단이 좌우익 통일전선운동의 핵심이었음은 오히려 당연하다고 할 수 있다.

이활이 의열단의 좌우익 통일전선노선에 동조했는지 어떤지 구체적으로 밝힐 만한 자료가 없지만, 의열단이 세운 혁명간부학교에 제1기생으로 입교한 것이 1932년 10월이었으니까, 의열단이 주동세력이 되어 추진한 중국 관내 민족해방운동에서 통일전선체 대일전선통일동맹의 성립이 논의되고 있던 바로 그 시점이었음을 알 수 있다. 한편 '만주사변'이 일어나자 남경(南京)으로 옮겨간 김원봉 등 의열단세력은 일부의 비난을 무릅쓰고 황포군관학교 출신 중심으로 구성된 중국 국민당정부 삼민주의역행사(三民主義力行社, 일명 감의사監衣社)의 도움을 받아 조선혁명간부학교를 설립하였고,[13] 이활과 그의 혁명간부학교 입교를 권유한 윤세주 등이 제1기생으로 입교했다.

---

11) 같은 책 46~54면 참조.
12) 염인호 『김원봉연구』, 창작과비평사 1993, 91면.
13) 같은 책 148~49면 참조.

3. 조선혁명간부학교에서 무엇을 배웠는가

의열단 운영 조선혁명간부학교의 이활 등 제1기생 26명은(입학 당시는 20명, 후에 6명 참가) 1932년 10월 20일 남경 교외 강녕진(江寧鎭) 탕산(湯山) 선수암(善壽庵)에 있는 교사에서 입교식을 거행했다.[14] 일본인들이 입수한 자료에 의하면, 학교의 교정에서 거행된 입학식에는 교장 김원봉을 비롯하여 왕현지(王現之, 본명 李英俊) 이하 조선인 교관과 내빈으로서 남경의 중국일보(中國日報) 사장인 중국인 강탁(姜鐸), 황포군관학교 동창회장 강모(姜某), 중국 모사단 사단장 등이 참석했다. 식장에는 장 제스(蔣介石)와 쑨 원(孫文)의 사진을 걸었고 중앙에는 태극기와 중국의 청천백일기가 교차되어 걸려 있었으며, 벽면에는 '조선독립' '동3성탈환' '타도일본제국주의' '중한합작만세' '중국혁명성공만세' '조선혁명성공만세' '간부훈련반만세' 등의 표어가 붙어 있었다.[15]

이 학교의 교관은 20여 명이었고 그중 중국인이 3명이었다. 이수기간은 1932년 10월 20일부터 1933년 4월 20일까지 6개월이었고, 입교생들은 재학중에는 학원(學員)으로 불렸다. 그들은 중국국민군 보통병사의 상위로서 견습사관의 대우를 받고 졸업 2~3개월 후에는 소위로 임관하게 되었다. 그들은 아침 6시에 기상하여 저녁 9시 취침하기까지 교양과목과 군사학을 교육받았다.

교양과목으로는 한모(의열단 간부 한일래韓一來일 것이다 – 필자) 교관에게서 정치학을, 왕현지에게서 경제학을, 김정우(金政友)에게서 사회학과 조직

---

14) 1934년 5월 26일에 남경 성내의 화로강(花露崗)에 있는 이연선림(怡然禪林)이라는 낡은 절로 옮겼다.
15) 한홍구·이재화 엮음, 앞의 책 150면.

방법을, 김원봉에게서 철학을 배웠고, 신악(申岳)·이동화(李東華)·김종(金鍾)·권준(權晙) 등 교관에게서 군사학을 배웠다. 그밖에 통신법·선전법·연락법 등을 비롯하여 폭탄·탄약·뇌관·도화선 등의 제조법 및 투척법, 피신법·변장법·서류은닉법·삐라살포법·암살법·무기운반법·철로폭파법·열차운전법 등을 교습받았다.[16]

　일본인들이 입수한 자료 중에는 이 학교의 학과교육 강의내용이 일부 들어 있는데, 그중에서도 교장 김원봉의 「조선정세와 본단의 임무」라는 강의가 이 학교의 교육 목표 및 성격과 관련하여 주목할 만하다. 김원봉은 먼저 조선정세를 일반정세와 조선 내의 정치 그리고 공업경제와 농업경제를 강의하고, 특히 '각 계급의 해부' 부분에서 "금후의 조선혁명은 노동자계급의 이해문제에 입각한 프롤레타리아혁명이 아니면 안 된다" "농업프롤레타리아는 아직 미약한 세력밖에 못 가졌지만 장래 노동계급의 동맹군으로서 계급혁명에 동원할 가능성을 풍부하게 가지고 있다"고 하여 노농계급을 혁명의 주체로 설정하고, 토지정책에서는 종래의 전체 지주토지의 몰수정책을 수정하여 500석 이상 지주의 토지에 한해서 몰수해야 한다고 했다.[17]

　그다음, 토착부르주아에 대해서는 "조선독립의 단계까지는 움직일 가능성을 가지고 있으나 진정한 조선의 계급적 혁명에 도달했을 때는 완전한 반동적 적이다"라고 했고, 그러면서도 소시민계급에 대해서는 "그 주위환경은 완전히 혁명적 계급이며 조선혁명의 최후의 단계까지 투쟁적 역할을 다할 중요성을 가지는 계급이다"라고 했다.

　당연하지만, 총독부관리층에 대해서는 "민족적으로 몸은 조선인이지

---

16) 같은 책 151~67면 참조.
17) 같은 책 488~91면 참조.

만 정신은 완전히 일본 자본가와 제국주의화한 계급으로서 말할 것 없이 직접적 혁명에 대한 적이다"라고 했고, 민족주의자에 대해서는 "진정한 조선혁명의 최후단계는 곧 프롤레타리아계급혁명이므로 그 단계에 도달하면 완전히 반동세력이 되지만" "타도일본제국주의와 조선민족해방이라는 단계까지는 완전히 악수할 수 있는 전투적 혁명층이며 버릴 수 없는 분자"라고 했다.[18]

장 제스 정부의 도움으로 개설한 혁명간부학교에서 노농계급혁명을 지향하는 강의를 할 수 있었다는 사실이 흥미롭지만, 이 시기의 의열단은 노농계급 중심 혁명을 지향하면서도 그 통일전선의 대상을 계급적으로는 소시민계급과 중소지주층까지, 그리고 이념적으로는 민족주의자까지 확대하고 있었음을 알 수 있게 한다.

이와 같은 김원봉의 생각이나 의열단의 노선은 이후 1935년의 통일전선정당으로서 조선민족혁명당에 참가하고, 1937년 조선민족전선연맹을 조직했으며, 1940년대 이후 한국광복군과 임시정부에 참가하면서 훨씬 '우경화'한다.[19] 이 혁명간부학교에서 6개월간 이러한 교육을 받은 이활의 이후 행적을 추적해보자.

4. 조선혁명간부학교 졸업 후 무엇을 했는가

당시 일본 쪽에서 입수한 자료에 의하면, 이활 등 조선혁명간부학교 제1기생들의 졸업식은 1933년 4월 23일, 역시 태극기와 중국의 청천백

---

18) 같은 책 491~95면 참조.

19) 중국 관내 우리 민족해방운동전선에서의 김원봉과 의열단의 이후의 변천과정에 대해서는 강만길, 앞의 책 제6장 참조.

일기가 교차되어 걸리고 '타도일본제국주의' '조선혁명간부학교 서울이전' '조선혁명성공만세' '중한연합혁명성공만세' '세계피압박민족해방만세' '동3성에서의 일본제국주의구축' 등의 표어가 붙은 학교 강당에서 거행되었다.

졸업식에는 교장 김원봉을 비롯하여 조선인과 중국인 교관들이 참석했고 내빈으로는 중국 쪽에서 입학식에 참석했던 남경의 중국일보 사장 강탁과 과외강사로서 비밀공작법을 가르친 협중용(協中庸) 등이, 조선인으로는 미국의 군관학교를 졸업하고 제2기생의 교관이 되기 위해 서울서 왔다는 40세 정도의 이달(李達) 등이 참석했다.

졸업식은 남경에 있는 한 유명한 조선인 한학자가 가사를 쓰고 한 학생이 작곡한 '조선혁명간부학교 교가'를 합창하고, 교장의 개회사와 내빈 축사, 졸업생 답사 등의 순서로 진행되었다. 졸업식이 끝난 후 연극 공연 등의 축하행사가 있었는데, 내빈으로 참석한 중국인 강탁이 교장실에서 졸업생들을 일일이 만나보고 졸업 후의 진로문제 등을 물었다고 한다.[20] 그는 단순한 신문사 사장이 아니라 학교에 대한 중국 측의 실질적 후원자였는지도 모르겠다.

의열단은 교관이나 입학 때의 소개자를 통해 이활 등 혁명간부학교 제1기생들의 혁명의식을 확인한 후 재학 중에 한 사람 한 사람씩 극비리에 입단을 권유하고 이에 응한 사람에게는 "의열단의 일체의 규칙을 준수함은 물론 혁명사업에 투쟁할 것을 맹서"하는 가입맹서를 하게 했다.[21] 다음에서 보는 것과 같이 제1기 졸업생의 중요한 사명이 의열단 지부를 조직하는 일이었던 것으로 보면 혁명간부학교 졸업생은 모두

---

20) 한홍구·이재화 엮음, 앞의 책 169~84면 참조.
21) 같은 책 168면.

의열단에 가입했다고 보는 것이 타당하지 않을까 한다.

그러나 제1기생들이 학교를 졸업한 약 2개월 후인 1933년 6월 말경, 의열단 전체회의가 남경의 혁명간부학교에서 개최되었고, 여기에 참가한 제1기 졸업생 단원 18명의 명단이 있으나 그 속에 이활의 이름은 없다.[22] 다음에서 다시 밝히겠지만 1933년 6월경에는 그가 아직 중국을 떠나지 않았던 것이 확실한데, 혹시 의열단에 가입하지 않아서 이 전체회의에 불참했는지 아니면 가입했으면서도 다른 사정으로 불참했는지 지금으로서는 알 수 없다.

의열단에서는 학교 설립의 취지에 비추어 제1기 졸업생의 대부분을 만주지방으로 파견하여 무장활동을 시키려고 했다. 그러나 졸업생들 대부분은 무장활동이 시기상조라며 국내에 가서 조직활동을 하기를 원했다고 한다. 졸업생들을 국내에 파견하면서 그들에게 내린 일반사명은, 첫째 널리 동지를 획득하여 의열단 지부를 조직할 것, 둘째 노동자·농민·학생층을 기본체로 하여 하층조직에서 상층으로 미조직자를 규합하고, 이미 조직이 있는 것은 이를 확대 강화하여 사상통일과 실력양성에 노력하며, 중요하고 구체적인 공작을 수행하기 위해 전력을 민중 총동원에 경주할 것, 셋째 제2기생을 모집하여 도항, 입학의 편의를 줄 것 등이었다.[23]

이밖에 특별사명으로 "특히 각 개인의 성질·경력·환경 등에 따라 농민운동·학생운동·사상운동 등에 관해 특히 상세한 지령을 주었다"고 했으나, 이 특별사명의 내용은 일본인들이 입수하지 못한 것 같다. 이밖에 당·단·조합 등의 조직까지 가는 도정으로서 먼저 온건단체를 표

---

22) 같은 책 394~97면 참조.
23) 같은 책 67~68면 참조.

방하여 야학회 등을 설립하고 지식향상의 도모를 명목으로 하여 집합의 기회를 만들어 의식분자를 규합할 것 등을 사명으로 주었다.[24)]

뒷날 제2기 졸업생의 파견사명을 말하면서 "제1기생에 대해서는 원칙적으로 의열단 지부 설치를 종용하고 미조직자의 결속을 도모하기 위해 각 개인의 특수성에 비추어 각 방면에서 자유활동을 시켰으나 제2기생에 대해서는 일부의 졸업생에게는 의열단 지부 조직을 명령했지만, 중요분자에 대해서는 민족사상 합동단결체인 전진대 및 조선공산주의혁명당 조직의 목표를 정해 강령수칙 등을 결정하고 혹은 동지간의 연락암호를 정하는 등 현저하게 조직화했다"[25)]고 했다.

다음에 올 제2기생에 비해 비교적 각자의 특수성에 따라 자유활동을 보장받은 제1기 졸업생 이활은, 체포된 후 경찰 심문조서를 근거로 작성한 것이라 생각되는 일본 쪽 기록에 의하면, "조선의 독립을 위해 국내의 노동자·농민에 대해 혁명의식을 고취하고 제2기생을 모집하라"는 특명을 받고 1933년 7월 14일 윤세주에게서 여비 80원을 받아 동래 출신의 동기생 문길환(文吉煥)과 함께 배편으로 중국의 안동(安東)현으로 가서 신의주를 통해 서울에 왔다.[26)]

뒷날 자신이 쓴 수필에서 이활은 이때 상해를 떠나면서 비취도장의 한 면에 '증 S. 1933.9.10. 육사'라고 새겨 S에게 기념으로 주었다고 했다.[27)] 여기에서 S는 그를 혁명간부학교로 인도했고 제1기 동기생이기도 했으며 조선으로 나갈 여비를 직접 전해준 의열단의 핵심인물 윤세주라고 생각된다. 윤세주는 호가 석정(石正)으로 민족해방운동전선에

---

24) 같은 책 186~87면 참조.

25) 같은 책 227면.

26) 같은 책 255면.

27) 이동영, 앞의 책 65면.

서는 윤세주보다 석정으로 더 많이 불렸다. S는 아마 석정의 영문 첫자가 아닌가 한다.

앞의 일본 쪽 자료에서 이활이 윤세주에게서 여비 80원을 받은 것이 1933년 7월 14일이라 했는데, 이활은 상해에서 윤세주(?)에게 비취도장을 정표로 주고 작별한 때를 9월 10일로 기억했다. 7월에 여비를 받고 9월까지 약 2개월이나 그대로 상해에 있었겠는가를 생각해보면 여기에 상당한 시간적 간격이 있는 것 같다. 일본 쪽의 자료를 더 들어보면, 서울에 도착한 후 동행한 문길환은 고향 동래로 가고 이활은 서울에서 제2기생을 모집하기에 앞서 생활문제를 해결하기 위해 조선일보 기자로 취직코자 노력한 결과 1934년 3월 20일 대구 특파원으로 채용되어 부임하려다가 3월 22일 경기도 경찰부에 검거되었다고 한다.[28]

일본 쪽 자료가 이활의 검거 날짜를 3월 22일로 기록하고 있는 데 비해 이동영의 「열전」에서는 어디에 근거를 두었는지 확실치 않지만 5월 25일에 검거되었다고 해서 역시 약 2개월의 차이가 있다.[29] 그러나 지금으로서는 그 이유를 밝힐 수 없다. 어쨌든 일본경찰에 다시 체포된 이활은 활동내용이 전혀 없고 일본 쪽 표현으로는 개전(改悛)의 정이 현저하다는 이유로 석방되었고, 사건은 기소유예 의견으로 송치되었다.[30] 그러나 미결 기간이 7개월이나 되었다.[31] 석방은 되었지만 조선혁명간부학교 출신 이활의 이후 국내생활이 평온했을 리 없었다.

28) 한홍구·이재화 엮음, 앞의 책 255~56면.
29) 이동영, 앞의 책 65면.
30) 한홍구·이재화 엮음, 앞의 책 255~56면 참조.
31) 이동영, 앞의 책 65면.

5. 맺음말

1930년대 후반기와 40년대 초엽에 국내에서 시작(詩作) 등을 하며 세월을 보낸 이활은 1943년 봄에 다시 북경에 갔고, 7월에 귀국한 그는 "발걸음은 매우 쫓기는 듯하면서 조금만 더 참고 견디라는 말을 족친들에게 하였고," 그해 가을 "서울에 온 육사는 얼마 안 되어 헌병대에 체포되어 북경으로 압송되었다. 이것이 마지막 길로서 그 이듬해, 즉 1944년 1월 16일 새벽 5시에 북경 감옥에서 별세했다."[32]

조선혁명간부학교 관련 자료 이후 이활에 관한 객관성 있는 문헌자료를 구할 수 없어서 지금은 그의 죽음과 민족해방운동의 관계를 밝힐 수 없다. 그러나 그의 옥사와 관련하여 1943년의 북경이 조선혁명간부학교 출신 이활에게, 그리고 몸과 마음이 민족해방운동전선에서 떠날 수 없었던 이활에게 어떤 곳이었는지 추적해봄으로써 그가 서울에서 체포되어 북경으로 압송되었다가 옥사하게 된 원인에 조금이라도 더 접근해볼 수 있지 않을까 한다.

이활과 함께 제1기로 조선혁명간부학교를 졸업한 동기생은 26명이었고 제2기생은 57명, 제3기생은 44명이었다.[33] 그 중 일정한 인원이 이활처럼 국내에 들어와서 활동하다가 체포되기도 했지만, 나머지는 모두 중국지역에서 활동하면서 1935년에는 대부분이 의열단과 한국독립당 등이 통합되어 발족한 통일전선정당 조선민족혁명당의 당원과 행

---

32) 같은 책 67면.

33) 의열단 혁명간부학교 출신 전체의 명단과 신원(身元)에 대해서는 김영범 「1930년대 의열단의 항일청년투사 양성에 관한 연구」, 『한국독립운동사연구』 제3집, 독립기념관 한국독립운동사연구소 1989 참조.

동대원이 되었고, 1938년에는 또 그 대부분이 조선민족혁명당과 조선민족해방동맹 등이 결합하여 조직한 조선민족전선연맹의 군사력인 조선의용대(朝鮮義勇隊)의 대원이 되었다.

3개지대로 구성된 조선의용대는 중국 국부군지역에서 항일전쟁에 참가했다가 1940년 초에는 약 80%가 중국 공산군지역인 태항산(太行山)으로 옮겨가서 조선의용군으로 개편되었고, 중국 팔로군과의 공동작전으로 일본군과 싸우는 한편, 그 대원의 일부는 당시 일본군에게 점령된 적구였던 북경지역에 잠입하여 항일공작을 폈다. 따라서 1940년대에 들어와서 북경은 국내와 중국 관내지역의 우리 민족해방운동전선을 연결하는 하나의 중심지였다 해도 과언이 아니다.

소설가 김사량(金史良)이 친일을 가장하여 북경으로 갔다가 조선의용군의 공작원과 연결되어 중공군의 근거지요 조선독립동맹의 군사력인 조선의용군의 근거지였던 연안으로 탈출한 일, 국내의 좌익전선에서 활동하던 국문학자 김태준(金台俊)이 1944년에 역시 연안으로 탈출할 수 있었던 일, 1944년에 국내에서 비밀리에 조직된 여운형 중심의 건국동맹이 그 연락원 박승환·이상백·최근우 등을 북경에 보내 연안의 독립동맹이나 중경임시정부와 연결을 기도했다가 일부 성공한 일 등을 감안해보면,[34] 1943년 가을에 이활이 서울에서 일본 헌병에게 검거되어 북경으로 압송된 것은, 조선혁명간부학교 출신들이 많았던 조선의용군의 북경 적구에서의 활동과 관계가 있었던 것이 아닌가 생각해볼 수 있다.

그렇게 보면 1930년대 후반기 이후의 이활은 국내에 있으면서도 어

---

34) 이 점에 대해서는 이만규 『여운형선생투쟁사』, 民主文化社 1947; 정병준 「조선건국동맹의 조직과 활동」, 『한국사연구』 80, 1993 참조.

떤 형태로건 국외의 조선혁명간부학교 후신인 조선민족혁명당이나 조선독립동맹의 군사조직인 조선의용군 쪽과 일정한 관계를 유지하고 있었다고 볼 수 있다. 1943년에 특히 조선의용군 쪽의 어느 적구 공작과 관계가 있어서 서울에서 체포되어 사건 현장인 북경으로 압송되었고, 그곳에서 취조를 받던 중 민족해방을 불과 1년여 앞두고 옥사한 것이라 생각할 수 있다.

1930년대 이후의 우리 민족해방운동사에서, 특히 중국 관내지역 전선에서 의열단계 세력을 핵심으로 하여 조직된 조선민족혁명당과 조선민족전선연맹의 군사력인 조선의용대, 조선독립동맹의 군사력인 조선의용군은 특히 1930년대 후반기 이후 민족해방이 가까워졌음을 전망하면서 좌우익 통일전선을 추진하던 중심세력이었다. 지금은 구체적인 사료로 뒷받침할 수 없지만, 이활의 옥사는 이 중심세력과 일정한 연관이 있었던 것이 아닌가 하며, 이런 점에서 민족해방운동사에서 이활의 위치를 다시 가늠할 수 있지 않을까 한다. 이 점에 대한 논증은 앞으로 중국 쪽의 폭넓은 자료 개방에 기대를 걸 수 있을 것이다. (2001년 5월)

윤세주와 조선민족혁명당

1. 머리말

석정(石正) 윤세주(尹世胄)의 독립운동전선 활동은 크게 4개의 시기로 나눌 수 있을 것이다. 제1기는 물론 김원봉(金元鳳) 등과 함께 의열단을 조직하여 활동하던 시기이며, 제2기는 감옥생활을 통해 사상적 진보를 이루는 한편 국내에서 신간회운동에 참가했다가 망명하여 역시 사상적으로 변화한 의열단에서 활동하면서 대일전선통일동맹 등을 결성하던 시기이며, 제3기는 민족해방운동단체 중 최초의 좌우익 통일전선정당이라 할 수 있을 조선민족혁명당에서 활동하던 시기이며, 제4기는 조선민족혁명당을 중심으로 하는 중국전선에서 좌익세력 통일전선체인 조선민족전선연맹의 군사력인 조선의용군의 일원으로 활동하던 시기이다.

각 시기에 걸친 윤세주의 활동이 모두 중요하지만, 그중에서도 특히 조선민족혁명당에서 활동하던 시기는 주목할 만하다. 왜냐하면 조선민족혁명당은 중국전선에서 활동하던 우리 민족해방운동전선이 최초로 결성한 정당이기 때문이다. 정당에는 정강과 정책이 있게 마련이며, 대개의 경우 기관지를 발행했다. 조선민족혁명당이 정강·정책을 마련하는 데 윤세주의 활동이 컸다고 생각되며, 많지는 않지만 그가 쓴 글도 남아 있어서 그의 정치사상을 어느정도 이해할 수 있다. 즉 조선민족혁명당에서의 윤세주의 활동상을 살펴보면 그의 활동과 사상을 이해하는 데 크게 도움이 된다.

한편 일제강점시대의 우리 민족해방운동은 좌우익의 통일전선운동으로 추진된 경우가 많은데, 조선민족혁명당의 활동이 그 대표적인 예라 할 수 있다. 특히 윤세주는 「우리 운동의 새 출발과 민족혁명당의 창립」이란 글을 써서 좌우익 통일전선 정당으로서 조선민족혁명당이 결성된 의미를 설명하고 있다. 우리 민족해방운동전선에서 좌우익 통일전선운동의 필요성과 의의를 잘 설명하고 있다.

1940년경 조선민족혁명당의 당원과 조선의용대원 대부분이 중국 공산군 지역으로 갈 때 김원봉을 비롯한 당의 중앙부는 그대로 장 제스 지역에 남았으나 윤세주는 젊은 대원들과 함께 중공군지역, 태항산(太行山)지역으로 가서 일본군과 싸우다가 결국 전사했다. 그는 일제강점시대 우리 민족해방운동전선의 이론가 중의 한 사람이었으나 그의 글이 많이 남아 있지 않은 것이 유감이다. 그러나 일부 남은 글만 읽어봐도 그가 무엇을 위해 민족해방운동전선에 뛰어들었는가를 알 수 있다.

특히 그가 이론가로서 참가했던 조선민족혁명당이 우리 민족해방운동전선 전체에서 어떤 위치에 있는 정당인가를 살펴봄으로써 윤세주의 활동과 생각이 우리 민족해방운동전선에서 차지하는 위치를 이해할 수 있다.

2. 1920년대의 조선의열단과 윤세주

의열단원, 신간회 회원 윤세주

윤세주는 고향인 밀양의 동화(同和)중학교에 다닐 때부터 김원봉 등과 함께 이미 민족독립문제에 관심을 가지고 연무단이란 비밀조직을 만들어 활동했고, 3·1운동이 폭발하자 고향에서 시위를 주도했다. 일본경찰의 검거를 피해 만주로 망명하여 신흥무관학교(新興武官學校)에 입학했는데, 일본경찰은 수배령을 내린 후 궐석재판에서 징역 1년 6개월을 선고했다.

윤세주는 만주 지린(吉林)에서 김원봉 등 12명의 동지들과 함께 폭력적 독립운동단체인 의열단을 조직했다. 그는 의열단이 조선총독부와 매일신보사와 동양척식회사의 폭파계획을 세우는 데 참여하고, 그 행동대원으로서 1920년에 국내에 잠입했다가 몰래 들여온 무기가 발각되어 동지 5명과 함께 체포되었다. 이것이 "기미운동 이후로 가장 세상의 이목을 놀라게 한 의열단 제1차 밀양폭탄사건"[1]이다. 윤세주는 재판 끝에 7년형을 선고받았다. 의열단의 밀양폭탄거사는 실패했으나 같은 해에 부산경찰서 폭파거사, 밀양경찰서 폭파거사 등이 계속되었다.

7년간의 감옥생활을 하는 동안 윤세주 개인과 의열단에게 각각 큰 변화가 생겼다. 먼저 윤세주는 옥중에서 독서를 하면서 사회주의적 세계관에 접하게 되었다. 출옥 후에는 밀양신문사 사장으로 있으면서 일본 대학의 강의록 등을 통해 지식을 넓히는 한편, 1927년에는 신간회 밀양

---

1) 박태원『若山과 義烈團』, 白楊堂 1947, 38면.

지회 창립준비집행위원 13명 중 한 사람으로 참가하고 지회가 조직된 후에는 5년간 총무간사를 맡았다.

그가 민족해방운동전선의 좌우익 통일전선운동에 참여하기는 이때 가 처음인데, 사회주의적 세계관을 가지고 또 신간회운동에 참여했으 면서도 당시 화요회파나 신간회운동에 참여한 주류세력인 엠엘(ML)파 등 국내 조선공산당 조직에는 가입하지 않았던 것 같다. 조선공산당은 신간회 해체를 주도했으나 그는 적극적으로 반대했다.

다시 중국으로 간 윤세주와 의열단

출옥 후 밀양신문사 사장, 중외일보 밀양주재 기자, 경남주식회사 사 장 등을 맡았던 윤세주는 신간회가 해체된 후 1932년에 다시 김원봉 등 옛 동지들이 있는 중국으로 갔다. 남경(南京)에서 12년 만에 김원봉을 만나서 그는 "나의 과거 인생은 다만 열정과 용기로서만 조선독립을 하 려고 분투해왔다. 그러나 현재의 나의 경험과 교훈에 근거하여 단혈 열 정과 용기만으로는 목적을 도달하지 못한다는 것을 다시 깨달았다. 그 러므로 나는 나의 혁명적 인생관·세계관 등과 과학적 혁명이론으로 나 의 두뇌를 재무장하여야, 나아가 정확한 혁명운동을 추진할 수 있다"[2] 라고 말했다.

이로써 윤세주의 세계관이 의열단에 참가했던 때와는 크게 바뀌었음 을 알 수 있지만, 사실 그가 국내에서 있었던 12년 동안 의열단 자체의 성격도 크게 변하고 있었다. 1919년 의열단이 조직될 때 '공약 10조'에 는 사회주의적 성격이 전혀 없었으나 "계급타파 평균지권(平均地權) 등

---

2) 김원봉 「石正同志略史」, 『앞길』, 1943. 6. 15.

을 최고의 이상으로 했다"는 기록이 있고, 1921년경의 기록에도 의열단이 소련공산당과 연결되었다는 기록이 있지만 사실 여부를 확인하기는 어렵다.

신채호가 1923년에 쓴 유명한 「조선혁명선언」은 의열단의 요청을 받은 것이므로 이 무렵 의열단은 무정부주의로 기운 단체였을 것이다. 의열단이 사회주의적 단체의 성격을 띠게 되는 계기는 김원봉을 비롯하여 그 지도부가 중국의 황포군관학교(黃浦軍官學校)에 입학하는 1925년부터라 할 수 있지 않을까 한다. 이 무렵 김원봉 등은 '독립'을 '혁명'으로 이해하고 그것이 제도의 변화와 함께 이루어져야 함을 알게 되었다. 그 '혁명'의 길은 '각오(覺悟)된 민중'에 의한 무장투쟁의 길밖에 없으며, 민중을 '각오'시키기 위해 먼저 그들 스스로 탁월한 지도이론을 터득할 필요가 있다는 생각으로 황포군관학교에 '일개 생도'로 입학했다.

이후부터 의열단의 성격은 급격히 변화해갔다. 황포군관학교를 졸업한 김원봉 등은 중국의 북벌전쟁에 참가하게 되는데, 이 무렵 의열단은 이미 '농공민중(農工民衆)정권' 수립을 지향했다는 자료가 있으며, 1927년에는 당시 우리 민족해방운동전선에 크게 대두된 민족협동전선운동, 즉 좌우익 통일전선운동에 참여하기도 했다.

그러다가 1928년에 발표된 제3차 전국대표자대회선언에서는 "대지주의 재산을 몰수함" "대규모의 생산기관 및 독점성의 기업은 국가에서 경영함"[3]이라 했고, 같은 해 발표된 '창립9주년기념문'에서는 '조선혁명을 위한 중요 정세변화'로서 "민족적 공동전선의 개시"와 함께 "공

---

3) 같은 책, 1943. 6. 15; 독립운동사편찬위원회 엮음 『독립운동사자료집』 제7권, 1973, 1414~16면; 사회문제자료연구회 엮음 『思想情勢視察報告集』 2, 東洋文化社 1976, 188~89면; 김정명 엮음 『조선독립운동』 2, 原書房 1967, 340~41면; 박태원, 앞의 책 29~31면.

산주의자의 지도 아래 급격히 전개되는 노동대중의 운동"[4]이 거론되었다. 이후 의열단 단장 김원봉은 국내의 공산당운동에서 협동전선론을 펴다가 망명한 ML파 간부 안광천(安光泉)과 제휴하여 조선공산당 재건동맹을 결성하고 그 전위투사 양성기관으로서 '레닌주의정치학교'를 북경(北京)에 설치하고 1930년부터 31년까지 2회에 걸쳐 총 21명의 졸업생을 내기도 했다.

1920년대에 국내에 있던 윤세주의 세계관도 변화했지만, 같은 시기 주로 중국에서 활동하던 의열단도 급격히 사회주의적 단체로 변모해가고 있었던 것이다. 이런 상황에서 다시 중국에 간 윤세주가 의열단과 행동을 같이하게 된 것은 극히 자연스러운 일이었다.

3. 조선민족혁명당 창당 이전의 윤세주

대일전선통일동맹의 성립과 윤세주

1930년대로 들어서면서 민족해방운동전선의 상황이 크게 변화하였는데, 일본제국주의가 이른바 만주사변을 일으켜 중국침략을 본격화한 것이다. 이같은 상황 변화에 대응하기 위해 특히 중국지역 우리 민족해방운동전선은 1920년대 후반기에 추진했다가 성과를 보지 못한 좌우익 통일전선운동을 다시 펴게 되었으니 그 일차적 성과가 1932년에 성립된 한국대일전선통일동맹으로 나타났다.

1932년 10월에 중국 상해(上海)에서 성립된 이 동맹은 한국독립당·조

---

[4] 朝鮮總督府 慶尙南道警察部 『高等警察要史』, 1934, 102~104면.

선혁명당·조선의열단·한국광복동지회 등 당시 중국지역에 있던 우리 민족해방운동단체들이 모여 만든 일종 독립운동단체 연합체 같은 것인데, 한국독립당 같은 대표적 우익단체와 의열단처럼 이미 상당히 좌경화한 단체가 사상적 차이를 넘어 민족해방운동전선을 통일하기 위해 조직한 것이었다.

이 동맹은 15개조의 규약을 정했는데 제2조에 있는 강령을 보면 "우리는 혁명의 방법으로서 한국의 독립을 완성코자 한다" "우리는 혁명역량의 집중과 지도의 통일로서 대일전선의 확대 강화를 기한다"[5] 등으로 되어 있었다. 이제 좌익단체와 우익단체를 막론하고 '독립'은 곧 '혁명'으로 이해되고 있었다고 할 수 있다.

이 동맹의 최고집행기관인 중앙집행위원회는 비서부·조직부·선전부·군사위원회·외교위원회 등을 두었는데, 윤세주는 송병조(宋秉祚)·김두봉(金枓奉)·김규식(金奎植)·최동오(崔東旿)·윤기섭(尹琦燮) 등과 함께 중앙집행위원회의 상무위원으로 활동했다. 김규식이 미국에 가서 활동자금으로 5백 원을 모금해오는 한편 미국에 있는 재미국대한독립당·대한인민총회·재뉴욕대한인교민단·재하와이대한인국민회·하와이대한인동지회 등이 가입함으로써 그 기반이 넓어져갔다.

그러나 단체연합회 같은 성격으로 성립된 대일전선통일동맹으로서는 일본제국주의세력과의 투쟁을 효과적으로 수행하기 어려운 실정이었다. 이에 따라 이 동맹에 가입한 모든 단체를 해체하고 하나의 강력한 통일전선 정당을 조직해야 한다는 의견이 강하게 대두했고 이에 따라 조선민족혁명당이 조직되지만, 다시 중국의 민족해방운동전선에 뛰어든 윤세주는 이후 계속 그 전선의 중심부에서 활동하게 된다.

---

5) 국사편찬위원회 엮음 『한국독립운동사』 資料 3 臨政篇 3, 1968, 474~75면.

조선혁명간부학교와 윤세주

만주사변이 일어나자 남경으로 옮겨간 의열단은 황포군관학교 출신 중심으로 구성된 중국국민당정부 삼민주의력행사(三民主義力行社, 일명 監衣社)의 도움을 받아 1932년 10월 중국의 남경 교외 강녕진(江寧鎭) 탕산(湯山)의 선수암(善壽庵) 건물에 조선혁명간부학교를 설립했다. 이 학교는 1934년 5월에 남경 성내 화로강(花露崗)에 있는 이연선림(怡然禪林)이라는 절로 옮겨졌다.

윤세주는 안동 출신으로 육사 이활(李活)과 함께 제1기생으로 입교했다. 1기생은 입교 당시에는 20명이었으나 후에 6명이 더 추가되었다. 이 학교의 교관은 20여 명이었고 그중 중국인이 3명이었다. 이수기간은 1932년 10월 20일부터 1933년 4월 20일까지 6개월이었고 입교생들은 재학 중에는 중국국민군 견습사관(見習士官)의 대우를 받았으며 졸업 2~3개월 후에는 소위로 임관하였다. 그들은 아침 6시에 기상하여 저녁 9시 취침하기까지 교양과목과 군사학을 교육받았다.

입교생들은 교양과목으로 정치학·경제학·사회학·조직방법 등을 배웠고, 김원봉에게서 철학을 배웠으며, 군사학과 그밖에 통신법·선전법·연락법 등을 비롯하여 폭탄·탄약·뇌관·도화선 등의 제조법 및 투척법·피신법·변장법·서류은닉법·삐라살포법·암살법·무기운반법·철로폭파법·열차운전법 등을 배웠다. 이때 32세이던 윤세주로서는 새로운 경험이 되었을 것이다.

교장 김원봉은 '조선정세와 본단의 임무'[6]라는 강의를 했는데, 그는

---

6) 「朝鮮情勢ト本團ノ任務(義烈團長金元鳳講義ノ要旨)」, 한홍구·이재화 엮음 『한국민족해

특히 '각 계급의 해부' 부분에서 "금후의 조선혁명은 노동자계급의 이해문제에 입각한 프롤레타리아혁명이 아니면 안 된다" "농업프롤레타리아는 아직 미약한 세력밖에 못 가졌지만 장래 노동계급의 동맹군으로서 계급혁명에 동원할 가능성을 풍부하게 가지고 있다"고 하여 노농계급을 혁명의 주체로 설정하고, 토지정책에서는 종래의 전체 지주토지의 몰수정책을 수정하여 5백 석 이상 지주의 토지에 한해서 몰수해야 한다고 했다. 이같은 강의 내용은 윤세주의 사상을 이해하는 데 도움이 될 수 있다.

윤세주와 같은 제1기 졸업생인 이활이 국내에 잠입했다가 체포된 후 경찰 심문조서를 근거로 작성한 것이라 생각되는 일본 쪽 기록에 의하면, 이활은 "조선의 독립을 위해 국내의 노동자·농민에 대해 혁명의식을 고취하고 제2기생을 모집하라"[7]는 특명을 받고 1933년 7월 14일 윤세주에게서 여비 80원을 받아 동기생 동래 출신 문길환(文吉煥)과 함께 선편으로 중국의 안동(安東)으로 갔다가 신의주를 통해 서울에 왔다고 했다. 윤세주는 이활과 조선혁명간부학교 동기생이면서도 이활의 국내잠입여비를 대주는 위치에 있었음을 알 수 있다.

이활은 또 뒷날 쓴 수필에서 이때 상해를 떠나면서 비취로 된 도장의 한 면에 "증(贈) S. 1933. 9. 10. 육사(陸史)"[8]라 새겨 S에게 기념으로 주었다고 했다. 일제시대라 해외에서 활동하는 동지의 이름을 밝힐 수 없어서 S로 표시했지만 이 S는 그의 조선혁명간부학교 입학을 주선했고 함께 제1기 동기생이기도 했으며, 조선으로 나갈 여비를 직접 전해준 의열단의 핵심인물 윤세주가 틀림없다고 생각한다. 윤세주는 호가 석

방운동사자료총서』3, 京沅文化社 1988, 483~504면.

7) 같은 책 254~56면.

8) 이동영『한국독립유공지사열전』, 六友堂紀念會 1993, 65면.

정(石正)이었고 민족해방운동전선에서는 윤세주보다 석정으로 더 많이 불렀다. S는 석정의 영문 첫자가 아닌가 한다.

다시 중국으로 간 윤세주는 자연스럽게 의열단에 합류했고, 1930년대로 들어서면서 의열단의 활동노선에 적극적으로 참가하여 그 핵심부에서 활약했다. 김규식·김두봉 등과 함께 한국대일전선통일동맹의 중앙집행위원회의 상무위원이 된 것이나, 이활을 조선혁명간부학교에 입학시키면서 자신도 함께 입교한 일, 그리고 이활을 국내로 잠입시키는 데도 핵심적인 역할을 한 사실 등이 그것을 말해주고 있다.

4. 조선민족혁명당 창당과 윤세주

조선민족혁명당의 창당

만주사변 후 중국지역 우리 민족해방운동전선의 좌우익 통일전선으로 성립된 한국대일전선통일동맹은 느슨한 연합단체여서 긴박한 시대상황의 변화에 효과적으로 대처하기 어려웠다. 그래서 이 동맹에 가입한 모든 단체들을 해체하고 새로운 하나의 정당을 만들자는 데 합의하게 되었다. 1934년 3월 1일을 기해서 윤세주 등 6명의 대일전선통일동맹 중앙집행위원회 상무위원들은 각 가맹단체에 대해 새로운 정당을 만들기 위한 강령과 정책 초안을 제출할 것을 통고했다.

새로운 좌우익 통일전선정당인 조선민족혁명당은 1935년 7월 5일에 중국 남경에서 창당되었는데, 이 좌우익 통일전선정당에 참가한 단체는 한국독립당·조선의열단·조선혁명당·신한독립당·재미대한독립당·뉴욕대한인교민단·미주국민회·하와이국민회·하와이혁명동지회 등 9

개 단체였다. 윤세주는 김원봉과 함께 조선의열단 대표로서 창당 14인 전권대표의 한 사람으로 참가했다.

조선민족혁명당에는 당시 중국지역에서 활동하고 있던 우리 민족해방운동세력이 모두 참가했다. 그 주요 인사는 한국독립당 대표 김두봉·이광제(李光濟), 조선의열단 대표 김원봉·윤세주·이춘암(李春岩), 조선혁명당 대표 최동오·김학규(金學奎), 신한독립당 대표 윤기섭·이청천(李青天)·신익희(申翼熙), 재미국민총회 위임대표 김규식 등이었다.

다만 조선민족혁명당이 성립되면 임시정부도 해체할 예정이었는데, 이에 반대하여 김구(金九)를 중심으로 하는 이른바 임시정부 고수파는 처음부터 참가하지 않았다. 김구 중심의 우익세력이 김원봉 중심의 사회주의적 세력과 통일전선을 이루는 것은 1940년대 초에 들어가서나 가능하게 된다.

조선민족혁명당 창당의 의미

다시 중국으로 가서 민족해방운동전선에 투신한 윤세주가 한 일은 크게 두 가지로 나누어볼 수 있다. 그 하나는 좌우익 통일전선정당을 발족하는 일이며 또 하나는 무장독립군을 양성하는 일이었다. 한국대일전선통일동맹의 성립과 조선민족혁명당의 창당에 참가하여 중요한 역할을 한 것은 통일전선 정당을 발족하는 일이었고, 조선혁명간부학교에 입학하여 졸업생의 국내 파견 등에 중요한 역할을 담당한 것은 무장독립군을 양성하는 일이었다.

조선민족혁명당이 어떤 정당이며 왜 창당되었는가를 살펴보면 윤세주가 왜 좌우익 통일전선 정당의 창당에 적극적으로 참가했는지를 알수 있게 된다. 어쩌면 그가 직접 썼거나 그렇지 않다 해도 중요하게 관

214

여했다고 생각되는 조선민족혁명당의 창립대회선언문에는 다음과 같은 내용이 있다.

우리는 3·1운동의 실패 후 지도(指導)의 통일 및 혁명역량의 집중을 위해 민족적 통일대당의 결성에 노력해왔다. 1923년에는 60여 개 단체의 대표로서 20만 원의 활동비를 소비하여 국민대표대회를 산출했으나 우리 혁명에 대한 견해와 입장의 불일치가 주요 원인이 되어 대표회의는 유산되고 그후 계속해서 1928년에 민족통일당 조직촉진회를 조직하여 대동단결을 향해 적극 노력했으나 역시 내외환경의 불리와 제반정세의 미숙성에 의해 와해되었다.[9]

3·1운동 후 민족해방운동전선에서 좌우익 통일전선운동이 크게 두 번 일어났는데 첫번째는 해외전선을 중심으로 일어난 1920년대 전반기의 국민대표자회의이며, 두번째는 1920년대 후반기 국내외에서 일어난, 역시 좌우익 통일전선운동인 민족유일당운동 및 신간회운동이었다. 그러나 이들 운동이 모두 실패한 후 1930년대에 다시 조선민족혁명당이 창당되었는데, 그 창립대회선언문은 조선민족혁명당의 창당이 곧 이같은 좌우익 통일전선운동의 연장선상에 있음을 나타내고 있다.

조선민족혁명당의 기관지 『민족혁명』에 실린, 필자가 이입평(李立平)으로 되어 있는 「본당 창립의 역사적 의의」[10]란 글에서는 과거의 좌우익 민족해방운동을 신랄하게 비판한 부분이 있다. 우선 우익전선에 대해서는 "민족성의 병태적 유전인 각자 주장의 고집, 공작의 불통일 등과 군웅할거식 분산상황에서 단체 사이의 분쟁, 심지어는 야비한 지방

---

9) 추헌수 엮음 『자료한국독립운동』2, 연세대학교출판부 1972, 195~99면; 『사상정세시찰보고집』2, 80~81면.
10) 『사상정세시찰보고집』3, 349~50면.

열 분쟁까지 있었음을 숨길 수 없다"고 비판했고, 좌익전선에 대해서는 "조선혁명에 대한 특수적 독자성의 방략(方略)을 해득하지 못한 점, 무조건 직수입의 청산주의적 좌경소아병에 걸렸던 점, 헤게모니 전취광(戰取狂)의 장래성 없는 습성 등에 기인한 것이다"고 비판했다.

1920년대 민족해방운동전선에서 우익은 분파주의에 빠졌고 좌익은 좌익소아병에 걸려 있었기 때문에 좌우익 통일전선운동이 모두 실패했다고 파악하고, 1930년대 좌우익 통일전선 정당으로 성립된 조선민족혁명당은 그같은 폐단을 극복하고 민족해방운동전선에 새로운 지평을 열고자 했다.

5. 윤세주의 민족해방운동관

윤세주의 세계사 인식

윤세주는 조선민족혁명당의 창당과정에서도 중요한 역할을 했지만, 창당 후에도 김원봉·김두봉·김규식·윤기섭·조소앙·이청천 등과 함께 당의 실질적 중앙인 중앙집행위원이 되었다. 더구나 당 운영의 핵심부인 서기부를 김원봉이 맡게 되자 윤세주는 그 부원이 되었다.

한편 당내의 일급이론가였던 윤세주는 1936년 1월에 간행된 당 기관지『민족혁명』창간호에「우리 운동의 새 출발과 민족혁명당의 창립」[11]이란 글을 써서 당의 정체성을 밝혔다. 그리고 같은 해 7월에 간행된 『민족혁명』제3호에는 필자의 이름이 밝혀지지 않은 글「본당의 기본강

---

11) 같은 책 53~62면.

령과 현단계의 중심임무」[12]가 실려 있다. 단정하기 어렵지만 문체로 보아 아마 윤세주의 글이 아닌가 한다.

물론 이 글들은 지금 원본은 볼 수 없고 일본정보기관이 입수해서 일본어로 번역한 것이다. 앞으로 윤세주의 글을 더 찾고 정리해야겠지만, 우선 이 두 편의 글을 통해 윤세주의 세계관과 민족해방운동관 그리고 조선민족혁명당관 등을 살펴볼 수 있다.

1920년에 밀양폭탄거사가 사전에 발각됨으로써 7년간 옥살이를 한 윤세주는 그 기간 동안 사회주의적 세계관과 접하게 되었고, 다시 중국에 가서 민족해방운동전선에 합류한 후에도 그의 세계관에는 변함이 없었다. 앞에서 말한 글에서 다음과 같은 부분이 그것을 증명하고 있다.

인류사회의 발전을 원동적으로 제약해온 중심적 인과가 있고 그밖의 많은 인과는 모두 이를 중심으로 하여 작용하지 않을 수 없다. 그렇다면 이 중심적 인과란 무엇인가? 이것은 인류의 현실적 생활 욕망을 충족시키기 위한 경제적 행동의 인과관계가 곧 그것이다.[13]

이같이 '경제적 인과관계'를 인류사회를 발전시키는 '원동적 중심 인과'로 파악한 그는 "세계는 몇개 제민족의 국가로 분립하여 복잡한 갈등이 발전하고 있지만, 이러한 갈등의 내재적 인과를 분석해보면 이것은 제민족의 경제적 욕망이 주인(主因)이 되어 있음을 발견할 수 있다"[14]고 하여 역시 세계사 발전의 주 요인도 또 민족국가 사이의 갈등의 원인도 정치문제에 앞서서 경제적 요인에서 찾고 있음을 볼 수 있다.

---

12) 같은 책 332~44면.
13) 같은 책 56면.
14) 같은 곳.

이같은 역사인식을 바탕으로 하여 그가 본 세계사는 당연히 제국주의와 식민지 문제였다. 그는 "세계적 발전의 현재적 과정은 고도로 발달된 경제생산방법의 개인적 독립에 의해 형성된 소수민족의 제국주의국가가 자민족의 생산군중을 가혹하게 착취할 뿐만 아니라 수억만을 넘는 전 세계의 식민지 민족을 참혹하게 착취하고 있는 점에 그 본질이 부여되어 있다"[15]고 보았다.

이같은 현실적 세계정세를 타개하는 길은 식민지의 해방이라 보았다. 그는 "소수 제국주의국가의 착취에 대한 전세계 식민지민족의 해방운동은 그 과정에서 가장 중요한 발전방향의 변동적 추동력이 되어 있다"고 하고 "세계의 식민지민족이 제국주의국가로부터 해방되지 않는 한 세계적 발전의 현 과정의 본질은 변동될 수 없으며, 따라서 그 발전방향은 변동될 수 없다"[16]고 했다.

세계 피압박민족의 해방운동은 그 민족의 해방과 발전을 일으키는 원동력이 될 뿐 아니라, 세계사 전체의 발전을 추동하는 원동력이 된다고 생각한 것을 보면 윤세주가 민족해방운동의 세계사적 정당성 같은 것을 인식하고 있었다고 할 수 있다. 또한 이 점에서 평생을 민족해방운동에 투신한 그의 세계사인식을 엿볼 수 있다고 하겠다.

우리 민족해방운동에 대한 인식

제국주의국가들이 많은 식민지를 가지고 있던 시기에 역시 모국이 제국주의국가 일본의 식민지가 된 지식인 윤세주가 자신이 몸담고 있

---

15) 같은 책 57면.
16) 같은 곳.

는 제 민족의 해방운동을 어떻게 보았는가 알아볼 필요가 있다. 사회주의적 역사인식을 바탕으로 한 이상 자연스러운 일이겠지만, 그는 민족사의 특수성과 세계사적 보편성 사이의 관계를 어떻게 인식해야 할 것인가 하는 문제부터 시작하고 있다.

그는 "우리 민족은 역사적 전통에서 또 현재의 환경에서 다른 제 민족과는 차별적 특수성을 가지고 있다. 그러나 이 차별적 특수성은 그 본질에 있어서 다른 제 민족의 역사적 발전법칙과 구별되지만, 그렇다고 해서 이것이 신비적인 것도 아니고 독자적인 것도 아니다. 이것은 인류사회 발전의 일원적 법칙에 제약되어 있는 제 민족과 같은 궤도상의 발전을 하지 않을 수 없는 것이다"[17]라고 했다.

민족해방운동의 방법론을 수립하는 경우 그 민족의 역사적 현실을 어떻게 파악해야 하는가 하는 문제를 앞서 정리할 필요가 있다. 우선 민족해방운동이 민족 내부의 어떤 세력을 중심으로 추진되어야 하는가 하는 문제가 있게 마련이며, 또 국제세력과 연대하려는 경우 국제사회의 어떤 세력이어야 연대가 가능한가 하는 문제들도 고려되게 마련이다. 그리고 그런 일은 모두 제 민족의 역사적 현실을 어떻게 파악하는가 하는 문제와 연결되게 마련이다.

윤세주는 "우리들은 조선민족의 차별적 특수성이 세계적 보편법칙에 제약되어 있음을 인식하지 않으면 안됨과 동시에 또 그 세계적 보편법칙은 조선민족의 차별적 특수성의 긍정적 내포에 의해 추상되어 있지 않으면 안됨을 인식하지 않으면 안된다" "세계의 제 민족은 그 발전의 본질에 있어서 공통적인 일원적 법칙에 제약되어 있음과 동시에 그 발전의 형태에 있어서는 각기 상이한 차별적 불균등의 현상을 하고 있

---

17) 같은 책 53~54면.

다."[18]라고 했다.

우리 민족에게 씌워져 있는 일원적 법칙은 민족사 발전의 '본질'이며, 우리 민족사회의 역사적 특수성은 민족사 발전의 '형태'라 파악하고, 이 '본질'과 '형태'가 잘 어우러지는 방향에서 민족해방운동이 추진되어야 한다고 생각한 것이다. 그는 일본제국주의의 식민지로 전락해 있는 당시 조선사회의 조건을 이렇게 보았다.

조선의 민족경제는 그것이 아직 근대자본주의의 단계에 들어서기 전에 일본제국주의의 침략으로 인해 이식자본지(移植資本地)로 되어버렸다. 그리하여 그것은 그 외래자본의 질곡으로 인해 정상적 발전을 하지 못하고 다만 원유(原有) 형태의 파멸에만 빠지게 되었다.[19]

조선은 자본주의가 제대로 발전하기 전에 식민지로 되었고, 그 때문에 조선경제는 식민지로 되기 이전에 형성된 자본주의적 요소마저 파멸상태로 되었다고 본 것이다. 자본주의적 발전이 제대로 안 된 조건 아래서 민족해방운동은 누가 주체가 되어 어떤 목적으로 추진해야 할 것인가 하는 문제와 연결되게 마련이다.

윤세주는 "조선민족이 민족경제의 평등을 원칙으로 하는 진정한 민족주의국가를 건설하기 위해서는 조선민족의 혁명역량이 경제평등의 구체적 설계를 위한 정치적 강령으로 훈련 통일되어 실천되지 않으면 안된다"[20]고 했다. 민족해방운동의 목적을 '민족경제의 평등을 원칙으로 하는 진정한 민족주의국가의 건설'에 두고 있는 점이 주목된다.

---

18) 같은 책 54~55면.
19) 같은 책 59면.
20) 같은 책 61면.

그는 사회주의적 세계관을 가졌으면서도 해방 후에 건설될 민족국가를 계급독재국가가 아닌 '민족경제의 평등을 원칙으로 하는 민족주의 국가'로 생각한 점이 특히 주목할 만하다. 민족해방운동의 궁극적 목적을 '경제평등의 민족국가'에 두었다면 그의 민족해방운동방법론도 자연 그것을 따르게 마련이다. 계급독재국가가 아닌 '경제 평등의 민족국가' 건설이 민족해방운동의 목표인 경우 그 방법으로서 좌우익 통일전선이 나올 만했다고 할 수 있다.

6. 윤세주의 민족해방운동 방법론

윤세주의 통일전선론

『민족혁명』제3호(1936. 7. 1)에 실린 필자 불명의 글「본당의 기본강령과 현단계의 중심임무」를 윤세주의 글이라 간주하고 그 논지를 살펴보면 그는 조선혁명, 민족해방의 근본적 방법론은 크게 두 가지가 있다고 했다. 하나는 "어떻게 하면 조선민족이 일본제국주의의 노예정치로부터 해방되어 자주적으로 발전할 수 있을 것인가" 하는 문제이며, 또 하나는 "어떻게 하면 그 자주적 발전이 민족 전체의 평등한 행복과 세계 인류의 평등한 행복과에 부합될 수 있을 것인가" 하는 문제라 했다.

윤세주는 이같은 방법론을 현실로 옮기기 위해 조선민족혁명당 창당 이전에 해온 민족해방운동의 방법은 '국제연맹의 원조를 목표로 한 독립운동' '일본제국주의의 산하에서의 개량발전을 위한 합법운동' '계급투쟁에 의한 세계운동과의 횡적 결합운동' 등이 있었다고 분석했다. 첫째 경우는 주로 해외의 우익운동을 말하고 둘째는 국내의 우익운동을 말하며 셋째는 좌익운동을 말하는 것이다. 조선민족혁명당이 추진할 민족해방운동은 과거의 이같은 세 가지 방법을 넘어서야 한다는 주장을 펴면서 그는 우선 당시 조선의 현실을 다음과 같이 분석했다.

조선은 절대다수의 근로군중이 노예적 임금, 광범한 실업, 국외추방의 선언에 의해 남김없는 파멸에 빠져 있을 뿐만 아니라 중소 상공 및 지주계급이 또 급속한 보조(步調)로 몰락해가고 있다. 극소수의 자본가 대지주계급도 또 일본제국주의의 독점자본 및 민족정책에 의해 그 발전이 불가능해졌던 것이다.[21]

조선의 노농계급은 말할 것 없고 중소 상공업자와 중소 지주까지도 급격히 몰락해가고 있으며, 소수의 자본가와 대지주계급도 일본 독점자본과 식민지 정책으로 피해를 입고 있다고 파악한 것은 노농계급과 중소 상공업자 및 중소 지주는 물론, 경우에 따라서는 자본가나 대지주까지도 민족해방운동의 대열에 내세울 수 있다는 생각을 나타내고 있는 것이다. 여기에서 그가 좌우익 통일전선에 의한 민족해방운동을 전망했음을 알 수 있으며 그 결과 조선민족혁명당이 발족되었다고 할 수 있다.

윤세주는 또 과거 민족해방운동전선의 폐단을 말하면서 "운동의 지도부 자신이 먼저 대립에 의한 혼란을 야기하고 있었기 때문에 그 운동에는 하등의 중심도 계획도 있을 리 없었다" 하고 "멸망한 조선민족이 다시 생존하기 위하여, 침체한 조선혁명운동을 신속히 발전시키기 위하여 조선민족은 무엇보다도 먼저 그 지도부의 통일을 기하지 않으면

---

21) 같은 책 333~34면.

안된다. 그렇게 하기 위해서는 현재 각 혁명집단의 단일적 결합이 이루어지지 않으면 안된다"[22]라고 했다. 민족해방운동의 새로운 방법으로서 통일전선을 형성하는 길은 우선 노농계급에서 자본가 및 대지주에 이르는 모든 계급이 통일된 전선으로 묶이고, 그 위에 민족해방운동의 지도층이 역시 하나로 통일되는 것이라고 생각했다.

그는 민족해방의 가능성에 대해 "일본제국주의의 국제적 전쟁은 조선민족의 해방에 대해 두 방면에서 승리의 가능성을 가지고 있다. 그 하나는 일본제국주의 자체의 고리의 취약화가 그것이며 다른 제국주의국가의 힘을 운용할 수 있게 되기 때문이다"[23]라고 하면서도 "조선민족의 무장조직은 먼저 정치적 중심조직을 확립한 후가 아니면 불가능함으로 정치적 중심조직의 성립이 가장 급한 필수임무"[24]라고 하여 정치적 통일전선이 이루어지면 무장조직의 통일도 이루어지리라 전망했다.

이렇게 해서 성립되는 통일전선의 성격에 대해 "민족통일전선이 지닐 수 있는 주의와 정강이 있다면 그것은 민족통일전선이 내포하는 모든 주의 정강을 총합하여 그중 가장 공통적이고 직접적인 것만의 추상이어야 한다"고 했고, 또 "통일전선은 광대한 민족주의와 강대한 중앙집권주의를 동시에 채용해야 한다"[25]라고 했다. 참가하는 모든 단체의 정강·정책을 종합해 최대한으로 공통점을 추출한 것을 통일전선조직의 정강·정책으로 삼아야 한다는 주장이라 하겠다.

22) 같은 책 330면.
23) 같은 책 335면.
24) 같은 책 339면.
25) 『사상정세시찰보고집』 5, 63~64면.

윤세주의 민족국가 건설론

해외에서 활동하는 모든 민족해방운동단체와 거기에 소속된 개인들은 해방 후에 귀국하여 새로운 민족국가를 건설하는 일이 종국적 목적이라 할 수 있다. 그런데 민족해방운동전선에는 좌익도 있고 우익도 있었다. 해방 후에 귀국해서 좌우익이 사회주의국가와 자본주의국가를 따로 건설한다는 생각은 물론 있을 수 없었고, 좌익과 우익이 모두 참여하는 하나의 민족국가를 건설하는 것이 민족해방운동의 궁극적 목적이었다.

따라서 일본제국주의의 패망이 가깝게 전망될수록 정치적·군사적 통일전선 형성이 절실해졌고, 정강·정책의 통일전선 성립이 긴요해졌다. 왜냐하면 해방을 가까이 두고 형성된 통일전선조직의 정강·정책이야말로 해방 후의 국가건설 방향을 가장 충실하게 나타내는 것일 수 있기 때문이다. 윤세주는 불행하게도 해방을 불과 3년 앞둔 1942년에 전사하지만, 그가 남겨놓은 민족국가 건설론은 민족통일전선 전체의 국가건설론을 대표할 만하다고 할 수 있다.

그는 우선 해방 후에 수립될 민족국가의 경제정책을 말하면서 "대규모의 생산기관 및 독점적 기업은 국영으로 하고 토지는 국유로 하여 농민에게 분급하며, 노동운동의 자유를 보장"하는 등 3개 정책을 들었다. 그러면서 대규모 생산수단을 국영화해야 하는 이유를 다음과 같이 말하고 있다.

절대 광범한 대중적 소생산 기초를 독점자본주의적 억압 아래서 해방시켜 자유로운 민주주의적 발전을 시키는 것이며, 또 다른 하나의 의의는 이런 대기업의 지배적 지위를 이용하여 전자(前者)의 현재에 있어서의 적극적 발전과 장래의 비자본주의적 발전을 위한 지도조직이 되게 하는 것이다.[26]

한편 농업정책에서도 "토지를 국유화하여 농민에게 분급하는" 정책을 제시하면서 "현재 조선의 토지는 그 7할 이상이 일본제국주의의 농업금융자본 또는 개인적 지주에 집중되어 있고 그 3할이 조선인의 대·중·소 지주에 세분되어 있어서 절대다수의 근로농민은 촌토(寸土)도 소유하지 못하고 노예적 착취에 의한 극도의 빈궁상태로 파멸하고 있다"[27]고 하여 토지를 국유화하여 농민에게 분급해야 할 필요성을 주장했다.

해방 후의 건국과정에서 적용할 경제정책의 큰 그림 중의 하나는 소생산자층을 독점자본주의의 억압에서 해방시켜 발전하게 하고 대기업을 국유화하여 장차의 '비자본주의적 발전'을 위한 '지도조직'이 되게하며, 토지를 국유화하여 농민에게 분급하는 일이었다. 이것은 해방 전중경(重慶)에 있던 우익전선의 건국론, 예를 들면 한국독립당 중심 임시정부가 발표한 '건국강령'의 경제정책과 다르지 않으며, 한국독립당의 삼균주의(三均主義) 경제정책과도 다를 바 없다. 다만 '비자본주의적발전' 문제를 빼고는.

윤세주가 창당을 주도했던 조선민족혁명당이 우익전선의 주류라 할수 있을 임시정부 고수파(固守派) 중심세력과 제휴하여 임시의정원에서 좌우익 통일전선을 이룬 것이 1942년이고, 임시정부를 통일전선 정부로 만든 것이 1944년인데, 윤세주가 통일전선 형성을 주장하는 글을쓴 것은 1937년이다. 1930년대 후반기, 특히 일본이 중일전쟁을 도발한

---

26) 『사상정세시찰보고집』 3, 337면.
27) 같은 책 338면.

후 해외 민족해방운동전선에서는 좌우익을 막론하고 일본제국주의의 패망을 전망하면서 민족국가 건설방법론에서 점차 합의를 이루어갔다고 할 수 있으며, 윤세주도 이론과 실천의 양면에서 큰 몫을 다하고 있었던 것이다.

6. 맺음말

이른바 한일합방 때도 일본의 치하에서는 살 수 없다고 생각한 사람들과 또 민족해방운동을 해야겠다고 생각하고 망명하는 사람들이 많았지만 3·1운동 후에는 더 많아졌다. 특히 3·1운동이 평화시위운동을 표방했다가 일본군의 무차별적인 무력탄압을 당하고 난 뒤에는 민족해방운동의 방법도 달라질 수밖에 없었다.

1920년대는 폭력적 방법으로 저항하는 경우가 있었는가 하면 임시정부를 구성하여 민족해방운동을 펴는 경우도 있었고, 한편 사회주의 국제세력과 연대하여 민족해방을 성취하려는 운동으로 분화되기도 했다. 그러다가 또 좌우익 두 세력이 통일전선을 이루어 민족해방운동을 추진하려는 움직임도 나오게 되었다. 윤세주는 이같은 민족해방운동의 흐름에 비교적 잘 적응해갔다고 할 수 있다.

그는 의열단의 폭력적 운동을 시작으로 1920년대 좌우익 통일전선운동으로서 신간회운동에 참가했고, 1930년대에 들어가서도 한국대일전선통일동맹과 조선민족혁명당에서 활동했으며, 특히 최초의 좌우익 통일전선 정당인 민족혁명당에서는 당내의 몇 안 되는 이론가로서 활동했다. 윤세주의 민족해방운동론은 주로 조선민족혁명당의 노선에서 드러난다고 할 수 있다.

1940년대로 들어서면서 조선민족혁명당의 운동노선은 크게 두 계통으로 나뉘었다. 김규식·김원봉이 주축이 된 당 중앙과 하부구조의 일부는 당시 중경을 중심으로 한 중국 국민당정부지역에 그대로 남아서 한국독립당 중심의 대한민국임시정부와 합작하여 통일전선 정부를 만드는 노선으로 가고, 조선의용대원을 중심으로 하는 그 하부구조의 대부분은 중국 공산군지역으로 가서 팔로군과 함께 대일본전쟁에 참가하여 일본이 패망할 때까지 싸웠다.

이 과정에서 윤세주는 김원봉과 헤어져서 젊은 대원들과 함께 중국 공산군지역으로 갔다가 태항산전투에서 전사했다. 그가 전사한 후 중경에 남았던 조선민족혁명당세력이 참가함으로써 통일전선정부가 된 임시정부도 항일전쟁노선으로 나아가고, 또 중국 공산군지역에 성립된 조선독립동맹과 통일전선을 기도하게 된다. 그러나 윤세주는 그 전에 이미 군사적으로는 항일전쟁론으로, 정치적으로는 좌우익 통일전선론으로 나아가고 있었다. 민족해방운동전선에서 윤세주의 활동과 생각은 전선 전체가 나아가는 방향으로 한걸음 앞서 전선을 적극적으로 유도함으로써 언제나 지도적·위치에 있었다. (2001년 5월)

심산 김창숙의 해방 후 정치활동

1. 머리말

독립운동은 일본제국주의에 강탈당한 조국의 주권을 회복하는 투쟁, 즉 일본에 강탈당한 국가권력을 쟁탈하기 위한 투쟁이며 곧 정치활동이라고 할 수 있다. 따라서 민족해방운동에 몸바친 독립운동가들도 해방 후에는 대부분 건국과정에서 권력을 획득하고자 하는, 즉 정치활동을 하는 정치가로 변신할 수밖에 없었다.

세월이 좀더 지나면 일본제국주의에 강제지배당한 35년간의 독립운동의 역사도 우리 정치사의 일부로 정리될 수 있겠지만, 실제로 민족해방운동 기간 35년 동안 정치운동으로서 독립운동의 방법론도 초기의 임시정부 수립운동 중심에서 후기의 이당치국(以黨治國) 운동으로 변화하고 있음을 알 수 있다.

심산(心山) 김창숙(金昌淑)은 3·1운동 후 망명하여 임시정부 수립운동에 참가했다가 1927년에 일본경찰에 체포되어 국내로 압송되었고, 옥고를 치른 후 계속 국내에 머물다가 해방을 맞았다. 일제시대의 독립운동가들이 대부분 해방 후에는 건국운동에 참가했고 그것은 정치활동으로 이어졌지만, 김창숙의 해방 후 활동을 정치활동으로 볼 수 있을 것인가, 아니면 독립운동의 연장선상으로서 건국운동으로만 한정해서 이해해야 할 것인가 하는 문제가 있는 것 같다. 왜냐하면 해방 후 건국운동이었던 정치활동은 이제 정당정치활동이 되어야 할 단계였음이 틀림없지만, 그는 정당활동을 계속 거부했다.

김창숙이 해방 후에도 정치활동을 한 것은 사실이지만 그것은 정당에 몸담지 않는 정치활동이었다. 정당에 몸담지 않은 정치활동이라면 그 정강·정책을 무엇으로 표방할 수 있는가, 도덕성과 의리로만 일관되고 정강·정책이 표방되지 않은 정치활동을 옳은 의미의 근대적 정치활동이라고 볼 수 있는가 하는 문제들도 있는 것이 아닌가 한다.

김창숙의 해방 후 '정치' 활동은 크게 보아 건국준비위원회와의 관계, 정당에 대한 이해, 귀국한 임시정부와의 관계 및 민주의원에 대한 입장, 특히 신탁통치 문제에 대한 이해와 대응, 1948년 남북협상에 대한 입장, 이승만(李承晩)독재정권에 대한 저항 등으로 요약할 수 있다. 그것을 통해 해방 후 김창숙의 정치적 입장을 한층 더 선명하게 할 수 있을 것이며, 나아가서 그의 역사적 위치를 밝히는 데 도움이 될 수 있을 것이다.

2. 건국준비위원회 인식

1919년에 중국으로 망명하여 상해임시정부를 중심으로 독립운동 활동을 하던 김창숙은 1927년에 일본경찰에게 체포되고 국내로 압송되어 14년형을 받았다가 1929년에 병보석으로 출감했다. 그 자신의 회고에 의하면 그는 이후 일본제국주의가 패망하기 1년 전에 비밀리에 결성된 여운형(呂運亨) 중심의 건국동맹의 남한 총책임자로 추대되었으나 그 때문에 1945년 8월 7일에 경상북도 왜관경찰서에 구금(拘禁)되었다고 했다.[1]

그러나 김창숙의 건국동맹 가담문제는 아직까지 다른 자료에서는 확인되지 않고 있다. 건국동맹 활동 자체가 일본제국주의가 최후 발악을 하던 시기에 극비리에 결성되었기 때문에 자료적 뒷받침이 거의 없는 상황이지만, 그 내용이 비교적 신빙성이 있다고 알려진 『여운형선생투쟁사』에는 '건국동맹 조직과 기타 책임자 배정'이란 항목이 있는데, "각 도 대표 책임위원을 아래와 같이 선정하여 그 도내의 운동을 담당케 했다"고 한 후 남한 총책임자는 없고 경상북도 가담자로 이상훈(李相薰)과 정운해(鄭雲海)가 거명되어 있을 뿐이다.[2]

『여운형선생투쟁사』에서는 1945년 8월 4일에 중앙의 건국동맹원 이걸소(李傑笑)·황운(黃雲)·조동호(趙東祜) 등이 체포되었고 검거 선풍이 전국에 뻗쳐서 지방간부들이 다수 체포되었다고 했다. 그리고 『벽옹일대기』에서는 김창숙이 8월 7일 일본경찰에 구속된 상황에 대해 "이번 건국동맹사건에 대해서도 전에는 피에 주린 이리와 같이 악착같은 고문을 가해왔는데 이번에는 그렇게 강한 태도가 약간 완화되었을 뿐만 아니라 남한총책이라는 중임을 맡았던 선생에 대한 심문도 어딘지 모르게 1927년 처음 선생이 일경에 체포되었을 때와는 달리 온건한 태도를 보였다"고 했다.[3]

---

1) "당시 국내의 여러 혁명가들이 조직했던 지하운동의 조직체인 건국동맹에서는 선생을 이 동맹의 남한 총책임자로 추대하였다." "원래 건국동맹은 비밀결사였기 때문에 한 사람이 탄로 나자 모두 검거되었으며 선생도 다시 구속을 당하게 되었다." 심산기념사업준비위원회 엮음 『벽옹일대기』, 태을출판사 1965, 241면.
2) 이만규 『여운형선생투쟁사』, 민주문화사 1947, 171면.
3) 심산기념사업준비위원회 엮음, 앞의 책 242면.

조선총독부 당국은 패전을 앞두고 반일적인 중요인사를 예비검속했고 구속범위를 더 확대하려던 계획을 가지고 있었는데, 8월 7일 김창숙을 건국동맹원으로서 구속한 것인지 중요 반일인사로서 예비검속한 것인지 아직은 분명히 밝히기 어렵다.

김창숙의 해방에 대한 인식은 8월 16일 향리의 청천서당(晴川書堂)에 군민들 1천여 명을 모아놓고 일본의 패망으로 우리가 완전독립을 할 것이나 정식 정부가 성립되기까지는 시일이 걸릴 것이라고 한 데서 일부 알 수 있다. 국내에 있었던 독립운동가와 식자층 대부분이 그러했던 것처럼 연합국 사이에 합의된 해방 후 한반도에 대한 국제관리론 및 신탁통치론에 대한 이해는 전혀 없었다고 할 것이다.

김창숙은 상경길의 대구에서 여운형과 안재홍(安在鴻) 등이 건국준비위원회를 조직했다는 소식을 처음 들었으며, 서울에 도착해서 여운형에게서 그 경위를 상세히 들었다. 그리고 "여운형의 말을 듣기 전에는 그래도 새나라 건설이란 부푼 가슴을 안고 마음껏 푸른 설계를 꾸며보았는데 막상 이러한 실태와 접하게 되자 온갖 희망이 와르르 무너지며 일종의 환멸을 느끼게 되었다. 차라리 이런 이야기를 들려주는 여운형의 말을 막고 싶을 정도로 안타까운 마음 이를 데 없었다"라고 했다.[4]

건국준비위원회는 김창숙이 상경했을 때 이미 60여 개나 난립한 군소 정치단체들과는 달리 조선총독부로부터 한때나마 치안권을 인수한 전국적 조직을 갖춘 건국동맹의 후신이었다. 그러나 김창숙의 '건준'에 대한 이해는 그렇지 않았음을 알 수 있다. 김창숙이 상경하자마자 여운형이 찾아온 것은 건국동맹 남한 총책임자였기 때문인지 아니면 일본제국주의에 타협하지 않고 끝까지 저항한 지도적 독립운동가였기 때문

---

4) 같은 책 246면.

인지 분명하지 않지만, 김창숙의 이같은 건국준비위원회에 대한 인식으로 보아 그가 해방 전에 건국동맹과 관계가 있었다고 보기 어려운 점이 있지 않을까 한다.

건국동맹도 그러했지만 초기의 건국준비위원회는 좌우익이 모두 참가한 반일 통일전선적 성격을 가진 조직이었다. 따라서 김창숙이 해방전에 건국동맹의 남한 총책임자였다면 해방 후에도 유학계 내지 유림을 대표하여 충분히 '건준'에 참가할 만한 조건이었다고 할 수 있다. 그러나 김창숙은 건국준비위원회를 해방 직후 난립한 정치단체 이상으로 보지 않았으므로 여기에 참가하지 않았다. 그랬기 때문에 건국준비위원회가 조선인민공화국을 선포했을 때는 "이렇게 어리고 이렇게 비루한 민족이었단 말인가"하고 탄식하지 않을 수 없었다.

해방 당시 김창숙의 정치적 입지나 사상적 위치가 건국준비위원회나 그 후신이라 할 수도 있을 조선인민공화국에 자의로 참가할 상황은 아니었다고 할 수 있다. 그러나 해방 전 건국동맹에는 참가했을 가능성이 전혀 없다고 할 수는 없겠는데 아직은 그것을 뒷받침할 만한 객관적 자료가 나타나지 않고 있다.

3. 정당정치에 대한 인식

김창숙이 해방 전 중국에서 민족해방운동에 참가한 1919년부터 1927년까지의 시기는 임시정부를 중심으로 한 민족해방운동이 활발하게 일어났다가 일단 침체하고 이당치국주의에 의한 대당(大黨) 및 유일당(唯一黨) 건설운동이 막 일어나던 시기였다. 임시정부가 약해진 시기였지만, 그렇지 않다 해도 이제 독립운동 정당들이 생기고 그 정당들을 바탕으로 임시정부가 운영되어야 할 시기가 된 것이었다.

따라서 임시정부가 명맥만을 유지하는 상황에서도 한국독립당·조선혁명당·조선민족혁명당 등이 결성되어 정당 중심의 민족해방운동이 추진되었다. 그러나 김창숙은 1927년에 일본경찰에 체포되어 국내로 압송되었기 때문에 이 정당 중심의 민족해방운동에 참가해 익숙해질 기회가 없었다고 할 수 있다. 이같은 김창숙이 해방 직후 정당에 대해 어떤 인식을 가지고 있었는가를 이해하는 것은 해방 후 시기 전체에 걸친 김창숙의 정치활동을 이해하는 데 중요한 근거가 되지 않을까 한다.

해방 직후 일부 인사들이 대중당을 결성하고 김창숙을 당수로 추대하려 했다. 이에 대해 김창숙은 "국가의 강토를 완전히 회복치 못하고 정부도 서지 못한 이 마당에 정당의 난무가 이같이 치열하니 저 육십여 개의 정당이 각각 정권을 다투고 정책을 다 달리한다면 우리 신생 대한민국은 반드시 그들 손에 망하고 말 것이다"라고 했다.[5]

20세기 전반기 일제강점 35년간 정당활동을 봉쇄당했던 우리 민족사회가 해방 직후의 혼란 속에서 정당들이 난립하게 된 현실에 대해 심산 김창숙만이 비판한 것은 아니었다. 그러나 "정부도 서지 못한 이 마당에 정당의 난무가 이같이 치열하니"라고 한 것은 김창숙이 앞에서 말한 것처럼 해방 전 민족해방운동전선에서 정당 결성에 참가할 기회가 없어 정당이 먼저 성립되고 그것을 근거로 하여 정부가 수립되는 근대 정당정치에 대해 이해가 부족했던 것이 아닌가 생각할 수 있다.

해방 후 김창숙이 정치적으로 가장 가까웠고 신뢰했던 사람이 바로 백범 김구였다고 할 수 있다. 귀국한 한국독립당의 당세 확장을 위해 백범이 입당을 권유하자 김창숙은 "설사 당세를 확장하여 제1당이 되어

5) 같은 책 247면.

서 정계에 군림하더라도 한 정당의 영도자가 되는 것과 3천만인이 다 추대하는 대영도자가 되는 것과는 어느 쪽이 나은가"하고 반문하면서 입당을 거부했다.[6]

제1당이 됨으로써 선거에 승리하여 집권당이 되고 그 당수가 3천만이 추대하는 대영도자가 될 수 있는 정당정치의 집권과정에 대한 이해가 부족했다고 할 수도 있겠다. 1930년대 이후의 중국 관내지역 우리 민족해방운동전선에서 임시정부를 고수하는 한편 한국국민당·한국독립당 등 정당을 조직하여 활동한 김구와 그 시기에 국내에 잡혀들어와 옥고를 치르고 은둔생활을 하다시피 한 김창숙의 정국관 내지 정치관의 차이라고 할 수 있을 것이다. 이 점을 염두에 두면서 김창숙과 귀국한 임시정부의 관계를 살펴보는 일이 중요하다.

4. 귀국한 임정과의 관계

김창숙은 일제시대의 민족해방운동전선에서 주로 임시정부를 중심으로 활동했다. 그는 임시정부 성립 당시 의정원 의원이 되었고, 1923년에는 임시정부 산하 서로군정서(西路軍政署)의 군사선전위원장이 되었으며, 국민대표자회가 개조파(改造派)와 창조파(創造派)로 대립할 때 창조파에 속했으나 연해주지방으로는 가지 않았고, 국내로 들어와서 군자금을 모금해간 후 1925년에는 임시의정원 부의장이 되었다. 민족해방운동전선에서 김창숙은 오로지 임시정부를 중심으로 활동했다고 해도 좋을 것이다.

---

6) 대동문화연구원 엮음, 국역 『심산유고』, 국역심산유고간행위원회 1979, 800면 참조.

그런 김창숙은 해방 후 임시정부가 귀국하게 되자 그 환영준비위원회 부회장을 맡았고, 임시정부 귀국 당시에는 마침 병석에 있어서 김구를 비롯한 임정요원들의 문병을 받았다. 그리고 "민족의 단결을 급선무로 안다. 그 단결의 방법으로서는 먼저 조선인민공화국을 해체하고 좌익 우익의 파벌을 타파하고 모두 대한민국임시정부 깃발 아래로 뭉쳐 그 당면 정책 14개 조항을 받아들여 실천한다면 실로 오늘의 우리 국가 민족의 다행으로 생각한다"고 했다.[7]

일제시대의 민족해방운동전선에서 임시정부를 중심으로 활동했던 김창숙은 해방 후에도 오로지 임시정부를 중심으로 건국을 해야 한다고 생각하고 있었다고 하겠다. 이 시기의 김창숙이 대한민국임시정부가 일본을 패망시킨 연합국들의 승인을 받지 못해 그 요원들이 개인자격으로 입국한 현실을 어느정도 인식하고 있었는지 정확하게 알 길이 없다. 그러나 설령 그것을 알았다 해도 귀국한 임정요원들 특히 김구를 중심으로 하는 우익계 요원들이 그러했던 것처럼 김창숙도 임시정부를 중심으로 남북 통일국가를 건설해야 한다는 노선으로 일관했음은 오히려 당연하다 할 것이다.

귀국한 임시정부는 1946년에 들어서서 바로 비상정치회의를 소집하고 특별의원 8명을 추대했는데, 이승만·김구·김규식(金奎植)·권동진(權東鎭)·오세창(吳世昌)·조만식(曺晚植)·홍명희(洪命憙) 등과 함께 대한민국임시정부 국무위원이 된 김창숙도 이에 포함되었다. 그리고 정당·사회단체·종교단체 대표자 270명이 모여 비상국민회의 대회를 개최했는데, 이 대회에서 "정부를 수립하는 일은 극히 중대하니 마땅히 먼저 정부를 수립하기 위한 모체기관이 필요하다"라고 하여[8] 정부 수

7) 심산기념사업준비위원회 엮음, 앞의 책 255면.

립을 위한 모체기관으로서 최고정무위원 28명의 선출을 이승만과 김구에게 위임했으며 김창숙도 최고정무위원으로 선출되었다.

최고정무위원에 여운형·박헌영(朴憲永)·허헌(許憲) 등 좌익진영은 참가하지 않았다. 당시 김창숙이 수립하려 했던 정부는 물론 남북 통일정부였다. 소련군이 현실적으로 38도선 이북지역을 점령하고 있는 상황에서 임시정부가 비상정치회의를 소집하여 우익진영 중심으로 조직한 최고정무위원회가 통일정부 수립을 위한 모체기관이 될 수 있다고 생각했는지는 의문이다. 그러나 확실한 것은 해방 후 김창숙은 38도선이 획정되고 미소 양군이 분할 점령하고 있는 상황에서도 귀국한 임시정부를 중심으로 남북통일국가를 수립해야 한다고 생각했다는 점이다.

5. 민주의원과의 관계

"비상국무회의의 최고정무위원회는 미군정의 요청으로 본래의 성격과 명칭을 달리하여 주한미군사령관 하지 중장의 '자문기구'로서 과도정부 수립을 촉진하는 사명을 띠고 남조선대한국민대표 민주의원이라는 이름으로 2월 14일 군정청 제1회의실에서 개원하였다."[9]

정부 수립을 위한 모체기관이라 생각했던 최고정무위원회가 미주둔 군사령관 하지(John R. Hodge) 중장의 자문기관이라고 하자 김창숙은 "이승만 김구 양인이 국민의 총의를 저버리고 하지에게 아부하여 매국매족하는 행위가 되는 것이 아니겠는가"라고 했다.[10] 그리고 곧 민주의

---

8) 같은 책 261면.

9) 송남헌 『해방 3년사』 1권, 까치 1985, 281면.

10) 심산기념사업준비위원회 엮음, 앞의 책 263면.

원은 미군정의 자문기관이 되었고 이승만은 의장, 김규식은 부의장, 김구는 총리가 되었다는 발표가 있자 심산은 "이승만 김구가 이제는 매족의 반역자가 되고 마는구나"라고 소리쳤다.[11]

그러면서도 김창숙은 민주의원 회의에 참석하게 되는데, 그것은 미점령군사령관 하지의 자문에 응하기 위해서가 아니라 민주의원의 자문기관화와 미소공동위원회에의 참가를 반대하기 위해서였다. 그리고 민주의원이 하지의 자문기관이 된 것에 반대하여 김구가 총리 자리를 사퇴하려 하자 김창숙은 김구의 총리 사퇴가 반탁진영의 붕괴를 가져올 것이라고 만류하면서 "민주의원 여러분으로 하여금 그대를 중심으로 하여 반탁의 깃발하에 결속되게 하는 것이 좋다"라고 했다.[12] 신탁통치 반대라는 큰 목적을 위해서는 민주의원의 부당성에 대해 일정하게 유보하는 현실주의적 처신도 보여주고 있는 것이다.

해방 직후의 김창숙은 해방정국의 당면과제이자 선결문제로 정부 수립을 생각했고, 그것은 당연히 임시정부를 중심으로 이루어져야 한다고 생각했다. 그렇기 때문에 임시정부세력을 중심으로 구성된 비상정치회의의 특별위원으로 참가했고, 정부 수립을 위한 모체기관으로서 최고정무위원이 되었다. 그러나 비상국무회의의 최고정무위원회는 미점령군사령관의 자문기관이 되었다. 따라서 그것이 남북을 통한 단일정부를 수립하는 모체기관이 될 수는 없었다.

그 이유는 첫째, 일제강점시대 해외에서 민족해방운동을 하던 대한민국임시정부가 20년이 넘게 유지되었으면서도 미·영·중·소 등 연합국의 일원이 되지 못했고 둘째, 일본제국주의를 패망시킨 연합국은 해

---

11) 같은 책 264면.
12) 같은 책 281면.

방 전에 이미 해방 후의 한반도를 신탁통치할 것을 결정했기 때문이었다. 따라서 해방 후 임시정부 우익계와 김창숙의 건국투쟁은 자연히 신탁통치 반대운동으로 나아갈 수밖에 없었다.

6. 미소공위 참가와 신탁통치 문제

해방 당시 중국 중경(重慶)에 있었던 임시정부 요원들은 연합국들이 해방 후의 한반도를 국제공동관리, 즉 신탁통치하려 한다는 사실을 알고 반대했다. 그러나 1927년 이후 계속 국내에 있었던 김창숙의 경우 임시정부가 연합국의 승인을 못 받았으며 연합국들이 전쟁 후 한반도를 신탁통치하기로 결정했다는 사실도 물론 몰랐다고 볼 수 있다. 전쟁 후 냉엄한 국제정치에서 한반도는 패전국 일본의 식민지일 뿐이었으나, 평생을 항일운동에 몸바친 김창숙으로서는 그것을 인정할 수 없었으며 전승국적 정서에 빠져 있었다고 할 수 있다.

그런 김창숙이 최고 5년간의 신탁통치 실시를 내용으로 하는 모스끄바 3상회의 결정을 전해듣고는 찬탁노선에 선 공산당을 성토하는 글을 써서 각 신문사에 돌리려 했다. 그 글 내용이 어찌나 격하던지 주위에서 보복을 두려워하여 모두 말렸다. 그럼에도 기어이 신문사들에 나누어 주었지만 화를 두려워하여 어느 신문도 그 글을 싣지 않았다. 이에 김창숙은 조선공산당 조직부장 이승엽(李承燁)과 해방일보 주필 이우적(李友狄) 등을 불러 글에 대한 감상을 물었다.

글에서는 찬탁한 공산당을 매국반역이라 성토했는데, 공산당인 두 사람은 신탁통치를 후견으로 이해하고 수용하지 않을 수 없음을 피력했다. 김창숙은 후견이란 미성년자와 정신이상자에게 적용하는 조치라면서 미·영·소·중의 네 나라가 한인 보기를 3~4세의 어린애같이 여기고 후견한다면 16~17년은 걸릴 것이라고 했다. 또한 "우리 한인을 정신이상자로 볼 것 같으면 정신이상이란 것은 종신토록 낫지 못하는 병이니, 우리 한인에게 후견을 실시하는 일은 반드시 기한이 없을 터이다. 그대들이 후견을 달게 받고자 하는 일은 나라를 파는 반역이 아니고 무엇이냐"라고 힐난했다.[13]

김창숙의 이 말에서는 신탁통치를 위한 임시정부를 성립하면 바로 38도선이 없어지고 그 임시정부가 연합국의 후견으로 남북한 전체를 다스리게 된다는 사실을 알면서도 연합국이 실제로 신탁통치를 하게 되면 후견기간이 모스끄바3상회의에서 결정한 5년보다 더 길어질 것이라는 생각으로 신탁통치를 반대한 것 같은 느낌도 준다.

미점령군사령관 하지가 신탁통치와 미소공위 참가를 반대하는 우익진영의 공위 참가를 유도하기 위해, 우선 공위에 참가하여 정부를 수립해놓고 후에 신탁통치 반대를 자유롭게 할 수 있을 것이라는 성명을 발표하자 이에 우익진영이 다수 참가를 찬성하게 되었다.

그러나 김창숙은 "소련군사령관 슈찌꼬프(Terenti Shtikov)의 선언에서는 오직 신탁통치를 찬성하는 사람만이 공위에 참가할 수 있다 하였으니 슈찌꼬프가 이를 고집하고 하지의 성명을 배격한다면 미소공위는 반드시 여기에서 결렬되고 말 것이다"라고 전망했는데,[14] 우리가 알다시피 이 전망은 적중했다.

미소공위 참가 후에도 반탁이 가능하다는 하지의 성명이 있은 후 민주의원에서도 미소공위 참가 여부에 대한 표결이 있었다. 그 결과는 출

---

13) 대동문화연구원 엮음, 앞의 책 795면.
14) 심산기념사업준비위원회 엮음, 앞의 책 279면.

석의원 23명 중 22명이 공위 참가에 찬성하고 1명만이 반대했는데 그 한 사람이 김창숙이었다.

민주의원에서 미소공위 참가가 가결되자 김창숙은 "정권을 얻은 다음에는 지위와 권력에 애착이 생겨 오늘의 정신에 어그러지는 태도로 나올 사람이 없으리라는 것을 믿을 수 없은즉 우리는 이 자리에서 탁치반대선언식을 거행하여 우리 민족진영의 정기를 고무하도록 하자"고 제의했다. 미소공위에 참가하여 정권을 얻고 나면 신탁통치에 반대하지 않을까봐 탁치반대선언식 거행을 요구한 것이다. 그날 선언식을 사회자 김규식이 거부하자 다음날 또 요청하여 결국 반탁선언식이 거행되었다.[15]

이같이 김창숙은 철저한 반탁주의자였다고 할 수 있는데, 미소 양군이 분할 점령하고 좌익과 우익이 대립해 있는 현실적 조건 아래서 신탁통치를 반대한 김창숙이 구체적으로 어떤 통일국가 수립방법론을 가지고 있었는지 궁금하지만, 반탁을 주장한 것밖에는 더 구체적인 언급이 없다. 이 점에서는 김창숙과 노선을 같이했던 임시정부 우익계 경우도 마찬가지다.

7. 1948년 남북협상과 김창숙

한반도문제가 소련의 반대에도 불구하고 모스끄바3상회의 결정을 떠나서 당시 미국세력이 절대적으로 우세하게 지배하던 유엔으로 이관되었다는 것은, 소련이 38도선 이북지역에서 유엔의 활동을 허용하지

---

15) 같은 책 283~84면 참조.

않을 것으로 전망되어 결국 한반도에 남북 통일정부가 수립될 가능성이 희박해짐을 뜻하는 것이었다.

한편 이승만과 한민당의 반탁노선은 결국 단선·단정으로, 즉 분단국가 수립으로 갔지만, 김창숙의 반탁노선은 임시정부계와 함께 단선·단정을 강력히 반대했다. 그런데도 임시정부계는 한반도문제의 유엔 이관을 반대하지 못하고 오히려 그렇게 되어도 통일민족국가가 수립될 수 있을 것으로 기대했다.[16]

임시정부계는 결국 남한만의 단선·단정을 반대하면서 통일민족국가 수립을 위한 북한과의 협상을 기도하게 되는데 김창숙도 같은 노선에 서게 되었다. 그는 1948년 2월 5일에 "유엔한국위원단의 내한과 위원제씨가 짊어진 사명은 내정간섭이 아니라 남북통일 총선거로 통일정부 수립에 관하여 외력(外力)의 부당한 간섭을 거절함에 있다고 믿는다" "단선·단정에 대하여 이것은 국토 양단과 민족분열을 조장함에 불과하니 북한지방을 소련에 허여하려는 것이다" "남북 정치요인회담으로 통일정부를 수립하여야 할 것이다" 등을 내용으로 하는 성명서를 발표하였다.[17]

이 성명서에서 한반도문제의 유엔 이관 후에도 통일정부가 수립될 수 있으리라는 기대를 버리지 않았음을 볼 수 있으며, 반소주의적 입장을 표시하고 있다. 통일정부 수립방안으로 남북 정치요인 회담을 제의하고 있는 것은 장차 김구·김규식이 남북협상에서 북쪽 요인들과 합의한 방법과 같은 것이었다. 김창숙의 현실 파악과 분단방지 대안제시가 시의에 적절한 것임을 말해주고 있다.

---

16) 강만길 『통일운동시대의 역사인식』, 청사 1990, 123면.
17) 심산기념사업준비위원회 엮음, 앞의 책 300면.

이후 1948년 3월 12일에는 김창숙과 김구·김규식·홍명희·조소앙(趙素昻)·조성환(曹成煥)·조완구(趙琬九) 등이 이른바 7인 공동성명을 발표하는데, 거기에서는 "미소 양국이 군사상 필요로 일시 발정한 소위 38선을 국경선으로 고정시키고 양 정부 또는 양 국가를 형성케 되면 남북의 우리 형제자매가 미소전쟁의 전초전을 개시하여 총검으로 서로 대하게 될 것이 명약관화할 일이니 우리 민족의 참화가 이에서 더할 것이 없다"라고 하여 6·25전쟁을 정확하게 예언하고 있음을 볼 수 있다.[18] 그리고 "덕국(德國, 독일)은 연합국의 적국이었으나 우리는 적국이 아니었고 덕국은 동서 양단된 채 각각 정부를 가지게 되더라도 동족상잔할 우려가 우리와 같이 크지 않다"라고 하여 동서독의 분단과 남북한의 분단이 다름을 정확하게 지적하였다.

이 성명서가 나온 후 김구·김규식은 많은 반대를 무릅쓰고 남북협상을 위해 평양으로 가고 조소앙·홍명희 등 이른바 남북협상파들도 많이 그 뒤를 이었지만 김창숙만은 평양에 가지 않았다. 운신이 자유롭지 못하여 남북협상에 참가하지 않았을 수도 있겠으나 그 이유만은 아닌 것 같다. 김창숙은 김구에게 "남한에서 이승만의 협조도 못받으며 이북에 가서 김일성과 어떻게 무슨 타협을 볼 것인가"라고 말했다.[19] 마치 김구·김규식의 남북협상이 별 성과가 없으리라는 것을 미리 알았던 것 같은 말인데, 그런 점에서는 김창숙이 오히려 김구보다 더 현실주의자였다고 할 수도 있지 않을까 한다.

요컨대, 심산 김창숙은 김구·김규식과 같은 반탁진영의 반분단주의자였다. 민족의 해방이 민족해방운동세력의 독자투쟁으로 오지 못하고

---

18) 같은 책 301면.
19) 같은 책 303면.

연합국의 승리와 함께 온 현실 속에서, 38도선이 획정되고 미소 양군이 분할 점령한 조건 아래서, 민족해방운동세력에 좌익진영도 있고 우익 진영도 있는 상황에서, 연합국이 결정한 5년간 신탁통치를 반대하면서 남북통일국가를 수립하려는 반탁 통일정부 수립노선에 김창숙은 임시 정부세력과 함께 서게 되었다.

'해방공간'의 통일민족국가 수립운동이 모두 실패하고 남북에 분단 국가들이 성립된 후 남북협상에 참가했던 김구·김규식 등 반탁·반분단 노선 임시정부계는 남북 어느 정권에도 참가하지 않았고, 김창숙 역시 같은 길을 걸었다. 그러나 김구처럼 암살당하지 않았고 김규식처럼 6· 25전쟁 때 납북당하지 않은 김창숙은 김구도 김규식도 할 수 없었던 반 이승만독재투쟁의 마당에 서게 된다.

8. 이승만독재정권과 김창숙

흔히 한반도의 분단과정을 3단계로 나눈다. 제1단계는 1945년 38도 선의 획정이고, 제2단계는 1948년 남북 분단정권들의 성립이며, 제3단 계는 1950년 6·25전쟁의 발발이다. 1948년 3월 12일에 남북협상 공동 성명을 내었던 7인 중 김구와 조성환은 전쟁 전에 암살되거나 자연사했 고 홍명희는 남북협상에 참가했다가 그대로 남아 북쪽 정권에 참여했 으며 김규식·조소앙·조완구 등은 전쟁 때 납북되었다. 오직 김창숙만 이 6·25전쟁 후에도 이승만정권 아래 살게 된 것이다.

유도회(儒道會)총본부위원장·성균관장·성균관대학장 등의 직책을 가지고 있던 김창숙은 6·25전쟁 중 이승만정권이 거창양민학살사건· 국민방위군사건 등의 실정을 거듭하게 되자 피난지 부산에서 대통령하야경고문을 발표하여 체포되었으나 불기소처분을 받았다. 당시 김창숙을 정치인으로 볼 수는 없지만, 정치인 비정치인을 막론하고 그야말로 김창숙만이 할 수 있었던 일이었다.

'해방공간'에서 김창숙의 활동은 귀국한 임시정부의 국무위원으로서의 정치적 활동이라 할 수 있을지 모르지만 6·25전쟁 후의 '정치활동'은 일정한 정치적·정당적 직책이 없는 야인으로서의 정치활동이었을 것이다. 그러면서도 그 영향력은 대단히 컸다고 하겠다.

1952년은 대통령 이승만의 1차 임기가 끝나는 시점이었다. 이승만정권 성립 당시 내각책임제로 된 헌법을 이승만이 고집하여 갑자기 대통령중심제로 고쳤기 때문에 대통령중심제이면서도 대통령을 국회에서 선출하게 되어 있어서 국회 선출제로는 이승만이 2대 대통령으로 연임되기 어려웠다. 이에 이승만은 직선제를 통해 정권을 유지할 욕심으로 대통령직선제와 양원제 개헌안을 국회에 제출했으나 부결되었고, 국회는 오히려 내각책임제 개헌안을 통과시킬 태세였다.

김창숙은 현역 정치인이 아니면서도 이 내각제 개헌운동에 동참하여 국제구락부회의의 사회를 맡았는데, 정부 쪽에서 동원한 폭력배의 습격으로 부상을 입고 40일간의 옥고를 치렀다. 이후 김창숙은 반이승만 독재투쟁을 더 적극적으로 펼쳐 1956년 3대 대통령선거 때는 신익희(申翼熙)·조봉암(曺奉岩) 두 야당후보의 단일화를 위해 활동했다.

이승만이 다시 당선되자 여당 자유당의 해산과 재선거를 주장하는 '대통령 3선취임에 일언을 진함'을 발표했으며, 1960년 4대 대통령선거 때 공명선거추진 지도위원으로 추대되었고, 4·19 후 7·29 선거에서 참패한 혁신세력이 통일을 모색하여 결성한 민족자주통일중앙협의회에 유도회 대표로서 고문에 추대되었던 것이 '정치활동'으로서는 마지막 기회가 아닌가 한다.

9. 맺음말

심산 김창숙의 해방 후 '정치활동'을 요약하면 반탁·반분단·반독재 활동이라고 할 수 있다. 그리고 이 활동들은 정당에 관계하지 않은 비정당인으로서의 '정치활동'이었다고 할 수 있다는 점에 특징이 있다. 일제시대 민족해방운동전선에서의 활동이 주로 임시정부를 통한 활동이었던 것처럼 '해방공간'에서의 활동도 귀국한 임시정부를 통한 활동이었다.

38도선이 획정되고 그것을 경계로 미소 양군이 분할 점령한 '해방공간'에서 심산이 동조한 임시정부 우익계와 같은 반탁·반분단 노선이 정치적 입지를 확보하기는 어려운 상황이었다. 이승만정권이 성립되고 난 후에도 김구·김규식을 중심으로 하는 반탁·반분단 노선의 임시정부 우익계 중심세력은 통일독립촉진회를 결성하고, 남북 두 분단국가를 해체한 후 남북 총선거를 실시하여 통일국가를 수립할 것을 유엔에 요구했다.

그러나 한반도문제가 소련의 반대에도 불구하고 모스끄바3상회의 결정을 떠나서 유엔으로 이관된 후에는 이미 분단국가의 성립이 예상될 수밖에 없었으며, 따라서 반탁·반분단 노선의 정치적 입지가 유지되기는 어려웠다. 민족분단이 고착화하는 과정, 즉 분단국가들의 성립과 6·25전쟁 과정을 통해서 반탁·반분단 노선의 정치세력은 사실상 소멸되었다. '해방공간'에서 반탁·반분단 노선은 현실적·정치적 노선이었다기보다 민족정기에 입각한 당위적 노선이었다고 할 수 있을 것이다.

'해방공간'에서의 반탁·반분단 노선은 주로 임시정부 우익계의 노선이었다고 할 수 있으며, 그 주요 인사들은 6·25전쟁 후까지 남쪽 정계에 남은 경우가 드물었다. 김창숙처럼 남아 있더라도 이승만 중심의 반탁·

분단 노선과 융합하기 어려웠고, 이승만정권이 독재화하자 이에 저항하는 노선으로 나아갈 수밖에 없었다. 그럼에도 김창숙의 반이승만독재투쟁은 권력투쟁이기보다 의리와 명분에 의한 투쟁이라는 성격이 더 컸다고 할 것이다. (1999년 5월)

김구는 왜 지금 더 크게 살까

1. 지금도 김구가 크게 추앙받는 이유

1999년은 백범(白凡) 김구(金九)가 경교장에서 안두회에게 살해당한지 꼭 50주년이 되는 해다. 평생을 민족해방운동에 몸바친 백범이 동족의 흉탄에 희생된 당시 국민의 슬픔은 그야말로 하늘에 닿는 듯했다. 이순신과 같은 특별한 경우가 아니고는 아무리 위대한 지도자라 해도, 또아무리 억울한 죽음을 당했다 해도 세월이 지나면 역사책 속에나 남게마련인데, 백범은 시간이 지날수록 더욱더 국민적 존경과 추앙을 받은것이 아닌가 한다.

암살자의 흉탄에 쓰러진 사실이, 그리고 그 암살자가 버젓이 잘 살고있는 사실이 원인이기도 했지만, 감옥 가기를 예사로 알고 암살자를 그냥 두지 않으려는 사람들이 속출하더니 결국 암살자는 살해되고 말았다. 무엇이 이같이 열성적 '백범교 순교자'들을 만들어냈을까. 한마디로설명하기 어려운 일이다. 남북협상에 다녀와서 이승만(李承晩)정권의성립에 반대함으로써 마치 공산주의자가 된 것으로 오해받고 살해된 백범은 이승만의 동상이 끌어내려진 남산에 이순신을 제외하고는 가장 크고 우람한 동상으로 되살아났으며, 그 그림자가 점점 더 커져가고 있으니 그 이유가 무엇인지 궁금하지 않을 수 없다.

일제강점시대와 '해방공간'을 통해서 백범이 우리 역사 위에 남긴 발자취를 정리해보면 크게 두 가지를 지적할 수 있다. 그 하나는 온갖 어려움을 무릅쓰고도 시세의 흐름에 적응하면서 대한민국임시정부를 고집스럽게 사수해온 일이고, 다른 하나는 우익전선의 한가운데 우뚝 섰으면서도 필요한 때마다 좌우익 통일전선운동을 펼친 점이다.

백범이 존경받는 일반적인 이유는 앞에서 든 첫째 이유 즉 만난(萬難)을 무릅쓰고 임시정부를 사수한 고집과 애국심에 더 있는 것 같지만, 민족분단시대가 반세기 이상 지속되고 이제 겨우 평화통일이 전망되고 있는 지금의 시점에서 보면 그렇지만도 않다. 오히려 일제강점시대의 민족해방운동전선에서 펼친 좌우합작 민족통일전선운동과 '해방공간'에서 추진한 통일민족국가 수립운동, 즉 남북협상에 더 의미가 있다고 할 수 있다.

오늘을 사는 보통사람들에게 왜 백범을 존경하는가 하고 물으면 과연 어떤 답이 나올지 잘 모르겠다. 그의 투철했던 애국심을 말할지 모르지만 그가 민족해방운동전선에서 좌우익 통일전선운동을 편 일이나 '해방공간'에서 남북협상 등을 통해 통일민족국가 수립운동을 편 일은 거론하지 않을 것이라 생각한다. 왜냐하면 민족해방운동전선에서의 통일전선운동은 아직도 거의 가르치고 있지 않으며 '해방공간'에서의 통일국가 수립운동도 아직 그 역사적 정당성을 인정하고 있지 않기 때문이다. 그러나 그것과는 상관없이 우리의 근·현대사 위에 백범이 남긴 흔적을 있는 그대로 드러내어 사후 50년이 지난 지금, 본격적으로 평화통일시대로 들어선 지금 그가 크게 되살아나는 이유를 다시 한번 생각해봐야 할 것이다.

2. 고집스레 임시정부를 고수한 김구

백범이 민족운동에 투신한 것은 알려진 것처럼 동학군에 참가하면서부터였다. 그리고 국모보수(國母報讐)를 목적으로 일본인 쓰찌다 조우스께(土田壤亮)를 죽였을 때까지도 그는, 당시 대부분의 식자층이 그러했지만, 왕당파적 역사인식에서 벗어나지 못했다. 기독교로 개종한 1902년 무렵이나 신민회(新民會)에 가입한 1907년 무렵에 사상적으로 왕당파적 입장에서 벗어나 공화주의자가 된 것이 아닌가 한다. 이후 그는 공화주의 임시정부에 참가하여 경무국장이 되었다.

국민대표회가 열려 임시정부를 개조할 것인가 창조할 것인가 하는 논의가 분분하던 1923년경에 백범은 임시정부 내무총장으로서 국민대표회의 해산을 명령하고 기존의 임시정부를 고수하는 쪽에 섰다. 이후 임정 국무령과 국무위원이 되었지만, 임시정부 강화책이었던 국민대표회가 실패한 후부터 1932년에 윤봉길 의거가 있기 이전까지 임시정부는 그야말로 겨우 명맥을 유지했을 뿐이었다 해도 과언이 아니었다.

백범이 한인애국단을 조직하여 단장이 되고, 단원 윤봉길(尹奉吉)의 의거 이후 장 제스(蔣介石)의 도움을 본격적으로 받게 됨으로써 민족해방운동전선에서 그의 위치도 크게 강화되었다. 1930년대 중국 관내지역에서 우리 민족해방운동전선은 일제의 만주침략에 대응하면서 1927년대 후반기에 한 번 일어났다가 실패한 좌우익 통일전선운동을 다시 펼치기 시작했다. 1932년에는 한국대일전선통일동맹이 성립되었고 그것을 모체로 하여 1935년에는 좌우익 통일전선 정당이라 할 조선민족혁명당이 성립되었다.

1930년에 안창호(安昌浩)·이동녕(李東寧)·김구 등이 결성한 한국독립당도 좌우익 통일전선 정당인 조선민족혁명당에 참가하여 임시정부를 해체해야 한다고 주장했다. 그러나 김구는 조선민족혁명당에 참가하지 않고 임시정부를 고수했다. 의열단·신한독립당·한국독립당·대한독립당·조선혁명당이 합당하여 조선민족혁명당을 창당했을 때는 『백범일지』에서 말한 것처럼 임시정부 국무위원 7인 중 김규식(金奎植)·조소앙(趙素昻)·최동오(崔東旿)·양기탁(梁起鐸)·유동열(柳東悅) 등 5인이 이에 참가함으로써 임시정부의 국무회의가 성립되지 못할 상황까지 되었다.

그럴 때도 백범은 이동녕·조완구(趙琬九) 등과 함께 국무위원이 되어 임시정부를 계속 유지하는 데 주동적 역할을 했다. 그리고 임시정부를 옹호하는 정당으로서 한국국민당을 창당했다. 민족혁명당의 창당에 대응하고 임시정부를 옹호하기 위해 창당한 한국국민당은 당시 중국 관내지역 우리 민족해방운동전선에서 가장 우익 쪽 정당이었다고 할 수 있지만, 그 당의(黨義)에서 "토지와 대생산기관을 국유화로 하여 국민의 생활권을 평등하게 할 것"이라고 규정했다.

1930년대 후반기의 민족해방운동전선, 특히 중국 관내지역 전선은 통일전선을 형성해갔는데, 백범 중심의 한국국민당은 우선 당시의 우익전선 통일을 추진했다. 1937년에는 조선민족혁명당에서 이탈한 조소앙 중심의 한국독립당과 역시 민족혁명당에서 탈퇴한 지청천(池青天) 중심의 조선혁명당 등과 연합하여 한국광복운동단체연합회를 구성함으로써 중국 관내지역 우리 민족해방운동의 우익전선을 한데 묶어 임시정부의 기반을 튼튼히 했다.

일본제국주의의 중국 침략이 중일전쟁으로 발전하게 되자 민족해방운동전선은 소일전쟁과 미일전쟁으로 확대될 것이라 전망하고 일본을 패망시킬 연합국의 일원이 되기 위해 전선 통일을 추진하면서 그 모체를 임시정부로 압축해갈 필요성을 느꼈다. 한국광복운동단체연합회의 형성이 그 출발점이기도 했던 것이다.

3. 임정이 통일전선정부로 되는 과정과 김구

일본이 중국을 본격적으로 침략하자 민족해방운동전선을 통일해야 할 필요성이 커졌다. 우익전선이 한국광복운동단체연합회를 결성하자 좌익전선에서도 조선민족혁명당·조선민족해방운동자동맹·조선혁명자연맹·조선청년전위동맹 등이 연합하여 조선민족전선연맹을 성립함으로써 중국 관내지역 민족해방운동의 좌익전선을 통일했다. 이에 따라 통일된 우익전선과 좌익전선을 다시 통일할 필요가 커졌고 또 장개석정부도 두 세력의 통합을 적극 권유했다.

『백범일지』에 의하면 백범은 "내가 중경에 도착하여 추진한 일은 세 가지였다"라고 했는데 그중 한 가지가 통일문제였다. 백범은 조선민족혁명당 본부를 방문하여 민족단일당 결성을 제의하여 찬성을 얻은 후 후원자인 미주·하와이 동포들에게 그 뜻을 전했다. 그러나 미주·하와이 동포들은 "통일은 찬성하나 김약산(원봉)은 공산주의자요, 선생이 공산당과 합작하여 통일하는 날, 우리 미국교포와는 인연이 끊어지는 줄 알고 통일운동을 하시오"라는 회답을 보내왔다. 그러나 백범은 이같은 반대에도 불구하고 "약산과 상의한 결과 연명(連名) 선언으로 조국광복을 위해 민족운동이 필요하다"라고 발표했다.

1939년 5월 중경(重慶)에서 발표한 「동지동포 제군에게 보내는 공개

통신」이란 것이 바로 그것이다. 이 공동성명의 일부를 보면 "종래 범한 종종의 오류 착오를 통감하여 이에 두 사람은 신성한 조선민족해방의 대업을 완성하기 위해 장차 동심협력할 것을 동지 동포 제군 앞에 고백함과 동시에 목전의 내외정세 및 현단계에서의 우리의 정치적 주장을 아래에 진술하기로 했다"라고 하고 열 가지 정강·정책을 내놓았다.

이때 좌우익 통일전선으로 성립된 단체가 전국연합진선협회이다. 합의한 정강·정책 중 중요한 몇 가지를 들어보면, "봉건세력 및 일체의 반혁명세력을 숙청하고 민주공화제를 건설한다" "국내외에 있는 일본제국주의의 공사 재산 및 매국적 친일파의 일체 재산을 몰수한다" "토지는 농민에 분배하고 토지의 일체 매매를 금지한다" 등이다. 좌우익 통일전선이 형성되었을 뿐만 아니라 국가건설을 위한 대체적 방향에도 합의한 것이다.

그러나 전국연합진선협의회는 민족단일당이 아니었기 때문에 백범은 더 나아가서 민족단일당 성립을 목표로 삼았다. 『백범일지』에 의하면 "국민당 전체뿐만 아니라 조선혁명당·한국독립당 양당도 모두 연합 통일을 주장하였다. 그 이유는 주의가 같지 않은 단체와 단일조직은 불가능하다는 것"이었다. 그러나 그는 "각 당이 자기 본체를 그대로 두고 연합조직을 만든다면 통일기구 안에서 각기 자기 단체의 발전을 도모할 터이니 도리어 마찰이 더욱 심할 것으로 생각하였다. 또한 전에는 사회주의자들이 민족운동에 반대하였으나 사회운동은 독립 완성 후 본국에 가서 하고 지금 해외운동은 순전히 민족적으로 국권의 완전 회복에만 전력하자고 극력 주장하니 나는 단일조직을 만들 수 있을 것으로 생각한다"라고 했다.

이리하여 다시 한국광복운동단체연합회 소속 한국국민당·한국혁명당·한국독립당 등 3당과 조선민족전선연맹 소속 조선민족혁명당·조선민족해방운동자동맹·조선혁명자연맹·조선청년전위동맹 등 4개 단체 등이 모인 7당 통일회의가 1939년 8월에 열렸다. 그러나 역시『백범일지』에 의하면 조선민족해방운동자동맹과 조선청년전위동맹이 자기 단체가 해체되는 걸 원하지 않는다는 이유로 퇴장하고 5당 통일이 합의되었으나 얼마 후 조선민족혁명당도 탈퇴함으로써 단일당 운동은 실패했다.

이 시기의 좌우익 통일전선운동 방법론으로 두 가지가 주로 거론되었다. 그 하나는 기존의 좌우익 정당을 그냥 둔 채 그 연합체로서 통일전선을 형성하는 방법과 다른 하나는 기존의 좌우익 정당·단체를 해체하고 새로운 하나의 통일전선 정당을 창립하는 방법이었다. 이른바 단체본위 방법과 개인본위 방법이 그것이다. 김구와 김원봉이 개인본위로 새로운 통일전선 정당을 구성하는 데 합의했던 것 같으나 조선청년전위동맹 등이 기존단체 해체를 반대함으로써 단일당 운동이 실패한 것이 아닌가 한다.

그러나 일본제국주의의 패망이 가까워질수록 민족해방운동전선을 통일하여 연합국의 일원이 되어야 할 필요성은 높아졌고 따라서 좌우익 통일전선운동은 계속되었다. 1942년에는 중국 공산군지역으로 옮겨가고 남은 조선민족전선연맹의 군사력인 조선의용대가 한국광복군에 편입됨으로써 군사력의 통일전선이 이루어졌고, 같은해 10월에는 조선민족전선연맹 쪽의 김원봉·유자명(柳子明)·김상덕(金尙德)·왕통(王通) 등이 의원으로 선출되어 의정원의 통일전선이 이루어졌으며, 1944년에는 김구가 주석인 임시정부에 조선민족전선연맹 쪽의 김규식이 부주석이 되고 김원봉·장건상(張建相)·유림(柳林)·김성숙(金星淑) 등이 국무위원이 됨으로써 임시정부가 통일전선정부로 되었다.

민족혁명당원 장건상은 뒷날의 회고에서 "내가 임시정부에 참가한 이유는 오직 하나였습니다. 일본이 망하는 날 우리는 독립을 하는 것이다, 여기에 우리가 대비해야 한다, 그 대비란 결국 해외의 우리 항일단체들이 모두 단합을 해서 통일된 조직을 갖추는 것인데 그 통일된 조직은 그래도 임정이 기둥이 될 수밖에 없다는 것이었습니다"라고 했다. 그 시점에서는 임정이 좌우익 통일전선의 모체가 될 수밖에 없다고 생각했음을 말해주는 것이다.

1919년 성립 초기 임시정부는 이승만·안창호 등을 중심으로 하는 우익세력과 이동휘(李東輝)를 중심으로 연해주에서 성립된 한인사회당계 좌익세력이 연합하여 만들어진 통일전선적 정부였다. 그러나 그후 좌익세력이 떠남으로써 임정은 오랫동안 우익세력 중심의 정부가 되었다. 이제 1940년대로 들어오면서 조선민족혁명당을 중심으로 하는 좌익세력이 참가함으로써 다시 그 정통성이 강해졌다고 할 수 있다.

한편 중국공산군이 대장정 끝에 정착한 연안(延安)에는 김무정(金武亭) 등 장정에 동참했거나, 최창익(崔昌益)·한빈(韓斌) 등처럼 장 제스정부지역에 있다가 들어갔거나, 조선의용대원으로서 중국공산군지역으로 들어간 조선사람들이 상당수 있었다. 이들은 1941년에 화북(華北)조선청년연합회를 조직해서 활동했는데, 그 강령에서는 "중국에 거주하는 조선동포로서 통일전선을 결성하여 조선민족 해방운동의 선진대오가 되게 할 것" 등을 주장했고, "대한민국임시정부, 동북청년의용군, 한국독립당, 조선민족혁명당, 조선민족해방투쟁동맹, 재미국 조선 각 혁명단체 등의 영웅적 분투에 대하여 무한한 경의를 표한다"라고 선언했다.

이 화북조선청년연합회는 1942년에 조선독립동맹으로 발전하게 되는데, 연안에서 개최된 '동방각민족 반파쇼대표대회'에는 임시정부 주석 김구를 대회의 명예주석단에 넣었고 진서북분맹(晋西北分盟) 성립대회에도 쑨 원(孫文)·마오 쩌둥(毛澤東)과 함께 김구의 초상화가 걸렸다. 그리고 임시정부 국무위원 장건상의 회고에 의하면 그가 연안에 가서 이미 좌우익 통일전선정부로 된 임정과 조선독립동맹 사이의 통일전선 형성에 합의하고 그것을 완성하기 위해 독립동맹 주석 김두봉(金枓奉) 등이 중경으로 가기로 합의했을 때 일본제국주의가 패망했다고 했다.

장 제스 정부 지역에 있던 한국광복운동단체연합회와 조선민족전선연맹을 통일하여 임시정부를 통일전선 정부로 만든 후 백범은 조선민족혁명당계 국무위원 장건상을 연안에 보내어 조선독립동맹과 통일전선을 성사시킴으로써 중국 관내지역 우리 민족해방운동전선 전체를 통일하여 일본의 패망에 대비하려 했다. 그러나 애석하게도 통일전선이 완성되기 전에 일본이 패망한 것이다.

4. '해방공간'의 남북연석회의와 김구

미국은 해방 전에도 일본이 패전한 후 한반도를 즉시 독립시키지 않고 국제공동관리 아래 두어 신탁통치하기로 결정했고 영국과 소련의 동의도 얻었다. 이에 따라 해방 후 모스끄바3상회의는 한반도에 대한 5년간의 미·영·중·소 4개국 신탁통치안을 결정했다. 해방 전부터 국제공동관리론을 반대해온 백범을 중심으로 하는 임시정부세력은 '해방정국'에서도 즉각 강력한 반탁운동을 폈다.

임시정부의 반탁운동은 함께 반탁운동 노선에 선 이승만과 한국민주당세력에 큰 힘을 실어주는 역할을 했다. 그러나 이승만과 한국민주당세력의 반탁노선은 곧 단선(單選)·단정(單政) 노선으로 가게 되었고, 한반도문제가 소련의 반대에도 불구하고 모스끄바3상회의 결정을 떠나서 미국세력이 절대 우세한 유엔으로 이관됨으로써 남한 단독정부 수립의 길이 열리게 되었다.

이승만과 한국민주당세력의 반탁노선은 단정 수립노선으로 나아갔으나 김구를 중심으로 하는 반탁노선은 단정 수립이 아닌 통일정부 수립노선으로 가게 되었다. 그러나 반탁·단선·단정 노선이 굳어져가는 상황에서 김구·김규식 등 임시정부세력을 중심으로 하는 반탁·반분단 노선은 궁지에 몰릴 수밖에 없었다. 왜냐하면 연합국들은 신탁통치 실시 후 남북 통일정부 수립안만 가지고 있었지, 신탁통치를 실시하지 않고 남북 통일정부를 수립하는 방안은 애당초 가지고 있지 않았기 때문이었다.

이에 김구·김규식 등 임시정부세력은 그 돌파구를 남북협상에서 찾기로 했다. 임시정부세력은 해방 전 중국에서 좌우익 통일전선을 성립한 경험을 가지고 있었고, 특히 북쪽으로 가서 활동하고 있는 김두봉과는 앞에서 말한 것처럼 해방 전에 임정이 파견한 장건상과 통일전선 수립을 합의한 바 있었던 것이다.

단선·단정 지지세력의 강력한 반대를 무릅쓰고 평양으로 간 김구·김규식은 북쪽의 김일성·김두봉 등과 만나 남북 통일정부 수립방안을 논의했고 그 결과 네 가지 사항에 합의했다. 그것은 첫째 미소 양군 즉시 철수, 둘째 외국군 철수 후에도 내전(內戰)을 일으키지 않을 것, 셋째 전조선정치회의를 구성하고 그 주도로 총선거를 실시하여 정부를 수립할 것, 넷째 남조선 단독선거 반대 등이었다.

합의사항이 실천되기 위한 전제조건이기도 한 미소 양군의 철수를 요구하기 위해 남북 연석회의 대표들이 교섭했으나 소련군 쪽에서는 "미국군대가 동시에 철수한다면 소련군대는 즉시 철수할 준비가 되어 있다"라고 했고, 미국군 쪽에서는 "유엔의 결의안에는 전 조선에 걸쳐 총선거를 실시한 후 조선국민정부가 수립되면 가급적 속히 양군이 철수할 것이 규정되어 있다"라고 하여 정부 수립 후의 철군안을 고수했다. 따라서 남북 연석회의의 합의는 무위로 되고 남으로 돌아온 김구·김규식은 남쪽의 단독선거를 거부했다.

남북 연석회의에서 돌아온 후 김구는 김규식과 함께 남한 단독선거로서 5·10선거가 실시된 후에도 한국독립당과 민족자주연맹을 중심으로 한 단정 반대세력을 규합하여 '통일독립운동자의 총역량 집결'과 '민족문제의 자주적 해결'을 목적으로 하는 통일독립촉진회를 결성하여 민족통일운동을 계속하면서 유엔에 대해 남북 두 분단국가 해체와 남북 총선거에 의한 통일정부 수립을 요구했다. 이같은 유엔에 대한 끈질긴 요구는 곧 백범의 암살로 연결되었다.

김구와 김규식 등 임시정부세력은 한반도문제가 소련의 반대에도 불구하고 모스끄바3상회의 결정을 떠나서 미국세력이 절대 우세한 유엔으로 이관된 후에도 유엔에 의해 남북 통일정부가 수립되리라 기대했다. 그러나 그 결과는 남한 단독선거와 분단국가 수립으로 나타났고, 김구와 김규식 등은 이에 강력히 항의했다. 이승만정권이 성립된 후에도 그 정권의 정당성과 역사성을 부인하면서 남북 통일정부 수립을 주장하던 김구는 결국 암살되고 만 것이다.

김구는 일제시대 민족해방운동 과정의 후반에서는 좌우익 통일전선운동을 주도했고 '해방공간'에서는 평화로운 방법으로 통일민족국가를 수립하기 위해 남북 연석회의 참가 등을 주도했다가 이승만정권에 의해 마치 공산주의자가 다 된 것처럼 오해받아 결국 암살되었다. 그러나 무력통일·혁명통일 지향의 시대가 가고 평화통일론이 정착되는 시대가 오면서 그의 역사적 정당성은 회복되어 국민적 추앙을 받는 위치로 올라서게 되었다. (1999년 5월)

장준하의 민주·민족운동

1. 머리말

한 사람의 사상가나 사회운동가의 행적이나 업적을 역사적 시각에서
평가하는 작업에는 일정한 조건과 과정이 있게 마련이다. 우선 행적이
나 업적을 정리·평가하는 일이 객관화될 수 있을 만큼 시간적, 그리고
학문환경적 조건이 갖추어졌는가 하는 문제가 있고, 그런 조건 아래서
이루어진 행적과 업적에 대한 평가가 한 시대를 역사적으로 정리하는
작업의 일환이 될 수 있겠는가 하는 문제가 있다. 그리고 그 행적과 생
각을 객관적으로 평가할 만한 자료가 정리되어 있는가 하는 문제도 역
사학적 처지에서는 중요한 조건이 아닐 수 없다.

장준하(張俊河)는 생전 행적이 비교적 뚜렷하여 객관성이 인정되기
어렵지 않을 뿐만 아니라, 사후 10년 만인 1985년에 그의 행적과 글들
을 비교적 잘 수집·정리한 문집이 출간되었고, 그후 또 10년이 지나면
서 이제 그의 업적이나 생각을 객관성 있게 조명할 수 있는 조건들이 상
당히 갖추어진 셈이다. 한 사람의 사상가나 사회운동가에 대한 역사적

258

평가는 시대의 흐름에 따라 계속 변화·발전해가기 마련이지만, 20주년이 되는 시점에서 그가 어떻게 평가되는가 하는 문제도 그 변화·발전의 한 부분으로서 뒷날의 평가를 위해 중요한 의미가 있음은 더 말할 나위가 없다.

역사성이 있는 장준하의 행적 및 업적은 크게 보아 대체로 3시기로 구분되지 않을까 한다. 제1기는 해방 전 일본군에서 탈출하여 한국광복군으로 활동하다가 임시정부의 일원으로 귀국하여 이른바 '해방공간'에서 활동한 시기이고, 제2기는 1953년부터 잡지『사상계』를 간행하여 영향력 있는 언론활동을 전개한 시기이며, 제3기는 박정희(朴正熙)정권의 탄압으로 1967년에 사상계가 폐간된 이후 정계로 나아가 본격적으로 반독재운동을 전개, 그것이 1972년 이후의 반유신투쟁으로 이어지다가 1975년에 의혹에 찬 죽음을 맞기까지의 시기이다.

그중에서『사상계』창간 이후부터 약 20년간 지속된 장준하의 문필활동과 언론활동 및 정치활동을 부문별로 크게 나누어보면 가장 중요한 분야는 역시 반독재 민주주의운동이며, 그 일환으로서 한일회담 반대운동, 그리고 평화적 민족통일운동 등이 있을 것 같다. 이 세 분야를 통해서 자유민주주의자로서 그리고 민족주의자로서 장준하의 면목을 깊이 이해할 수 있을 것이다. 그의 활동을 이 세 가지 분야에 초점을 맞추는 경우 제2기와 제3기가 연장선상에 있기도 하다.

『사상계』의 편집방침 전체에 장준하 개인의 생각이 얼마나 영향을 미쳤는가 하는 문제를 구체적으로 밝히기는 어렵지만, 반독재 민주화운동과 한일회담 반대운동, 민족통일운동 등을 추진해간 장준하 개인의 생각과 논리는 주로 기명 70편 무기명 99편의『사상계』권두언과 그 폐간 후『씨올의 소리』를 비롯한 각종 신문 잡지에 쓴 글들에 나타나 있다. 앞에서 말한 것처럼 이 글들은 10주기추모사업으로 간행된 문집 속에 비교적 잘 정리되어 있으며, 필자도 전적으로 이 문집을 자료로 이용했다. 다만 무기명 권두언을 문집의 해제에서 그의 글로 보아도 무방하다고 밝혔으므로 그것을 따르기로 했다.

2. 장준하의 반(反)이승만독재 활동

『사상계』 간행의 배경

장준하는 해방 후 임시정부 요원으로 귀국하여 '해방공간'을 김구(金九) 주석의 비서, 비상국민회의 서기 및 민주의원 비서 등을 지내다가 이범석(李範奭) 중심의 조선민족청년단이 성립된 후에는 중앙훈련소 교무처장을 맡았고, 대한민국정부가 수립된 후에는 서기관에 임명되기도 했다. 김구의 비서를 지낸 임정계인 그가 단독정부인 대한민국의 정부관리가 된 것은 광복군시절의 상관이던 이범석을 따라 족청에 참가했고 이범석이 대한민국 초대 국무총리가 된 상황과 연관이 있는 것이 아닌가 한다. 이런 점에서 뒷날 그의 '반이승만' 활동이 '친(親) 김구' 성향과 직접 연결된 것은 아니라고 볼 수 있다.

광복군시절의 열악한 조건 속에서 동지들과 함께 『등불』 『제단』 등의 잡지를 만든 경험이 있는 장준하는 1952년 6·25전쟁 중 피난지 부산에서 "전파(全破)된 국민정신을 바로잡고 민족이 가져야 할 사상적 체계 확립의 방안을 연구"[1]하기 위해 정부 산하 국민사상연구원의 기관지로서 잡지 『사상』을 발행했고, 1953년에 완전한 민간지로서 『사상계』를

---

1) 『장준하문집』 제3권, 도서출판 思想 1985, 75면.

간행하게 되었다. 전쟁으로 파괴된 국민정신을 바로잡고 "민족이 가져야 할 사상적 체계"라는 것이 구체적으로 무엇을 말하는지 분명하지 않지만, 이후 『사상』이 『사상계』로 발전하는 과정에서도 『사상』 때와 다른 사시(社是) 같은 것이 있었던 것 같지는 않다.

반이승만독재 활동

이승만정권이 독재체제를 구축해가는 과정은 1952년의 발췌개헌안, 1954년의 4사5입 3선개헌, 그 헌법에 의한 1956년 이승만의 제3대 대통령 취임 등으로 이어졌다. 『사상계』는 1955년으로 들어서면서 비로소 편집방침을 세우게 되는데, 그 내용은 "우리 민족의 최고의 이상이며 지상의 과제는 통일이다"를 비롯해서 '민주사상의 함양' '경제발전' '새로운 문화의 창조' '민족적 자존심의 양성' 등으로 되어 있었다.[2] 대체적으로 『사상계』를 통한 장준하의 반이승만독재 의식이 구체적으로 나타나기 시작한 것은 1957년경부터가 아닌가 한다.

1957년에 그는 「우리는 특권계급의 밥이 아니다」[3]를 써서 자유당정권 특권계급의 방약무인한 행패를 규탄하고 「민주주의의 재인식」[4]을 써서 민주주의를 실천하려면 '용(勇)'이 있어야 함을 강조했다. 그리고 1958년에는 5·2총선결과를 보고 구체적으로 "국민은 현 집권정당을 불신하여 정권이 교체되기를 열망하고 있다"[5]고 설파했다.

이승만정권의 독재가 막바지로 접어든 1959년에 장준하는 "자유의

---

2) 같은 책 112~13면.
3) 『사상계』 1957년 6월호 권두언; 같은 책 제1권 210~11면.
4) 『사상계』 1957년 11월호 권두언; 같은 책 제3권 216~17면.
5) 『사상계』 1958년 6월호 권두언; 같은 책 제1권 222~23면.

나무는 피를 마시고 자란다"는 말을 인용하면서[6] 구체적으로 민중저항을 암시하고, 이승만정권의 2·4보안법파동에 저항하여 『사상계』의 권두언을 백지로 두었고,[7] 1960년 3·15부정선거 직후에 발간된, 다시 말하면 4·19직전에 간행된 『사상계』의 권두언에서는 이승만의 하야에 의한 정권교체를 구체적으로 거론함으로써 4·19로 인한 이승만정권의 종언에 『사상계』가 큰 역할을 했다는 평을 듣게 되었다.

반이승만 활동의 의미

장준하는 해방 후 김구의 비서로, 임정요원의 일인으로 귀국하지만 이른바 단선·단정 과정에서 임정계나 한독당계와 같은 길을 걷지는 않았다. 그는 조선민족청년단의 일원이 되었고 그후 단독정부로서 이승만정권이 수립된 후에는 한때 정부의 관리가 되었다가 문교부 산하기관인 '국민사상연구원'의 기관지 『사상』을 발간했고, 그것의 속간이 어렵게 되자 독자적으로 『사상계』를 발간하게 되었다.

광복군 장교출신의 임정요원으로 귀국했으면서도 『사상계』를 발간한 당초의 목적은 가령 단선·단정을 반대한 임정계 출신으로서 이승만 단독정부 수립에 반대하는 입장 같은 것은 아니었다. 다만 이승만정권 아래서 국민정신을 바로잡고 민족이 가져야 할 사상적 체계 확립의 방안을 연구하기 위해서였던 것이다. 그러다가 이승만정권이 점차 독재체제로 변해가자 그가 경영하는 『사상계』는 반독재 활동의 선봉에 서게 되었고 마침내 그 정권을 무너뜨리는 데 중요한 역할을 담당하게 되

---

6) 『사상계』 1959년 1월호 권두언; 같은 책 236~37면.
7) 『사상계』 1959년 2월호 권두언; 같은 책 238~39면.

었다.

　장준하 개인의 정치적 성향도 중요하지만 그것에 못지않게 사상계사를 중심으로 모여 한 시대의 지성사에 큰 흔적을 남긴 지식인들의 정치적·사회적 성향이 좀더 면밀히 분석될 때 그 반이승만 활동의 역사성이 한층 더 분명해질 것이다. 흔히 식민지시대의 민족해방운동 과정부터 안창호(安昌浩)를 중심으로 하는 흥사단계와 서북지방세력이 반이승만세력을 이루었다고 하지만, 장준하 자신은 흥사단원이 아니었을 뿐만 아니라 『사상계』를 중심으로 모인 지식인들이 반드시 그 범주에 드는 것도 아니었다. 이 점에 대해서는 잡지 『사상계』의 필진과 그 논설의 사상적 성향을 본격적으로 분석하는 연구작업에 맡겨야 하지 않을까 한다.

3. 장준하의 반박정희군사독재투쟁

장면정권과 장준하

　지금은 4·19 이전의 장준하가 당시 야당이던 민주당 신파 쪽과 어떤 관계에 있었는지, 특히 그 중심인물이었던 장면(張勉)과의 관계가 어느 정도였는지 상세히 밝힐 만한 문헌자료가 없다. 그러나 그의 회고에 의하면 장면정권이 성립된 후 『사상계』 동인으로서 장면정권의 각료 및 고급관리가 된 김영선(金永善)·유창순(劉彰順) 등의 주선으로 사상계사 내에 30여 명의 연구원을 둔 정책산실로서 '국제연구소'를 두게 되었다.

　그리고 결국 장준하 자신이 사상계사를 경영하는 한편 반관반민단체이며 내각책임제 국무총리 장면이 본부장을 겸한 국토건설본부의 기획부 책임자가 되어[8] 2천 명의 대학졸업생 국토건설요원을 선발하여 의욕적으로 사업을 추진하다가 5·16군사쿠데타를 맞게 되었다. 이 과정에서 사상계사의 부채를 해결하기 위해 일정한 재정적 도움을 받았고 그것이 뒷날 5·16세력이 탄압하는 빌미가 되기도 했다.

5·16군사정변과 장준하

5·16군사쿠데타 직후인 1961년 6월호 『사상계』의 무기명 권두언은 "4·19혁명이 입헌정치와 자유를 쟁취하기 위한 민주주의 혁명이었다면, 5·16혁명은 부패와 무능과 무질서와 공산주의의 책동을 타파하고 국가의 진로를 바로잡으려는 민족주의적 군사혁명이다" "국가재건최고회의는 시급히 혁명과업을 완수하고, 최단시일 내에 참신하고 양심적인 정치인들에게 정권을 이양한 후 쾌히 그 본연의 임무로 돌아간다는 엄숙한 혁명공약을 깨끗이, 군인답게 실천하는 길 이외의 방법은 없는 것이다"라고[9] 하면서 군사쿠데타의 불가피성 같은 것을 일단 인정하고 민정이양 공약의 이행을 촉구했다.

그리고 7월호 권두언에는 더 구체적으로 "8·15 해방기념일을 계기로 총선일자가 공포된다면 … 항간의 구구한 억측을 불식하고, 민심을 보다 효과적으로 수습할 수 있는 새로운 전기가 마련될 것"[10]이라고 했고, 같은 호에 실린 함석헌(咸錫憲)의 글 「5·16을 어떻게 볼까」는 "소리 없는 혁명은 혁명이 아니라 병혁(兵革)이다"라고 하여 군정 아래서 언론의 자유를 강조하고 "민중만이 혁명을 할 수 있다. 군인은 혁명 못한

---

8) 「사상계지 수난사」, 같은 책 제3권 34~39면.
9) 「5·16혁명과 민족의 진로」, 같은 책 263면.
10) 「긴급을 요하는 혁명과업의 완수와 민주정치에로의 복귀」, 같은 책 제1권 277면.

다"며 군사 '혁명'의 부당성을 빗대어 말했다.[11] 7월호 간행 후 장준하는 군사정권 당국의 조사를 받게 되고 이때부터 그와 박정희군사정권의 대결이 사실상 시작된 셈이지만, 그러나 아직 본격적인 것은 아니었다.

군사정권이 총선거 시기를 앞당길 듯이 발표하자 장준하는 9월호의 기명 권두언에서 민주당정권이 "일제관료 출신들과 친일 경향의 인물들 중심으로 구성된 그 지도집단의 영도에 반발하는 세력을 억누를 만한 명분이 없어 이리 부닥치고 저리 이끌려 갈팡질팡하는 동안 민생은 더욱 심한 도탄에 빠지고 백성의 불안은 날로 더하고 이에 틈을 탄 공산도당들의 마수는 나라 전역에 뻗쳐 국기를 위태롭게 할 제5·16이라는 군사혁명을 다시 맞게 되었던 것"이라고 하고 "이제 우리는 군사혁명 지도자들의 용기와 총명과 견식을 높이 사려 하며 한편 그들의 관용성을 기대하는 바이다"[12]라고까지 했다.

이것은 장면정권과 일정한 관계를 가졌지만, 장면정권 구성원들의 친일적 성향이 못마땅했고 '해이'한 국정운영에도 불만이 있었으며, 특히 4·19 후 사회의 일각에서 종래와 같은 대결주의가 아닌 화해주의적 대북한인식이 생겨나자 불안해했던 장준하가 '반공 국시'의 군사쿠데타가 일어나자 적어도 초기에는 공약 중의 '조속한 민정이양'을 강조하면서 군사쿠데타의 불가피성을 인정한 것이라 할 수 있다.

박정희정권과의 대결

1963년으로 접어들면서 박정희군사정권의 핵심세력이 '민정'에 참가

---

11) 「사상계지 수난사」, 같은 책 제3권 12~13면.
12) 「작금의 추세에 붙이는 몇마디」, 같은 책 제1권 278~80면.

할 조짐을 보이기 시작했고, 전해에 막사이사이 언론상을 수상하여 언론인으로서 위상이 한층 높아진 장준하는 "군은 본연의 자세로 돌아가고 공약대로 실천하는 길이 남아 있을 따름이다. 혼란과 분쟁을 이 이상 더 조장하고 국민을 우롱한다면 주체 세력이나 구정치인 공히 준엄한 역사의 심판을 면할 수 없을 것이다"[13]라고 경고했다. 곧이어 박정희의 민정불출마와 군정종식을 약속하는 '2·18성명'이 나왔으나 곧 번의(飜意)가 있었고, 이에 대해 장준하는 "민권은 쟁취하는 것이지 위로부터의 '하사'란 없는 것이다"[14]라고 강하게 반발했다. 그러나 결국 박정희가 출마한 가운데 제5대 대통령선거가 실시되었다.

윤보선(尹潽善)과의 대결에서 박정희가 당선된 후에는 "정보정치 습성, 강권지배의 생리, 소영웅주의, 감상적 애국주의와 복고주의가 마키아벨리즘적 습성을 탈피하지 못한 소수 엘리트에 의해 파시즘의 함정으로 떨어지지 말도록 감시해야 할 것이다"라며 박정권의 속성을 예단하면서 그 반역사성을 경계하고, 선거과정에서 드러난 박정희의 여순사건 관련설에 대해 "대통령 취임 이전에 석연하게 해명하는 일은 여야가 다같이 국민으로부터 부과된 책임이다"[15]라고 몰아세웠다.

이후 1965년의 한일회담을 거치면서 『사상계』를 통한 장준하의 민주화투쟁은 더욱 적극적으로 전개되었고 박정희와의 대결은 한층 더 격화되어갔다. 그는 1964년에 언론자유수호투쟁위원회에 참가하여 언론윤리법반대투쟁에 나서고 1965년에는 조국수호협의회에 참가하여 적극적으로 한일조약반대투쟁을 펼쳤으며, 1966년에는 『사상계』의 기명권두언에서 "5·16 이후의 우리 사회는 부정 아닌 것이 없고 부패 없는

---

13) 『사상계』 1963년 2월호 권두언; 같은 책 제3권, 308~10면.
14) 『사상계』 1963년 6월호 권두언; 같은 책 322~23면.
15) 『사상계』 1963년 11월호; 같은 책 제1권 285~87면.

곳이 없으며 사회정의라고는 찾아볼 길조차 없어지지 않았는가"[16]라고 개탄하면서, 박정희를 '밀수왕초'로 규탄하여 옥고를 치렀다.

장준하는 박정희를 중심으로 하는 쿠데타세력이 당초의 공약을 위반하고 '민정'에 참여하여 정권을 연장한 일에 크게 반발했지만, 특히 구일본군 장교출신 정권이 굴욕적인 한일협정을 졸속으로 처리하는 데에도 크게 반발하고 적극적으로 반정부운동을 펼쳐나간 것이다.

정계 진출과 반유신투쟁

1967년으로 접어들면서 장준하의 투쟁은 언론계를 넘어 직접 정계로 들어서는 일종의 방향전환을 하는 한편, 그 투쟁론은 다시 민중저항론으로 나아가는 것을 볼 수 있다. 그해 2월호『사상계』의 권두언은「저항의 자세를 적극화하자」는 제목으로 "폭력을 쓰는 소수자에게 이길 수 있는 길은 저항의 정신으로 뭉친 민중의 힘뿐이다"[17]라고 강조했다. 이후 계속해서「항쟁의 달 3월에 부친다」「주권자의 관용이 민주주의를 교살한다」「정의가 신이다」등의 권두언을 실어 민중저항의 정당성을 강조하였다. 한편 그는 야당 신민당에 입당했지만 국가원수모독죄로 다시 투옥되었고 옥중출마로 국회의원에 당선되었다.

이후 그는 '민주수호국민협의회'에 참가하여 박정권과의 대결을 강화하다가 박정희의 영구집권조치로 평가된 10월'유신'때 국회의원직을 박탈당했다. 숨도 크게 못 쉬게 한 유신체제의 살벌한 탄압 아래서 그는 유신헌법 개정 100만인 서명운동을 주도함으로써 그와 박정희정

---

16)『사상계』1966년 5월호 권두언; 같은 책 305~306면.

17) 같은 책 제3권 411~12면.

권의 대결이 절정에 다다르게 되었다.

유신헌법 철폐운동에 당황한 박정권이 유신헌법의 긴급조치 조항을 발동하여 헌법에 대한 부정·반대·비방 행위와 개정·폐지의 주장 및 발의·제안·청원 행위를 일체 금지하는 전대미문의 긴급조치 제1호를 발동했다. 이에 따라 그는 1974년 1월에 다시 체포되어 징역 15년형을 선고받고 복역하다가 긴급조치 발동에도 불구하고 유신헌법 폐지운동이 거세게 일어나자 같은해 12월에 형집행정지로 석방되었다.

석방된 그는 개헌과 민주운동노선의 단일화를 촉구하기 위해 1973년의 창당에 참가했던 민주통일당을 탈당하고 박정희정권에 대한 새로운 저항의 길을 모색하던 중 1975년 어느 여름날 산행길에서 의문 많은 사고로 57세의 생을 마침으로써 치열했던 박정희정권과의 대결이 끝났다. 그의 사후 4년여 만에 박정희의 피살로 그 정권도 무너졌다.

반박정희정권투쟁의 의미

비록 반관반민단체를 통해서나마 장면정권과 일정한 관계를 가졌던 장준하였지만, 그의 5·16관이 처음부터 부정적인 것은 아니었다. 특히 군사정권 쪽이 그와 사상계사를 친장면정권세력으로 보고 경계하는 일면이 있었음에도 그와 사상계사 쪽은 오히려 5·16쿠데타의 불가피성 내지 역사성을 일단 인정하면서 '혁명공약'에 따르는 민정이양을 촉구하는 입장을 취했다.

그러나 2천여 명의 훈련된 대학졸업생 국토건설요원을 6개월간 농촌근무를 시킨 후 중앙관서에 기용하고, 1년간씩 전국을 순회시켜 지방실정을 파악하게 한 후 지방의 각 군수들부터 이들 국토건설요원으로 대체하는 방침을 세우는 등[18] 장기적 국정개혁계획을 세웠던 장면정권의 국토건설본부 기획부 책임자 장준하와 5·16세력의 관계는 군사쿠데타 세력과 단순한 잡지인·언론인 사이의 관계일 수만은 없었다.

그 때문에 장준하는 뒷날에 쓴 글(1972)에서 자신의 국토건설계획과 "성공하게 될 아무런 요건도 갖추지 못하고 역시 영구집권을 위한 정치적 포석으로 노리는 속임수"라고 생각한 5·16세력의 '새마을운동'을 비교하면서 농촌부유화정책을 먼저 실시하고 그것을 바탕으로 도시공업화를 이루는 것이 바른 순서이지 5·16세력이 한 것 같이 도시의 공업화를 서둘러서 농촌을 망하게 한 후 농촌운동을 벌이는 것은 순서가 잘못된 것이라고 비판했다.[19] 장준하와 5·16세력의 대결은 자유민주주의 신봉자와 군사독재세력의 대결이기도 했지만, 어떤 의미에서는 하나의 정치세력 및 개혁세력과 성격이 다른 또 하나의 그것과의 대결이었다고 할 수 있을 것이다.

그런 성격의 대결이었기 때문에 장준하는 결국 정치일선에 나서서 저항하지 않을 수 없게 되었고, 박정희정권에게는 그런 그가 단순한 언론인이 아닐 뿐만 아니라 '구정치인'과도 다른 새로운 위협으로 보였을 것이다. 그것이 곧 의문 많은 그의 죽음과 연결된 것이 아닌가 생각한다.

어느 쪽에서도 직접 내비치지 않았지만 장준하와 박정권의 대결에는 또 일제식민지시대 말기를 역사적으로 서로 다르게 산 사람들 사이의 대결의식이 작용하고 있었다고 할 수 있다. 이들은 모두 식민지시대 말기에 일본군에 몸담을 수밖에 없었지만, 한 사람은 자의로 일본군의 장교가 되었다가 그대로 해방을 맞았고 다른 한 사람은 일본군에 '강제지원'되었다가 목숨을 걸고 탈출하여 민족해방운동군의 일원이 되었다.

---

18) 「사상계지 수난사」, 같은 책 38면.
19) 같은 글 39면.

해방된 조국에서 전자가 불법한 방법으로 권력을 탈취하여 독재를 자행할 때 역사의식이 높은 후자가 결코 좌시할 수 없었을 것임은 짐작할 만하다. 전자는 또 후자와의 대결에서 일종의 굴욕감을 가질 수 있었을 것이며, 탄압할 수 있는 조건이 되었을 때 그 탄압의 강도가 더 셀 수밖에 없었을 것이다. 결국 장준하와 박정희의 대결은 해방 후 우리 민족사의 왜곡된 흐름이 빚어놓은 필연적·역사적 대결의 한 부분이었다고 할 수 있다.

4. 장준하의 한일협정 반대운동

장면정권시기의 대일관계론

이승만정권은 안으로는 과거의 친일세력을 기반으로 하여 세워지고 유지되었으면서도 밖으로는 일본과의 대결정책을 써서 친일세력기반 정권이라는 약점을 감추려고도 했다. 광복군출신 장준하도 이러한 이승만정권의 대일정책을 4·19 후 "동맥경화증에 걸렸던" 정책이라 평했으나[20] 그 이상 논급한 자료는 찾기 어렵다. 그러나 이승만정권이 무너지고 일본 쪽에서 '지일(知日)정권'이라 부른 장면정권이 성립되어 일본과의 관계가 급진전하기 시작하자 일본군에서 탈출하여 마지막 항일독립운동가가 된 장준하도 한일문제에 대해 발언하기 시작했다. 그는 우선 민족주의자답게 일본이 배상금을 청구권이 아니라 경제협력자금으로 제공하려는 데 반대하면서 일본자본의 도입은 국교정상화 후 주체적

---

20) 『사상계』 1961년 5월호 권두언; 같은 책 260~62면.

입장에서 이루어져야 하며 일본의 경제협력으로 한국 실업가들을 매판자본가로 전락하게 해서는 안 된다고 경고했다. 그는 "20세기 후반기는 전(前) 세기적 형태의 제국주의가 급속히 퇴조하는 시기여서 자본의 국제적 이동과 정부 대 정부의 차관을 덮어놓고 제국주의적 착취라고 하는 낡은 이론과 사고방식은 수정되지 않으면 안된다"[21]고 하면서도, 장면정권의 대일교섭정책이 이승만정권의 정책을 비판하는 데 급급하거나 미국의 '알선'에 밀려 성급하게 처리되어서는 안 되며, 주권의 회복과 공고화라는 독립적인 입장이 있어야 한다는 사실을 상기시켰다.

그는 이미 한일회담을 미국이 '알선'하는 의미를 알고 있는 한편, 또 "만일 우리가 국가 주권과 민족적 이익을 훼손하는 상황에서 대일 수교를 맺는다면, 자유세계란 의미와 공산제국주의와 대결하는 우리의 대의명분은 상실되지 않을 수 없다"[22]라고 하여 일본과의 국교재개 문제를 두고도 아직은 전체 민족의 처지에서 인식하지 못하고 남북 대결주의에 한정하여 인식하고 있었음을 볼 수 있다.

한일협정 반대운동

5·16쿠데타로 성립된 박정희정권도 바로 한일협정을 서두르게 되었고, 장준하도 역시 적극적으로 발언했다. 박정권 초기 장준하의 한일국교론은 국교재개에는 찬성하되, 동북아시아 방위를 위한 미국의 적극적 중재에 힘입은 일본의 고자세에 굴복하지 말고 국가주권의 옹호·강화에 주안점을 두어야 한다고 강조했다. 그는 일본정부가 "북한과의 제

---

21) 같은 글.
22) 같은 글.

휴를 시위하여 우리 측을 궁지에 빠뜨림으로써 자가(自家)의 입장을 강화하려" 했다고 비방하면서 한일국교정상화가 일본의 방위와 자유와 안전과 민주주의적 발전에 공헌할 수 있음을 알아야 한다고[23] 했고, 경제개발 5개년계획에 필요한 외자도입에서도 일본정부의 원조를 기대하지 말아야 한다고 했다.[24]

특히 그는 한일국교 재개의 순서를 중요시했다. 그는 첫째 재산청구권, 재일교포의 법적 지위, 평화선 유지 등 '일반청구권' 문제가 해결되어야 하며, 둘째 그 위에서 조약이 맺어지고, 셋째 그다음에 체결된 경제협조법의 테두리 안에서 경제제휴가 이루어져야 한다는 순서였다. 주체적 입장에서 국교가 재개되고 나서 경제적 제휴가 이루어져야 한다는 점에 주안점을 두었던 것이다. 그러나 경제개발자금과 재정적 곤란을 해결하기 위해 일본자금 도입에 급급해진 박정희정권은 1963년으로 접어들면서 회담 타결을 서둘러 회담이 두 나라 집권층 사이에서 비밀리에 졸속으로 추진되었다. 사회일반의 반대운동이 거세졌지만, 장준하의 경우 반대론의 의미가 일부 달라져가고 있음을 다음 글에서 볼 수 있다.

"한일문제의 해결을 둘러싸고 일본정부가 우리들에게 가하는 일련의 민족적 멸시와 모욕에 대하여 '민족 자주'를 내세우는 현 정부는 과연 자주적 입장에서 대결하고 있는가, 그렇지 않으면 사대주의 입장에서 굴종하고 있는가, 소위 김(金)·대평(大平)회담을 전후하여 군사정권의 주체층은 제2의 이완용(李完用) 또는 역적이 되는 한이 있더라도 한일문제는 해결하고야 만다는 경망한 발언을 삼가지 않았지만, 무엇 때

---

23) 『사상계』 1961년 10월호 권두언; 같은 책 269~71면.
24) 『사상계』 1962년 1월호 권두언; 같은 책 277면.

문에 그들은 제2의 이완용이가 되면서까지 일본 측의 굴욕적 요구를 받아들이려 하는지 이해하기 어렵다. … 만일 이 상태가 좀더 계속된다면, 이 강산은 다시 일본의 상품시장으로 전락하고, 주권은 이름뿐이요 태극기 꽂은 일본의 식민지로 화하리라는 것은 명약관화하다."[25]

민족주체적 입장에서 한일협정 체결이 사실상 불가능하다는 관점으로 변하고 있음을 읽을 수 있지만, 이 시점에서 장준하의 한일협정반대론은 이제 광복군 출신인 그가 괴뢰만주국 장교 출신 집권자의 친일성에 정면으로 도전하는 것 같은 느낌마저 받게 된다. 그는 "우리는 최후의 일각까지 민국(民國)을 수호해야 하겠다. … 그대들은 저 우렁찬 민족의 함성을 듣는가, 이 민국을 일제시의 후예들에게 다시 팔아버리는 제2의 합방을 미연에 방지하기 위해 그 우상을 박멸해버려야 한다"[26]며 한일국교 재개에 의한 '제2의 합방'을 경고하는 격정적인 선언을 내는 등 한일국교 정상화라는 이름으로 '태극기 꽂은 일본의 식민지'를 괴뢰만주국 장교 출신 통치자가 지배하는 상황 전개를 염려한 것처럼 보인다.

전국적으로 전개된 거센 반대운동에도 불구하고 한일협정이 체결되자 『사상계』는 긴급증간호를 내면서 편집동인 일동의 이름으로 이 협정이 "형식에 있어서는 준식민지간의 협정이요 본질적으로는 상전과 하인 간의 협약이다"라고 혹평하면서 폐기를 요구했다.[27] 협정 폐기를 요구한 중요한 이유로 한국경제가 일본에 예속됨을 들고 있는데, '한일협정 폐기요구서'에서 "한국경제는 경제협력이라는 미명하에 밀려드는 일본자본에 완전히 예속되어 건실한 민족자본가들은 파멸하고 식민

---

25) 『사상계』 1963년 12월호 권두언; 같은 책 336~37면.
26) 『사상계』 1964년 긴급증간호 권두언; 같은 책 343~45면.
27) 『사상계』 1966년 긴급증간호 권두언; 같은 책 381~83면.

지적 매판자본이 이 나라의 경제를 지배하게 될 가능성이 보장되었다고 할 것이다"라고 하여 한일협정 후 한국경제의 장래를 전망하고 있음을 볼 수 있다.

'한일협정 폐기요구서'는 또 협정 체결에서 미국 쪽의 역할을 정확하게 인식하고 다음과 같이 비판했다. "미국정부의 대한(對韓)정책은, 한국 국민이 공포정치건, 시장화건, 예속화건, 파멸적 부패이건을 막론하고 주어진 현실을 될 수 있는 대로 떠들지 말고 그저 '안정'만 시켜줄 것을 바라고 있다. … 미국을 해방국으로, 민주 우방으로, 또는 한국의 발전을 진정으로 돕는 나라로 생각해온 많은 한국인들이 근자에 이르러 미국의 정책에 환멸을 느끼게 되었다"라고 하여 당시로서는 상당히 강도 높은 비판을 가하고 있다.

장준하의 한일협정반대론은 장면정권 시기부터 비교적 단순한 비주체적·굴욕적 한일협정반대론에서 출발하여 친일세력이 추진하는 제2의 '한일합방'인 한일협정에 대한 반대론으로, 그리고 미국마저 자국 이익을 위해 적극적으로 '알선'한 한일협정에 대한 반대론으로 발전했다고 할 것이다.

한일협정반대론의 의미

일본군에서 탈출하여 광복군이 되었던 장준하였지만, 이승만정권의 강경일변도적 대일정책을 동맥경화증에 걸린 정책이라 비판했고, 장면정권 시기에는 현대사회에서 자본의 국제적 이동이나 정부 사이의 차관을 제국주의적 자본의 침략으로 볼 수 없다는 인식 아래 주체적 입장이 확립된 한일국교 재개와 경제적 관계 수립을 찬성했다. 그리고 이같은 입장은 박정희군사정권 초기에도 그대로 지속되었다고 할 수 있다.

그러나 박정권이 재정적 곤란과 경제개발계획 추진에 필요한 자금을 일본 쪽에 의존하면서 이승만정권 이래 국교재개 조건으로 제시했던 문제들을 대폭 양보하면서 비밀리에 교섭을 추진하자, 그것을 주체적 입장을 상실한 굴욕외교로, 나아가서 '제2의 합방'으로 인식하면서 적극적으로 반대했다. 이 과정에서 장준하의 한일협정 반대논리는 특히 군사정권이 서투르게 내놓은 민족주의론에 대한 비판에서 잘 나타난다. 그는 5·16정권의 실력자 김종필(金鍾泌)의 민족주의가 "귀한 외화를 써가면서 사치한 외국 호텔 창가에서 향수에 젖어 흐르는 눈물 같은 것"이라면 자신의 민족주의는 "중국 광야에서 광복군으로 일본군과 싸우면서 춥고 배고프고 발톱이 빠지도록 조국을 찾아헤매는 가운데 뼛속으로 체험한 민족주의"라고 비유했다.[28]

그리고 2차대전 후에 독립한 동남아지역이 민족주의를 내세우는 것은 언어를 중심으로 하는 문화적 통일이 안 되었기 때문에 그것을 위해 정치적으로 내세우는 것이며, 그 단계를 이미 넘어선 우리 민족의 경우 민족주의는 자주정신으로 받아들여야 한다고 했다. 식민지시대의 민족독립운동에 참가했던 그로서는 괴뢰만주국 장교 출신을 정점으로 하는 굴욕적 한일교섭의 추진세력이 내세우는 민족주의론에 심하게 반발하면서 『사상계』를 "한일국교 관계를 연구하며 대일 저자세외교의 반대투쟁을 하는 전략본부 구실을 충분히 하는" 중심기관으로 만들어갔다.[29]

그는 뒷날의 회고에서 『사상계』의 한일협정 반대 긴급증간호가 "한일회담에 반대적 입장에 서 있는 모든 사람들에게 텍스트로 사용되던

---

28) 「사상계지 수난사」, 같은 책 52면.
29) 같은 글 57면.

책"이었으며, 자신은 '한일굴욕외교반대투쟁위원회'의 초청연사로서 부산·대전·대구·서울 등지에서 총 70여 회나 대중연설을 했고, 서울 강연회 후 3·24학생데모가 일어났으며 그것이 6·3계엄령까지 연결되었다고 했다.[30]

이렇게 한일협정 반대운동에 적극적으로 참가한 것이 그가 정치인으로 변신하는 중요한 계기가 되었다. 한편 그는 이와 같은 적극적인 한일협정 반대운동 과정을 통해서 협정 체결을 적극적으로 '주선'한 미국의 정책에 대해서도 객관적이고 비판적인 시각을 구체적으로 가지게 되었다고 할 수 있다.

굴욕적인 한일협정에 반대하고 미국의 이기주의에 대해 각성하면서 그는 민족주의적 자각을 다시 하게 되었다. 그러는 동안 대북한 인식은 대결주의에서 화해주의로 나아가고 그 화해주의를 바탕으로 종래의 분단국가적 차원의 민족주의를 통일민족주의의 차원으로 상승시키는 결과를 가져왔다고 할 수 있다.

5. 장준하의 민족통일론

7·4공동성명 이전의 통일론

1945년 11월에 임시정부의 일원인 김구 주석의 비서로 귀국한 후 1947년에 민족청년단의 간부가 된 장준하가 1948년 김구 등이 참가한 남북협상에 대해 어떻게 생각했는지 지금은 알 길이 없다. 이승만정권

---

30) 같은 글 59면

이 성립된 후 그것에 참여한 대부분의 지식인들처럼 장준하도 대체로 반공주의적·반북한주의적 입장이었다고 할 수 있다. 그것은 4·19 후 평화통일론·중립통일론 등이 분출되었을 때 이에 대한 그의 견해를 들어봄으로써 알 수 있다.

4·19가 일어난 1960년을 보내는『사상계』의 권두언에서 그는 "우리가 주장하는 국가이익은 '자유와 민권'을 바탕으로 한 국가이다. 그러므로 국가형태야 어찌되든지 덮어놓고 통일하고 보자는 일부의 환상적 논리에는 엄숙한 반성이 촉구되는 바이다. 또한 우리의 '자유와 민권'이 침해될 가능성을 예상시키는 여하한 형태의 중립주의도 용납될 수 없다"[31]고 하여 장면정권 성립 후 광범위하게 일어난 평화통일운동론에 대해 '자유와 민권'을 바탕으로 한 자유민주주의 통일을 강조하면서 주로 혁신세력이 주장한 중립통일론도 거부하고 있다.

이후 평화통일론이 더욱 확산되자 그는 「이데올로기적 혼돈의 극복을 위하여」라는 권두언을 통해 "평화공존론이라든가 중립화라는 교묘한 술책에 어리석게도 넘어가지 않을 뿐만이 아니라 우리의 주변에서 우리의 정신을 혼미하게 할 모든 독소를 제거하는 동시에 국민정신을 정화하는 일대 국민운동을 일으킬 것이 시급히 요청된다"[32]고 했고, 다시 "통일과업을 승리적으로 수행할 수 있는 구체적이고도 현실적인 기구를 설치하여 만전을 기해야 한다"[33]고 하여 평화공존론 및 중립통일론을 거부하면서 '국민정신을 정화'하여 '남한 승리적' 통일을 수행하기 위한 대비를 강조했다.

5·16쿠데타가 성공한 직후에는 "5·16혁명은 우리들이 추구하는 민

---

31)『사상계』1960년 12월호 권두언; 같은 책 제1권 269면.

32)『사상계』1960년 11월호 권두언; 같은 책 제3권 254면.

33)『사상계』1961년 1월호 권두언; 같은 책 제1권 271면.

족적 이상에서 볼 때 4·19혁명의 과업을 군사정권이 과감하게 수행한다는 점에 5·16혁명의 긍정적 의의를 발견할 수 있는 것이다"[34]라면서 조속한 민정복귀를 기대하는 한편 "우리는 지난 9년간(휴전 후 – 필자) 북한 침략집단의 '시한폭탄'을 북방에 놓아둔 채로 이정권 12년의 부패와 무능을 방치해왔고 4·19 후의 일부 청년들의 국토통일론의 대두를 목격하면서 아슬아슬한 위기를 여러 번 경험해왔다. 마침내 5·16군사혁명은 공산군과 싸운 우리 국군이 일으킨 혁명이니만치 그 공약 제1조에도 반공체제의 강화를 약속하기에 이르른 것이다"[35]라고 했다. 일시적이나마 군사쿠데타의 긍정성을 인정한 중요한 원인 중의 하나가 반공주의의 강화에 공감했기 때문임을 말해주고 있다.

1965년을 맞으면서 장준하를 포함한 『사상계』의 편집인들은 통일문제에 대해 다음과 같이 제언했다. "남북통일은 우리들의 숙원이며 민족최대의 과업이다. 이 과업은 민족적 독립과 자유와 평화의 원칙에서 수행되어야 한다. 이 원칙에 위배되는 북한 공산정권의 위장된 평화통일공세는 단호히 배격되어야 한다. 그러나 이 포기할 수 없는 기본원칙에 의한 통일이 지난(持難)하다고 하여 시급한 통일문제를 방치할 수는 없다. 격변하는 국제정세에 적극적으로 대비하고 전 역량을 기울여 국력을 배양함으로써 민주통일을 쟁취하여야 한다."[36] 이 시기까지도 통일은 역시 "북한 공산정권의 위장된 평화통일 공세는 단호히 배격"하고 남한이 국력배양하여 '쟁취'해야 하는 것이었다.

1965년 무렵이면 박정희정권의 비민주적 속성이 충분히 드러난 시점이었고, 특히 한일협정의 무리한 체결을 통해 '사상계 그룹'의 중심인물

---

34) 같은 글 276면.
35) 『사상계』 1962년 6월호 권두언; 같은 책 제3권 288면.
36) 『사상계』 1965년 1월호 권두언; 같은 책 366면.

격인 장준하와 박정희정권의 불화가 이미 드러난 뒤였다. 그러나 적어도 통일문제에서만은 박정희군사정권과 장준하 사이에 큰 차이가 없었다고 봐도 무방할 것 같다.

7·4공동성명 이후의 통일론

장준하가 한일협정 반대투쟁에 나선 것이 원인이 되어 1967년에 『사상계』 발간이 중단되고 그가 정계로 진출하면서 옥고를 치르는 등 반군사독재투쟁이 격해졌을 때 박정희정권과 김일성정권 사이에 갑자기 7·4공동성명이 발표되었다. 고향을 북쪽에 둔 기독교 가정 출신으로서 신학교에서 교육을 받고 민족해방운동의 우익전선에 참가했다가 남한 단독정권의 수립에 반대하지 않았던, '일반적'인 의미의 반공주의 지식인이던 장준하는 그가 타도 대상으로 간주했던 남한의 군사독재정권과 북한의 '괴뢰'정권이 발표한 7·4공동성명을 계기로 민족문제의 이해에 큰 변화가 일어났음을 볼 수 있다.

그는 "미국과 소련, 미국과 중공의 대결과 대립의 완화, 소련과 중공의 동맹과 대립의 과정은 근본적으로 우리의 주변정세를 바꾸어놓았다"라고 하고 "이와 같은 양분 무력대결의 근본 조건이 바꾸어져가는 상황 아래 우리 민족은 무엇을 할 수 있는가"하고 물은 후 "외세에 의한 자기분열을 강요했던 자기부정의 조건이 스스로 변화하는데 그래도 우리는 어리석게도 자기부정을 고집하고 있어야 한단 말인가"[37]하고, 이제 그의 민족관 내지 통일관이 바뀌고 있음을 나타내고 있다.

그리하여 그는 마침내 "모든 통일은 좋은가, 그렇다. 통일 이상의 지

---

37) 「민족주의자의 길」, 같은 책 제1권 53면.

상명령은 없다. 통일로 갈라진 민족이 하나가 되는 것이며, 그것이 민족사의 전진이라면 당연히 모든 가치 있는 것들은 그 속에 실현될 것이다. 공산주의는 물론 민주주의, 평등, 자유, 번영, 복지 이 모든 것에 이르기까지 통일과 대립하는 개념인 동안은 진정한 실체를 획득할 수 없다"고 강조하는 '통일지상주의자'가 되면서 "이것을 감상이라고도 하고 감정적이라고도 할지 모르지만, 이 감상, 이 감정 없이 그가 하나의 인간, 민족분단의 설움으로 지새워온 민족 양심을 가진 사람이라고 하겠는가"[38]하고 '절규'했다.

4·19 후에도 "평화공존론이라든가 중립화라는 교묘한 술책에 어리석게도 넘어가지 않을 뿐만이 아니라" "통일과업을 승리적으로 수행할 수 있는 구체적이고도 현실적인 기구를 설치하여 만전을 기해야 한다"라고 하여 평화공존론을 거부했던 그의 통일론이 크게 변하고 있음을 알 수 있지만, 또다른 중요한 변화는 그가 민중을 민족통일의 주체로서 보기 시작한 점이다.

그는 "앞으로 만약 주변 열강의 요청이 현상동결일 때 이와 맞서서 통일에의 길을 진전시킬 수 있을지 그것이 문제다"라고 하고 "이것을 물리치는 길은 양쪽에서 함께 주변 열강이 우리의 통일로 가는 길과 반대될 때는 물리칠 각오를 갖지 않으면 안된다. 물론 이것은 지배의 발판을 민족적 양심, 민중에게 두었을 때만 가능한 일이요, 적어도 민중은 이런 각오를 굳게 다지지 않으면 또다시 지고 말 것이다" "통일은 처음부터 끝까지 민중의 일이다" "통일은 민중 스스로가 관여하고 따지고 밀고나가야 한다"[39]고 강조했다.

---

38) 같은 글 54면.
39) 같은 글 56~57면.

한편 그는 "나의 사상, 주의, 또한 지위, 나의 재산, 나의 명예가 진실로 민족통일에 보탬이 되지 않는 분단체제로부터 누리고 있는 것이라면 우리는 이를 과감하게 희생시키지 않으면 안된다"라고 하여 통일에는 자기희생이 요구됨을 강조하고, 나아가서 "하나의 조국은 두 개의 국가 때문에 피해받은 민중의 조국임은 물론이다. 따라서 두 개의 국가란 그러한 상황에서 권력을 장악하나 몇사람의 것이요 민중의 조국은 끝까지 하나임"을 강조했다. 그리고 통일의 구체적 방법으로 복합국가론(복합국가론) 같은 것은 신중하게 검토되어야 하며 내부체제에서도 제3세계 또는 이스라엘의 사회체제에서도 교훈을 얻을 수 있을 것이라고 했다.[40]

이후 유신체제의 등장, 김대중납치사건, 북한 쪽의 협상 거부 등으로 7·4공동성명은 사실상 휴지화했지만, 장준하는 유신체제 아래서 "나를 민족의 역사라는 비판적 도마 위에 올려놓고 스스로를 치는 심정으로 오늘의 중심과제를 다음과 같이 정리해보았다"[41]고 하면서, 우리 현대사의 흐름과 민족통일문제를 역사관에 대한 '재정립'을 하게 된다. 그 결과 건국준비위원회와 같은 통일전선의 모색은 계속되어야 했으며, 백범의 통일노선은 민족진로의 전체 형상을 제시하고 민족화해의 실체가 어떠해야 하는가를 보여준 것이었다는 등 역사인식이 변화하였다.[42]

이와 같은 변화를 바탕으로 하여 그는 민족통일의 전제로서 "분단적인 민족관 국가관에 입각한 교육, 이념, 문화와 제(諸) 가치관을 통일적

---

40) 「민족주의자의 길」, 같은 책 59면.

41) 「민족통일 전략의 현 단계(초안)」, 같은 책 41~49면. 문집 편집자는 이 초안이 1973년 박정권의 이른바 6·23선언 후 토론회 내용으로 계획된 것이라 했다.

42) 「민족주의자의 길」에서도 장준하는 "백범 김구 선생이 민족통일의 혈로를 뚫기 위해 몸을 던질 때, 이제 내가 가는 길은 뒷사람의 이정표가 될 것이라고 말했던 그 길을 이제야 우리는 다시 가야 한다"고 하며 김구의 통일노선이 가지는 의미를 강조했다.

인 민족이념과 가치관으로 고치는 일" "모든 가치를 통일에 두고 분단적인 사고(思考) 행동을 반민족적인 것으로 규정하는 일" 등이라 했다. 그 실현을 위해 유신체제 폐기, 냉전논리에 입각한 제도·법률·가치관·문화질서 청산, 정권교체와 민주, 민족, 민족화해 정권 수립 등을 목표로 하고 민중을 실체로 하는 민족세력 형성을 기도하다가 결국 의혹에 찬 죽음을 맞게 되었다.

민족통일론 변화 발전의 의미

민족분단 이전 일제식민지시대의 반일 민족주의자 장준하는 해방 후 민족분단 과정에서는 임정계 주류와는 달리 단선·단정 노선에 크게 반대하지 않은, '일반적'인 반공주의자, 반북한주의자, 분단노선 '용인자', 자유민주주의 신봉자의 한 사람으로서 『사상계』를 간행했다. 그가 김구의 단정반대노선에 서지 않은 것은 귀국 후 곧 임정계를 떠나 광복군 OSS훈련 때의 지휘관이었던 이범석 중심의 조선민족청년단계로 옮겼기 때문이기도 하겠지만, 어떻든 해방 후 그는 철저한 자유민주주의 신봉자로서 그것을 훼손한 이승만정권과 박정희정권의 독재체제에 강력히 저항했다. 그러나 대북한문제 내지 민족통일문제에 관해서는 7·4공동성명 이전에는 적어도 겉으로는 이승만노선이나 박정희노선에서 크게 벗어나지 못하고 있었다.

7·4공동성명 발표를 계기로 장준하의 민족통일론에 큰 변화가 오게된다. 어떤 의미에서는 8·15 후 '해방공간'에서의 김구의 평화적 통일 민족국가 수립노선으로 돌아갔다고 할 수 있는 것이었다. 장준하의 통일관이 이렇게 변하게 된 직접적인 배경은 7·4공동성명과 그것을 가능하게 한 국제정세의 변화라 할 수 있지만, 간접적인 배경으로는 그가 친

일세력으로 규정한 박정권이 한일협정을 체결한 후 일본자본의 본격적 침투, 한일협정 체결과정에서 자국 이익을 앞세운 미국의 적극적 개입에 대한 민족주의자적 자각, 비록 한일협정 체결 저지에는 실패했으나 반대투쟁 과정과 이후 반독재투쟁 과정에서 폭발한 민중적 역량의 확인 등을 들 수 있을 것이다.

7·4공동성명 후 적극적 평화통일론자·화해통일론자로 바뀐 장준하는 박정희정권이 유엔 동시가입안의 골자인 '6·23선언'을 발표하자 "어느 때는 반공을 하라고 강요하여 이에 열심히 적응하다 보면 매사가 우스워진 것 같고 또 어느 때는 조국의 근대화를 하자고 강요하여 한참 지내다 보면 조국의 모든 자주적 조건이 오히려 파괴당하는 꼴을 보게 되었다. 그러다가 요즈음에 와서는 참으로 분단 30년의 비극이 청산되고 조국의 자주적 통일이 이루어지는가 했더니 갑자기 지난 6월 23일 '평화통일 외교전략'을 발표함에 이르러 나처럼 소박한 백성들을 삽시에 당혹케 하고 있다"[43]고 '고백'했다.

장준하를 포함하여 모든 소박한 사람들이 이승만정권 성립부터, 특히 6·25전쟁 후부터는 자의건 타의건 반공주의와 반북한주의에 열중했다가, 5·16군사쿠데타 이후 한때는 근대화주의에 정신없이 끌려갔고, 7·4공동성명 후, 또 지금까지는 반공주의와 반북한주의에 열중했던 자신이 우스워지면서도 한때나마 평화통일 희망에 잔뜩 부풀었다가, 7·4공동성명이 하루아침에 휴지가 되고 남북평화공존론이라 할 6·23선언이 발표되면 또 그것에 따라가고 마는 상황에서, 장준하는 "7·4성명은 파기되어서는 안 될 뿐만 아니라 그 성명의 정신이 조금이라도 후퇴하거나 사실상의 휴지화해서는 안 된다"[44]라며 반유신 민주화투쟁과 함께 바

---

43) 「민족외교의 나아갈 길」, 『장준하문집』 제1권 36면.

꾄 자신의 통일론을 실현하기 위한 투쟁을 계속하다가 의문의 죽음을 맞게 된 것이다.

6. 맺음말

지식인의 상당 부분이 친일세력이나 침략전쟁 협력세력으로 전락한 태평양전쟁기에 장준하처럼 일본군에 끌려갔다가 탈출하여 민족해방 운동전선에 참가한 세대는 일제식민지시대의 마지막 시기에 형성된 저항적 민족주의자들이었다. 이들 세대는 해방 전에 이미 어느정도 사회주의적 성향을 가진 경우도 있었지만, 해방 후의 민족분단 과정에서 대개 좌우익의 어느 한쪽에 흡수되기 마련이었다.

장준하는 기독교도적인 가정 배경, 민족해방운동 과정에서 우익전선에 참가한 경력 등을 배경으로 하여 '해방공간'에서 임정 주석의 비서, 민족청년단의 간부 등으로 활동하다가 이승만정권이 성립된 후에는 관료 및 정부 산하단체 잡지편집인 등을 거쳐 『사상계』 발행인이 되었다. '임정계'에 가담한 기간이 일천한 청년이기도 했지만 '족청계'가 됨으로써 단선·단정 불참노선에는 서지 않았다고 할 수 있으며, 따라서 민족통일관과 대북한관에서도 상당 기간 동안 화해주의적 김구노선이 아닌 대결주의적 이승만노선에 섰다고 할 수 있다.

장준하는 정치적으로 철저한 자유민주주의 신봉자였고, 이 때문에 이승만정권이 독재체제로 치닫게 되자 잡지 『사상계』를 무기로 하여 독재체제에 대항했고 그것을 무너뜨리는 데 일정한 역할을 했다. 4·19

---

44) 같은 글 35면.

후 장면정권의 성립으로 민주주의적 기틀이 비교적 세워져가는 과정에서는 그 정권의 일각에 참가하여 국토건설 부문에서 자신의 계획을 펼칠 수 있는 기회도 있었으나 5·16군사쿠데타로 무산되었다. 4·19 후 진보적 정치세력과 젊은 세대를 중심으로 평화통일론이 확산되고 중립화통일론이 거론되었지만 그의 민족통일관이나 대북한관은 이승만정권기의 그것에서 크게 벗어나지 않았다.

적어도 『사상계』 권두언으로 쓴 글들만 보면 그를 중심으로 하는 '사상계 그룹'은 5·16 초기에는 군사쿠데타의 불가피성 내지 역사성을 일부 인정하면서까지 민정이양을 촉구했다. 그러나 박정희는 번의를 거듭한 끝에 결국 민정이양을 가탁(假託)하여 정권을 연장하였고, 장준하는 다시 반독재투쟁에 나서게 되었다. 그가 박정희정권과 정면으로 맞서게 된 것은 한일협정 체결과정에서였다. 이 과정에서 그는 박정희정권 쪽의 '민족주의'와 맞서서 스스로의 민족주의를 확인하고, 한일협정 체결과정에 깊숙이 관여하는 미국의 작용과 정체를 인식하게 된다. 그러나 이때까지도 그의 민족통일관 내지 대북한관에는 큰 변화나 진전이 보이지 않았다.

장준하의 박정희정권에 대한 저항이 치열해지면서 그는 몇번의 옥고를 치렀고, 『사상계』가 폐간되었다. 그가 정계로 진출하는 한편 박정권은 영구집권을 위해 유신체제를 강행하여 종말로 치닫게 되었다. 그가 누구보다도 먼저 유신헌법 철폐운동에 앞장서자 박정희정권은 반역사성을 철저하게 드러내는 긴급조치를 발동하지 않을 수 없었다. 그리고 그의 치열한 저항은 결국 죽음으로 이어졌다.

치열한 반유신투쟁을 벌이던 시기의 장준하에 대해 특기할 것은 첫째 이 시기를 통해 그의 민족통일관과 대북한관이 크게 변한 사실이다. 즉 이승만정권 아래서는 말할 것도 없고 장면정권 아래서도 그다지 변하지 않았던 대결주의적 대북한관과 민족통일관이 7·4공동성명을 계기로 평화통일론·화해통일론 및 통일지상주의적 통일론으로 변한 것이다.

이 변화의 구체적 계기로 7·4공동성명을 들 수 있지만, 그의 내면에 잠재했던 김구노선의 평화주의·화해주의적 민족통일관과 대북한관이 한일협정 반대운동 과정에서 되살아난 것이라 할 수 있다. 그리고 그것은 한일협정 체결과정에서 드러난 식민지시대 친일세력의 준동과 앞에서 말한 미국 쪽의 자국 이익을 위한 적극적 개입에 자극받은 것이라 할 수 있다.

둘째 장준하의 반유신투쟁 과정에서 통일의 주체로서 민중의 존재가 보이기 시작했다는 사실이 중요하다. 일부 자유민주주의적 엘리트 지식인 중심으로 『사상계』를 운영해온 장준하로서는 이것 역시 큰 변화라 하지 않을 수 없다. 그리고 그것은 한일협정 반대투쟁 과정에서 그가 폭발하는 민중 역량의 실체를 파악했기 때문이라 할 수 있을 것이다.

(1996년 6월)

우리 시대 진보적 이상주의자의 역사 이야기

고정휴 포항공대 인문사회학부 교수

　강만길은 진보적인 이상주의자이다. 그는 과거를 탐구하는 역사가이면서도 우리 사회와 국가·민족 그리고 세계가 나아가야 할 방향과 목표에 대하여 이야기한다. 그의 궁극적 관심은 과거나 현재가 아니라 미래에 있는 듯하다. 그는 아무리 현실이 암담해도 미래에 대한 희망의 끈을 놓지 않는다. 왜? "역사는 기어이 변하기 때문이다."

　이 책 『역사는 이상의 현실화 과정이다』 또한 그러한 저자의 역사인식을 담고 있는 사론집이자 논문집이기도 하다. 이 책에는 저자가 1996년부터 2001년 사이에 발표한 20편의 글들이 4부로 나뉘어 수록되었다. 제1부와 2부에서는 세번째 천년기를 맞이하면서 우리가 역사적인 관점에서 한 번쯤은 깊게 생각해봄직한 주제들이 다루어지고 있다. 제3부와 4부에 실린 글들은 20세기 우리 역사의 마디를 이루는 주요 사건과 인물들에 대한 평론인데, 그중에는 각주가 충실히 달린 논문들이 포함되어 있다. 그러니까 우리는 이 책을 통하여 '논객' 강만길과 '역사전공자' 강만길의 모습을 함께 들여다볼 수 있다.

　제1부에 수록된 첫번째 글 「역사는 이상의 현실화 과정이라 본다」

는 곧 책의 제목으로 붙여졌는데, 이는 그 제목 속에 저자의 사관이 압축적으로 표현되어 있기 때문이다. 그는 『역사란 무엇인가』라는 강연집에서 영국의 역사학자 카(E. H. Carr, 1892~1982)가 남긴 그 유명한 명제—"역사란 과거와 현재의 끊임없는 대화이다"—에서 대화의 목적이 빠져 있다고 보고 이를 명확히 하고자 했다. 다시 말하면 그 대화가 과연 무엇을 위한 것이었는가 하는 점을 밝히고자 한 것이다.

그렇다면 강만길이 말하는 역사가 나아가는 방향이자 궁극적 목표인 '이상'의 구체적인 내용은 무엇인가? 그는 개개인이 지향하는 이상이 있는 것처럼 인류사회가 함께 지향해야 할 보편적 이상이 있다면서 다음과 같이 말한다.

정치적으로 권력의 속박에서 해방되는 인간이 많아지게 하는 것, 경제적으로 생산력이 높아지고 재부가 증가하면서도 그것이 고루 분배되게 하는 것, 사회적으로 신분제 따위를 없애는 것은 말할 것 없고 권력과 재력 앞에서도 만민평등이 되게 하는 것, 문화적으로 생각하고 말하는 자유가 계속 확대되게 하는 것, 이 모든 것이 역사의 길이라고 생각한다. 그리고 그 길을 최고도로 발전시키는 것이 인류사회의 이상이라 할 수 있다.(본서 21면)

역사를 공부하며 그것을 평생의 업으로 삼는 사람들에게 있어서 "역사란 무엇인가"라는 물음은 늘 따라다니게 되어 있다. 그런데 이 물음에 대하여 자기 나름의 생각을 정리하여 하나의 명제로 제시한다는 것은 누구나 할 수 있는 일이 아니다. 역사학도의 길에 들어선 지 반 세기만에 내놓은 강만길의 명제—"역사란 인류사회가 추구해 마지않는 이상의 현실화 과정이다"—가 묵직한 울림으로 우리에게 다가오는 이유가 그 때문일 것이다. 그는 이러한 자신의 명제를 좀더 쉽게 적극적으로 풀어쓴 책을 쓰고 싶은 소망을 아직도 간직하고 있다.

제2부는 우리의 민족사적 과제인 남북통일과 이를 디딤돌로 한 동아시아공동체의 성립 전망에 대한 이야기이다. 이른바 유신체제 하에서 『분단시대의 역사인식』(1978)을 출간함으로써 진보주의적 역사학자로서 세상에 이름을 알렸던 저자는, 2000년 6월 평양에서 남북정상회담이 열릴 때 '민간수행원'의 자격으로 남측대표단에 참가하여 '6·15남북공동선언'이 발표되는 역사적 현장을 지켜볼 수 있었다.

저자는 이때의 남북공동선언이 지니는 의의를 다음과 같이 정리했다. 첫째로 이제 전쟁통일이나 흡수통일이 아닌 '협상통일'이 시작되었다. 둘째로 통일방법에 있어서 남북이 각각 주장해온 연합제(2국가 2정부 2체제)와 연방제(1국가 2정부 2체제) 사이의 '접합점'을 찾았다. 셋째로 '민족경제'를 균형적으로 발전시키기 위한 경제협력의 시대를 열었다.

한편, 저자는 「통일은 왜 해야 하는가」라는 글에서 핏줄을 같이하는 동족이며 긴 역사를 통해 오랫동안 함께 살아왔으니까 앞으로도 한 국가를 이루어 살아야 한다는 당위론적인 견해나 '분단비용'과 군입대 등 현실적인 불이익이 크다는 주장만으로는 이미 '분단시대'에 익숙해진 젊은 세대들을 설득하는 데 한계가 있다고 말한다. 그렇다면 저자가 제시하는 남북통일의 이유는 무엇일까? 그는 다음과 같이 말한다.

동아시아 전체, 나아가서 세계 속에서 책임감 있는 구성원이 되어 떳떳하게 살기 위해서는 제 민족문제 중 지역평화 및 세계평화에 역행하는 문제부터 먼저 스스로 해결할 수 있어야 할 것이다. 한반도 주민들이 가능한 한 빨리 평화통일을 이루어야 할 절실한 이유가 바로 이것이라고 하겠다.(본서 111면)

저자는 또 「동아시아공동체의 전망과 한민족사회」라는 글에서 한반도가 통일되어 중국·러시아 등 대륙세력과 일본·미국 등 해양세력 그 어느 쪽에도 치우치지 않고 '제3의 독자적 위치'를 확보할 수 있을 때, 동아시아지역 전체의 평화와 균형을 유지하면서 동아시아공동체 형성에 이바지할 수 있다고 말한다. 요컨대 평화통일에 의한 한민족공동체의 형성은 민족사의 내적 정당성뿐만 아니라 동아시아사적, 나아가 세계사적 정당성을 가질 수 있다는 점에 큰 의미가 있다는 것이다.

이러한 저자의 견해는 김대중·노무현 정부 시기 남북간의 대화국면이 이명박·박근혜 정부 시기 대결국면으로 바뀌면서 동북아시아의 긴장이 그 어느 때보다도 고조되고 있는 현 상황에서 다시금 곰곰이 새겨보아야 할 것이다. 아울러 통일문제에 대하여 냉담하거나 아예 관심을 두지 않는 젊은 세대들에게 어떤 방식과 내용의 교육이 필요한지를 숙고하도록 만든다.

제3부에서는 20세기 우리 역사의 마디를 이루는 중요한 사건 내지 주제에 대하여 다루고 있다. 즉 조선의 민족해방운동에서 반제국주의 연합전선의 필요성을 일깨운 제1차 세계대전과 3·1운동, 일제의 식민지배가 우리 역사에 끼친 영향과 그 청산 문제, '6·25전쟁'을 무엇이라 부르고 어떻게 가르칠 것인가의 문제, 소위 유신체제 종말의 도화선이 된 1987년의 '3·1민주구국선언' 등이 그것이다.

이 가운데 특히 관심을 끄는 글은 「일제 침략전쟁의 성격과 그 피해」이다. 왜냐하면 저자는 노무현정부에서 발족한 '친일반민족행위 진상규명위원회'의 초대 위원장(2005~2007)으로 선임되어 이승만정부에서 청산되지 못한 역사적 빚을 정리하는 일을 맡은 바 있기 때문이다. 그렇다면 일제강점기에 대한 저자의 기본인식은 어떠한 것이었을까? 그는 이 문제에 대하여 다음과 같이 말한다.

역사적 관점에서 일제 식민지배의 피해는 우리 역사가 근대사회로 접어드는 길목에서 반세기 동안이나 정치적으로 민주주의를 실험하고 그 훈련을 쌓을 기회를 박탈당한 점이며, 경제적으로는 민족자본의 축적에 의한 자율적 산업혁명의 기회를 박탈당한 점이며, 사회적으로는 민족분열의 소지가 생겨나고 계급적 대립이 깊어진 점이며, 문화적으로는 민족성과 주체성과 자존심을 훼손당한 점이라 요약할 수 있다.(본서 145면)

저자는 또 일본의 침략전쟁의 패배로 말미암아 한반도지역이 식민지배에서 벗어나면서 바로 분단되고 뒤이어 민족상잔의 비극을 겪게 된데 대한 역사적 책임까지도 일본이 져야 한다고 말한다. 따라서 일본의 식민지배 책임은 바로 한반도지역의 자주적이고 평화적인 재통일이 달성될 때에야 비로소 청산되는 것이라 할 수 있다고 보았다.

일제의 대륙침략이 본격화되던 1930년대 중반 한반도 남단에서 태어나 '황국 소년'으로 성장해야만 했던 저자가 식민지시대를 바라보는 눈은 남다르다. 그는 무엇보다도 일제치하에서 조선이 '근대화'의 길에 들어섰다는 소위 식민지근대화론에 대하여 신랄한 비판을 가한다. 20세기 우리 역사가 식민지시대에서 분단시대로 옮겨갔던 만큼, 일본제국주의와 침략전쟁에 대한 저자의 해석과 평가는 지난 세기 역사와 그 시대가 남긴 과제를 올바르게 바라볼 수 있는 시각과 논점을 제공하고 있다는 점에서 소중하다.

제4부에서는 20세기 우리 역사에서 제대로 평가받지 못했던 다섯 명의 인물 — 이활(이육사, 1904~1944), 윤세주(1900~1942), 김창숙(1879~1962), 김구(1876~1949), 장준하(1918~1975) — 을 재조명하고 그들의 삶이 보여주는 현재적 의의를 바로 세우고자 한다. 주지하듯이 이들은 민족해방과 통일, 나아가 민주화를 위하여 헌신했던 인물이다. 그들

은 자신들이 진정 바라던 조국의 모습을 보지 못하고 세상을 떴지만 우리의 역사 속에 살아 숨쉬며 우리 민족이 만들어가는 내일을 지켜보고 있다는 점에서 공통점을 지닌다고 하겠다.

그들 가운데 특히 흥미를 끄는 인물은 장준하이다. 3·1운동이 일어나기 한 해 전에 태어난 그는 광복군으로 조국의 해방을 맞이하고 유신체제의 엄혹한 시기에 의문의 죽음을 당한다. 저자는 해방 후 장준하가 기독교에 바탕을 둔 자유민주주의자로서 반공주의·반북한주의를 표방하다가 1960년대 중반 한일협정반대운동의 선봉에 서면서 분단국가적 차원의 민족주의를 통일민족주의 차원으로 상승시켜 민족·민중 중심의 통일운동과 민주화투쟁에 나서게 된 과정을 추적하고 있다. 이러한 글은 논문의 형태를 띠고 있기 때문에 장준하와 저자의 개인적 인연이라든가 장준하의 운동노선과 투쟁이 저자에게 미친 영향 등에 대한 서술이 빠질 수밖에 없다는 점이 아쉽게 느껴진다.

저자는 강단의 역사학자로서 지내다가 유신의 절정기인 1970년대 중반부터 현실참여의 길로 들어섰다. 이때부터 그는 우리 민족이 나아가야 할 올바른 방향에 대한 나름대로의 신념을 가지고 그 성취를 위한 실천적 삶을 살아왔다. 유신체제와 '신군부' 독재의 암울했던 시기에 그를 지탱해준 것은 역사에는 이런저런 우여곡절이 있고 또 지그재그식 행로를 보이기도 하지만 결국에는 보다 나은 그리고 밝은 세계로 나아간다는 진보에 대한 한없는 믿음이었다. 이 때문에 그는 낙관주의적 이상주의자라는 비판을 받기도 한다.

여기에서 우리는 이 글의 서두에 언급했던 카의 다음과 같은 이야기를 상기할 필요가 있다. "어떤 것에서도 아무런 의미를 찾아내지 못하는 회의주의자와, 증명할 수는 없지만 미래에 대한 신념을 가지고 사물의 의미를 찾아내려고 하는 이상주의자 사이에서 굳이 한쪽을 선택하라고 한다면 나는 후자를 선택하겠다." 이처럼 카는 언제나 역사의 진보를 확신했던 도전적인 낙관주의자였다.

역사에서의 '진보'라는 관념은 근대적인 사고였다. 그런데 '탈근대'인 지금에도 그것을 대체할 수 있는 새로운 개념이 아직 나오지 않고 있다. 여기에 불확실하고 불투명한 시대, 그리하여 그 끝이 어떤 세계인지를 알 수 없는 시대를 살아가는 오늘날의 역사가들의 고민이 있다.

참여관찰자로서 '가장 끔찍하고 유별난 세기'(20세기)를 살았던 영국의 역사학자 홉스봄(Eric Hobsbawm, 1917~2012)은 그의 자서전 『미완의 시대』(*Interesting Times*)에서 이렇게 말했다. "그렇지만 시대가 아무리 마음에 안 들더라도 아직은 무기를 놓지 말자. 사회의 불의에 대하여는 여전히 규탄하고 맞서 싸워야 하기 때문이다. 세상은 저절로 좋아지지 않는다." 여기에 감히 한마디 더 보태고 싶다. "희망의 끈을 놓지 말자. 그래야 세상을 바꿀 수 있다."

강만길 저작집 간행위원
조광 윤경로 지수걸 신용옥

강만길 저작집 14
역사는 이상의 현실화 과정이다

초판 1쇄 발행 / 2018년 12월 5일
초판 2쇄 발행 / 2024년 2월 19일

지은이 / 강만길
펴낸이 / 염종선
책임편집 / 부수영 신채용
조판 / 정운정
펴낸곳 / (주)창비
등록 / 1986년 8월 5일 제85호
주소 / 10881 경기도 파주시 회동길 184
전화 / 031-955-3333
팩시밀리 / 영업 031-955-3399 편집 031-955-3400
홈페이지 / www.changbi.com
전자우편 / human@changbi.com

ⓒ 강만길 2018
ISBN 978-89-364-6067-9 93910
       978-89-364-6984-9 (세트)